종교인소득 과세제도가 논의된 지 50년 만에

2018년부터 **전격 시행!**

종교인소득 및 종교단체의 세무 실무 이해

김태원 세무사 저

(주)영화조세통람

머리말

종교인소득 과세제도가 논의된 지 50년 만에 2018년 1월부터 시행됨에 따라 세금신고에 생소한 종교단체 실무자들을 위한 제도 및 실무에 대한 문의가 많아 종교단체 실무자가 필요로 하는 내용을 위주로 『종교인소득 및 종교단체의 세무 실무 이해』를 발간하게 되었다.

본 책자는 '종교인소득 개요'와 '과세체계 및 관련법령'을 통해 종교인소득 과세제도의 전반적인 흐름을 이해할 수 있도록 하였고, '종교단체와 종교관련종사자'와 '종교인소득 과세대상'에서는 종교별 특성에 따른 종교관련종사자 및 과세대상에 대한 사례를 들어 구체적으로 설명하였다.

'비과세 종교인소득'은 법령에서 규정한 비과세소득과 그 적용방법, 실무에서 실수하기 쉬운 쟁점에 대해 설명하였고, '원천징수 실무'에서는 종교인소득에 대한 신고방법 및 특례에 따른 원천징수방법을 서식과 함께 설명하여 실무자의 애로점을 해소하는 데 노력을 기울였다.

'소득금액과 연말정산'에서는 종교인소득을 기타소득으로 신고시 적용되는 필요경비, 소득금액과 연말정산 절차, 세액계산 등을 실무자의 입장에서 사례의 계산, 서식 작성방법을 설명하였다.

'지급명세서 작성 및 제출'에서는 종교인소득을 근로소득 또는 기타소득으로 신고할 때 지급명세서 작성서식이 달라짐에 따라 신고시 소득구분별 서식 작성방법을 설명하였다.

'종합소득세 과세표준 확정신고 및 퇴직소득 원천징수'에서는 종교인소득에 대한 종합소득세 과세표준 확정신고방법에 대해서도 심도깊게 다루었고, 종교인이 현실적인 퇴직으로 지급받게 되는 퇴직소득에 대해 과세대상, 세액계산, 원천징수 등의 전반에 대해 설명하였다.

'종교단체가 알아야 할 세무실무'와 관련하여 종교단체가 신고하여야 할 법인세 등 다양한 세금에 대해 실무자의 입장에서 최대한 정리하였으며, 종교단체가 종교인소득과 관련하여 종교단체 회계와 종교인 회계를 정당하게 구분하여 기록하여 관리할 수 있는 방안을 모색하였다.

'근로장려금과 자녀장려금 지원제도'에서는 저소득 종교인이 실질소득과 자녀양육비 지원을 위해 종교단체로부터 지급받은 종교인소득에 대해 근로소득 또는 기타소득으로 신고한 경우 부양가족, 연령, 총소득, 재산 등의 모든 법적 요건을 갖추어 근로장려금과 자녀장려금을 신청할 수 있는데 이에 대한 요건 및 신청방법 등에 대해 상세히 다루었다.

'실무자가 알아야 할 종교인소득과 세금 및 4대보험 신고 실무'에서는 종교인소득에 따른 4대보험 전반에 대해 설명하였고, 종교단체 실무자가 고려해야 할 국민연금과 건강보험에 대해서는 실무자의 입장에서 필요한 내용을 상세히 다루려고 노력하였다.

'간이세액표 적용방법'에서는 종교인소득을 근로소득 또는 기타소득으로 원천징수할 때 적용되는 간이세액표 산출구조 및 이용방법에 대해 실무자가 이해하기 쉽도록 작성하였다.

처음으로 시행되는 종교인소득에 대해 종교단체 실무자들의 이해를 돕고 실무를 지원하기 위해 작성하였으며 부족한 부분에 대해서는 개정판을 통해 보완하고자 한다.

끝으로 본서가 나오기까지 아낌없는 격려와 지원을 해주신 이창규 한국세무사회 회장님과 세무법인리젠 구성원분들께 감사를 드린다.

2018년 2월

저자

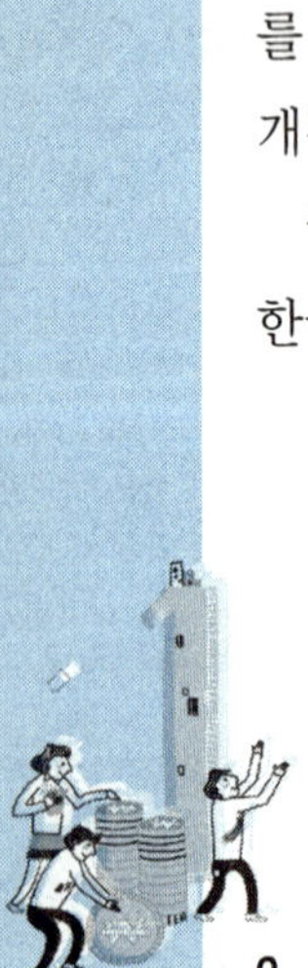

차 례

06 Chapter 원천징수 실무 · 131

07 Chapter 소득금액과 연말정산 · 161

13 Chapter 간이세액표와 적용방법 · 389

01 Chapter 종교인소득 개요

1 종교관련종사자와 종교인

종교관련종사자는 「소득세법」 제12조 제5호 아목에 따르면 「통계법」 제22조에 따라 통계청장이 고시하는 한국표준직업분류에 따른 종교관련종사자로 종교적인 업무에 종사하거나 특정 종교의 가르침을 설교하고 전파하는 일을 하는 성직자와 기타 종교관련종사자를 포함한다.

구 분	비 고
성직자	목사, 신부, 승려, 교무, 그 외 성직자
기타 종교관련종사자	수녀 및 수사, 전도사, 그 외 종교관련종사자

종교단체는 「소득세법 시행령」 제41조 제14항에 따르면, 종교의 보급 기타 교화를 목적으로 「민법」 제32조에 따라 설립된 비영리법인, 「국세기본법」 제13조에 따른 법인으로 보는 단체, 「부동산등기법」 제49조 제1항 제3호에 따라 부동산등기용 등록번호를 부여받은 법인 아닌 사단·재단으로 그 소속단체를 포함한다.

<table>
<tr><td rowspan="3">종교의
보급 기타
교화 목적</td><td>「민법」 제32조에 따라 설립된 비영리법인</td><td rowspan="3">소속
단체</td></tr>
<tr><td>「국세기본법」 제13조에 따른 법인으로 보는 단체</td></tr>
<tr><td>「부동산등기법」 제49조 제1항 제3호에 따라 부동산등기용 등록번호를 부여받은 법인 아닌 단체</td></tr>
</table>

2 과세대상 종교인소득과 비과세

(1) 과세대상

소득세가 과세되는 종교인소득은 종교인이 종교의식을 집행하는 종교관련종사자로서의 활동과 관련하여 소속된 종교단체로부터 받은 소득이다.

<table>
<tr><th>지급자</th><th>소득귀속자</th><th>역할</th><th>구분</th></tr>
<tr><td rowspan="2">소속된
종교단체</td><td>종교인</td><td>종교의식 집행 등 종교
관련종사자로서의 활동</td><td>종교인소득</td></tr>
<tr><td>비종교인</td><td></td><td rowspan="2">근로, 기타
사업 등의
소득으로 구분</td></tr>
<tr><td>다른 종교단체</td><td>종교인</td><td></td></tr>
</table>

종교인이 종교관련종사자로서의 활동과 관련없이 받은 소득은 종교관련종사자로서의 활동과 관련하여 소속된 종교단체로부터 받은 종교인소득에 해당하지 아니하며, 예를 들어 종교단체가 운영하는 복

지단체로서 복지업무를 담당하고 받는 급여에 대해서는 근로소득에 해당한다.

다른 종교단체에서 지급받은 소득도 종교인소득에 해당하는지와 관련하여 종교인소득은 종교활동과 관련하여 소속된 종교단체로부터 받은 소득으로 한정되어, 종교인이 다른 종교단체로부터 받은 소득은 현행 규정에 따라 강연료 등 종교인소득이 아닌 기타소득 등으로 보아 과세되어야 한다.

다른 종교단체에서 소득이 발생한 종교인은 다른 종교단체로부터 받은 소득을 소속 종교단체로부터 받은 소득과 합산하여 종합소득세 과세표준 확정신고를 하여야 한다.

종교단체가 행정업무 담당 직원에게 지급하는 금액은 종교인에게 지급되는 소득이 아니므로 고용형태 등 제반 상황을 검토하여 근로소득으로 과세하여야 한다.

종교단체가 신도로부터 받는 금품 등은 종교인소득 과세대상에 해당하지 아니하나, 종교단체가 종교의식을 집행하는 소속 종교인에게 지급하는 금품 등은 종교인소득 과세대상에 해당한다.

(2) 비과세대상

종교의식 집행 등 종교관련종사자로서의 활동으로 인해 종교인이 소속된 종교단체로부터 지급받는 종교인소득이더라도 「소득세법」에서 별도로 열거하는 다음의 소득은 소득세를 과세하지 않는 비과세소득에 해당한다.

- 「소득세법」에 따른 종교인 본인의 학자금

- 현물 식사 또는 10만원 이내의 식사대
- 실비변상적 성질의 급여(일직료, 숙직료, 여비, 종교활동비, 재해관련 지급액)
- 출산, 6세 이하 보육수당
- 사택제공이익

종교단체가 종교인에게 지급하는 종교활동비는 종교인이 소속 종교단체의 규약 또는 소속 종교단체의 의결기구의 의결, 승인 등을 통하여 결정된 지급기준에 따라 종교활동을 위하여 통상적으로 사용할 목적으로 지급받는 금액 및 물품으로 비과세소득에 해당하며, 해당 금액은 비과세소득이더라도 지급명세서 제출대상에 해당한다.

종교단체가 복리후생 목적으로 종교인에게 지급하는 금액과 관련하여 정기적으로 지급하는 복리후생비는 종교인소득에 해당하나, 해당 복리후생비가 법령에서 비과세소득으로 열거하는 학자금, 식사대인 경우에는 과세대상에 해당하지 아니한다.

예를 들어 비과세학자금은 종교단체가 종교인에게 종교인으로서 활동과 관련 있는 법령에 따른 교육기관에 대해 교육, 훈련을 위하여 지급하는 수업료, 수강료이다.

3 종교인소득에 대해 신고할 소득구분

종교인소득에 대한 소득구분은 기타소득이 원칙이나, 종교단체 또는 종교인이 근로소득으로 원천징수하거나 종합소득세 과세표준 확정신고를 할 수 있다.

종교인 소 득	원칙 : 기타소득
	특례 : 근로소득으로 원천징수하거나 종합소득세 과세표준 확정신고하는 경우에는 허용

이 경우 기타소득으로 신고시에는 지급받는 과세대상 종교인소득에 대해 최대 80%까지 필요경비를 인정받을 수 있고, 근로소득으로 신고시 특별소득공제 및 특별세액공제를 적용받을 수 있으며, 근로소득 또는 기타소득으로 신고 시 법령에 따른 요건을 충족하는 경우 근로장려금 지원대상이 된다.

4 종교인소득 신고방법

종교단체가 종교인소득을 지급시 소득세를 원천징수하거나, 종교단체가 원천징수하지 아니한 경우 종교인이 종합소득세 과세표준 확정신고를 할 수 있다.

(1) 종교단체가 소득세를 원천징수하는 경우

종교단체는 종교인에게 매월분 종교인소득을 지급시 간이세액표에 따른 소득세를 원천징수하여 다음 달 10일까지 원천징수이행상황신고서를 세무서에 제출하고 소득세를 은행에 납부하여야 한다.

다만, 종교단체가 반기별 납부를 신청하여 승인을 받은 경우 원천징수한 소득세를 매월 납부하지 않고 1월, 7월(연 2회) 신고 및 납부할 수 있다.

구 분	원천징수	신고	납부	비 고
월별 원천징수	지급시 원천징수	다음 달 10일까지	다음 달 10일까지	
반기별 원천징수	지급시 원천징수	반기의 다음 달 10일까지	반기의 다음 달 10일까지	예외 (인정상여 등)

(2) 종교단체가 원천징수를 하지 아니하는 경우

종교인이 다음 해 5월 말일까지 종교인소득에 대해 종합소득세 과세표준 확정신고를 하여야 한다.

구분	1~12월	다음 해 2월	3.10.	5월
종교 단체	원천징수 ○	연말정산	지급명세서 제출	
	원천징수 ×		지급명세서 제출	(종교인) 종합소득세 과세표준 확정신고

종교단체가 소속 종교인에게 지급하는 종교인소득에 대해 소득세를 원천징수하지 아니한 경우에도 종교인소득 지급명세서를 다음 해 3월 10일까지 관할 세무서에 제출하여야 한다.

종교단체가 지급명세서를 제출하지 아니한 경우에는 미제출가산세를 부담하여야 한다.

5 원천징수세율 적용

지급금액에 기본세율을 적용하여 소득세를 원천징수하는 것이 원칙이나, 원천징수의무자의 부담을 경감하기 위해 매월 지급하는 소득에 대해서는 다음과 같이 간이세액표를 적용하여 원천징수하도록 하고 있다.

> 간이세액표는 원천징수의무자가 근로소득 등의 소득 귀속자에게 매월 해당소득을 지급하는 때에 원천징수해야 하는 세액을 지급수준 및 가족 수별로 정한 표로 간이세액표에 따른 세액보다 적게 원천징수·납부하는 경우 과소납부한 세액에 대하여 원천징수납부불성실가산세가 부과된다.

(1) 기타소득으로 신고하는 경우

종교단체는 소속 종교인이 기타소득으로 원천징수해달라고 요청하는 경우 종교인소득 간이세액표에 따른 원천징수세액을 적용하여 소득세를 원천징수하여야 한다.

국세청 홈택스(www.hometax.go.kr) ▸ 조회/발급 ▸ 기타 조회 ▸ 종교인소득 간이세액표

(2) 근로소득으로 신고하는 경우

종교단체는 소속 종교인이 근로소득으로 원천징수해달라고 요청하는 경우 종교인소득 간이세액표에 따른 원천징수세액을 적용하여 소득세를 원천징수하여야 한다.

국세청 홈택스(www.hometax.go.kr) ▶ 조회/발급 ▶ 기타 조회 ▶ 근로소득 간이세액표

이 경우 근로소득 간이세액표는 연말정산시 추가납부 등에 따른 근로자의 부담을 분산하기 위해 월 급여수준과 공제대상 부양가족 수별로 매월 원천징수해야 하는 세액을 정한 표로 기타소득 간이세액표와 달리 근로자가 본인의 연간 세부담 수준에 맞게 원천징수세액을 근로소득 간이세액표에 따른 세액의 80% 또는 120%로 선택할 수 있다(선택하지 않은 경우에는 100% 적용).

사례

월 급여액 300만원인 근로자(4인 가족으로 20세 이하 자녀 2명이 있음)의 경우 근로소득 간이세액표에 따른 원천징수세액은 17,100원이나 80% 적용시 원천징수세액은 13,680원이며, 120% 적용시 원천징수세액은 20,500원이다.

이 경우 원천징수방식을 변경하려는 달의 근로소득 지급일 전일까지 '소득세 원천징수세액 조정신청서'를 원천징수의무자에게 제출하거나, 연말정산시 '소득 · 세액공제 신고서'상 원천징수방식을 선택하여 원천징수의무자에게 제출하여야 하며, 원천징수방식을 변경한 경우에는 변경한 날부터 해당 과세기간 종료일까지는 계속 적용하여야 한다.

1~7월	8월~12월
간이세액의 100% 적용	간이세액의 120% 적용
7월 원천징수방식변경 신청(120%)	* 과세기간 종료일까지 계속 적용
근로자 → 원천징수의무자	
소득세 원천징수세액 조정신청서	

6 연말정산과 종합소득세 과세표준 확정신고

연말정산과 종합소득세 과세표준 확정신고는 소득에 대한 세금을 확정하는 절차로 연말정산 대상 소득만 있는 경우 연말정산에 의해 세금이 확정되는 경우 종합소득세 과세표준 확정신고를 하지 않아도 되나, 연말정산에 의해 세금이 확정되지 않았거나 다른 소득이 있어 연말정산만으로 연간 소득에 대한 소득세가 확정되지 않은 경우 종합소득세 과세표준 확정신고를 하여야 한다.

(1) 연말정산

종교인소득에 대해 기타소득 또는 근로소득으로 원천징수를 이행한 종교단체는 다음 해 2월분 소득을 지급할 때 종교인소득에 대해 연말정산을 하여야 한다.

이 경우 종교단체는 종교인으로부터 소득·세액공제신고서 및 증빙서류를 제출받아 종교인소득에 대해 기타소득 연말정산 또는 근로소득 연말정산을 통해 연간 소득세를 확정지어야 한다.

연말정산을 통해 확정된 소득세는 종교단체에서 이미 원천징수한 세액과 정산하여 필요한 경우 종교인으로부터 추가로 원천징수하거나 종교인에게 세액을 환급하여야 한다.

(2) 종합소득세 과세표준 확정신고

연말정산에 의해 종교인소득을 연말정산하지 않은 경우에는 종교인은 다음 연도 5월까지 종합소득세 과세표준 확정신고를 하여야 한다.

종합소득세 과세표준 확정신고 방법으로는 국세청 홈택스를 이용한 전자적 신고방법과 「소득세법 시행규칙」에 따른 서식을 작성하여 우편 또는 세무서에 방문하여 제출하는 방법이 있으며, 종합소득 과세표준 확정신고에 따른 세금은 국세청 홈택스에 의한 전자납부방법, 금융기관 직접 납부방법에 의해 납부할 수 있다.

7 종교인소득과 종교단체 회계

종교단체는 기부금 모집 및 사용 투명성 등을 위해 체계적으로 수입과 지출을 관리하고 있으며, 종교인소득과 관련하여 종교단체는 종교단체 지출과 구분하여 과세대상 및 비과세대상을 구분 기록함으로써 종교인소득에 대한 원천징수를 정확히 할 수 있다.

종교단체는 소속 종교인에게 지급한 금액 및 물품(비과세 금액 및 물품을 포함)에 해당하는 종교인 회계와 그 밖에 종교활동과 관련하여 지출한 비용에 해당하는 종교단체 회계를 구분하여 기록 및 관리할 수 있다.

이 경우 종교단체의 구분 기장, 즉 종교단체가 소속 종교인에게 지급한 금액 및 물품과 그 밖의 종교활동과 관련하여 지출한 비용을 구분하여 기록하는 것은 종교단체 스스로의 종교인소득 계산 편의를 위한 것으로 의무사항은 아니다.

8 종교인소득에 대한 질문 · 조사

세무공무원은 납세자에 대해 신고 내역의 적정 여부 등을 검토하기 위하여 질문, 조사할 수 있으며, 종교인소득과 관련하여 세무공무원은 종교단체가 종교단체 회계와 종교인 회계를 정당하게 구분하여 기록하여 관리하는 경우, 종교인소득에 대해 질문 · 조사를 할 수 있다.

9 근로 및 자녀장려금

종교인소득의 신고 납부방법과 무관하게, 즉 종교인소득을 기타소득 또는 근로소득으로 신고하더라도 종교인은 법령에서 정한 요건을 충족한 경우 근로장려금과 자녀장려금을 신청할 수 있다.

저소득 종교인에 대해 실질소득과 자녀양육비 지원을 위해 종교단체로부터 지급받은 종교인소득에 대해 근로소득 또는 기타소득으로 신고한 경우 부양가족, 연령, 총소득, 재산 등의 모든 법적 요건을 갖추어 근로장려금과 자녀장려금을 신청할 수 있다.

(1) 가구원 요건

구 분	요 건
근로장려금	배우자 또는 부양자녀가 있거나 30세 이상일 것
자녀장려금	• 부양자녀가 있을 것

구 분	요 건
	• 부양자녀는 18세 미만(중증장애인은 연령 제한 없음)이고 연소득금액 100만원 이하일 것

(2) 소득 요건

부부 합산 연간 총소득이 다음의 기준금액 미만이어야 한다.

구 분	연간 총소득 기준금액			지급액
	단독가구	홑벌이가구	맞벌이가구	
근로장려금	1,300만원 미만	2,100만원 미만	2,500만원 미만	3~250만원
자녀장려금	–	4,000만원 미만		자녀 1인당 30~50만원

(3) 재산 요건

가구원 모두가 소유하고 있는 주택, 토지, 건물, 예금 등 재산 합계액이 근로장려금은 1억 4천만원 미만, 자녀장려금은 2억원 미만일 것을 충족하여야 한다.

가구원 재산합계액이 1억원 이상인 경우 해당 장려금은 50% 차감, 기한 후 신청시 10% 차감된다.

Chapter 02 과세체계 및 관련 법령

1 과세체계

종교단체

월별
반기별 원천징수 | 기타소득,
근로소득 중 선택 → 연말정산

소속 종교인*

* 원천징수를 하지 아니한 경우 종합소득 과세표준 확정신고

신고유형	기타소득	근로소득
과세대상	종교인이 종교활동과 관련하여 종교단체로부터 받는 소득	
비과세소득	• 종교 관련 본인의 학자금 • 월 10만원 이내의 식사비 또는 현물식사 • 종교활동비 등 실비변상적 급여 • 6세 이하 보육수당 • 사택제공이익 등	• 업무 관련 정규교육기관 본인학자금 • 월 10만원 이내의 식사비 또는 현물 식사 • 실비변상적 급여 • 종교활동비 • 6세 이하 보육수당 • 사택제공이익 등

<table>
<tr><th>신고유형</th><th>기타소득</th><th>근로소득</th></tr>
<tr><td>필요경비</td><td><table><tr><th>과세소득</th><th>필요경비율</th></tr><tr><td>2천만원 이하</td><td>80%</td></tr><tr><td>4천만원 이하</td><td>50%</td></tr><tr><td>6천만원 이하</td><td>30%</td></tr><tr><td>6천만원 초과</td><td>20%</td></tr></table>과세소득 4천만원인 경우 2천6백만원이 필요경비가 인정되어 기타소득금액은 1천4백만원임</td><td><table><tr><th>총급여</th><th>근로소득 공제</th></tr><tr><td>5백만원 이하</td><td>70%</td></tr><tr><td>1천5백만원 이하</td><td>40%</td></tr><tr><td>4천5백만원 이하</td><td>15%</td></tr><tr><td>1억원 이하</td><td>5%</td></tr><tr><td>1억원 초과</td><td>2%</td></tr></table>총급여 4천만원인 경우 1,125만원이 공제되어 근로소득금액은 2,875만원임</td></tr>
<tr><td>소득공제</td><td>• 인적공제(기본공제, 추가공제)
• 국민연금보험료 등</td><td>• 인적공제(기본공제, 추가공제)
• 특별소득공제(건강보험보험료, 주택자금공제 등)
• 주택마련저축납입액 공제
• 신용카드 등 사용금액 공제 등</td></tr>
<tr><td>세액공제</td><td>• 자녀세액공제
• 기부금세액공제
• 연금계좌세액공제
• 표준세액공제(7만원)</td><td>• 자녀세액공제
• 월세세액공제
• 특별세액공제(의료비, 교육비, 보험료)
* 특별세액공제 및 세액공제의 합계액이 표준세액 13만원보다 적은 경우 13만원 적용</td></tr>
<tr><td>신고방법</td><td>다음 중 선택
• 종교단체 : 원천징수 → 연말정산</td><td>다음 중 선택
• 종교단체 : 원천징수 → 연말정산</td></tr>
</table>

신고유형	기타소득	근로소득
	* 원천징수는 매월, 반기별 • 종교인 : 종합소득 과세표준 확정신고	* 원천징수는 매월, 반기별 • 종교인 : 종합소득 과세표준 확정신고
원천징수시 적용 세율	기타소득 간이세액표에 따른 소득세를 원천징수	근로소득 간이세액표에 따른 소득세를 원천징수
지급명세서 제출시기	종교단체의 원천징수 및 연말정산과 관계없이 다음 해 3월 10일까지 제출	종교단체의 원천징수 및 연말정산과 관계없이 다음 해 3월 10일까지 제출
지급명세서 작성대상	과세대상 종교인소득, 비과세대상 종교활동비	과세대상 소득, 작성대상으로 열거하는 비과세소득
근로장려금 신청 여부	요건을 충족시 기타소득으로 신고한 경우에도 신청가능	요건을 충족시 근로소득으로 신고한 경우에도 신청가능
자녀장려금 신청 여부	요건을 충족시 기타소득으로 신고한 경우에도 신청가능	요건을 충족시 근로소득으로 신고한 경우에도 신청가능

2 종교인소득 세액계산 개요

구 분	기타소득	근로소득
총수입금액 (비과세소득 제외)	연간 지급액－비과세 소득	연간 근로소득－비과세 소득＝총급여액

<table>
<tr><th colspan="2">구 분</th><th>기타소득</th><th>근로소득</th></tr>
<tr><td colspan="2">필요경비</td><td>필요경비(20~80%)
<table>
<tr><th>과세소득</th><th>필요경비율</th></tr>
<tr><td>2천만원 이하</td><td>80%</td></tr>
<tr><td>4천만원 이하</td><td>50%</td></tr>
<tr><td>6천만원 이하</td><td>30%</td></tr>
<tr><td>6천만원 초과</td><td>20%</td></tr>
</table></td><td>근로소득공제(2~70%)
<table>
<tr><th>총급여</th><th>근로소득공제</th></tr>
<tr><td>5백만원 이하</td><td>70%</td></tr>
<tr><td>1천5백만원 이하</td><td>40%</td></tr>
<tr><td>4천5백만원 이하</td><td>15%</td></tr>
<tr><td>1억원 이하</td><td>5%</td></tr>
<tr><td>1억원 초과</td><td>2%</td></tr>
</table></td></tr>
<tr><td colspan="2">소득금액</td><td>기타소득금액</td><td>근로소득금액</td></tr>
<tr><td rowspan="3">소득공제</td><td>인적공제</td><td>• 기본공제(본인, 부양가족 1인당 150만원)
• 추가공제
<table>
<tr><th>구 분</th><th>공제금액</th></tr>
<tr><td>경로우대</td><td>100만원</td></tr>
<tr><td>장애인</td><td>200만원</td></tr>
<tr><td>부녀자</td><td>50만원</td></tr>
<tr><td>한부모</td><td>100만원</td></tr>
</table>
* 한부모추가공제는 부녀자추가공제와 중복하여 공제받을 수 없음(중복시 한부모 공제 적용)</td><td>• 기본공제(본인, 부양가족 1인당 150만원)
• 추가공제
<table>
<tr><th>구 분</th><th>공제금액</th></tr>
<tr><td>경로우대</td><td>100만원</td></tr>
<tr><td>장애인</td><td>200만원</td></tr>
<tr><td>부녀자</td><td>50만원</td></tr>
<tr><td>한부모</td><td>100만원</td></tr>
</table>
* 한부모추가공제는 부녀자추가공제와 중복하여 공제받을 수 없음(중복시 한부모 공제 적용)</td></tr>
<tr><td>공적연금보험료공제</td><td>본인 명의로 부담한 국민연금 등의 보험료 전액</td><td>본인 명의로 부담한 국민연금 등의 보험료 전액</td></tr>
<tr><td>특별공제</td><td>적용할 공제대상 없음</td><td>• 국민건강보험료, 고용보험료, 노인장기요양보험료 : 전액공제</td></tr>
</table>

<table>
<tr><th colspan="2">구 분</th><th>기타소득</th><th>근로소득</th></tr>
<tr><td></td><td></td><td></td><td>• 주택임차차입금원리금상환액소득공제 : 연 300만원 한도
• 장기주택저당차입금이자상환액소득공제 : 연 300만원(최대 1,800만원) 한도</td></tr>
<tr><td></td><td>그밖의 소득공제 (조세특례제한법)</td><td>• 개인연금저축 납입액 소득공제(40%) : 연 72만원 한도
• 중소기업창업투자조합 출자 등에 따른 소득공제 (10%, 30%, 50%, 100%) : 소득금액의 50% 한도</td><td>• 개인연금저축 납입액 소득공제(40%) : 연 72만원 한도
• 중소기업창업투자조합 출자 등에 따른 소득공제 (10%, 30%, 50%, 100%) : 소득금액의 50% 한도
• 주택마련저축공제 납입액 소득공제(40%) : 연 300만원 한도
• 신용카드 등 사용금액 소득공제 등</td></tr>
<tr><td colspan="2">과세표준</td><td>기타소득금액
소득공제 합계액
=과세표준</td><td>근로소득금액
소득공제 합계액
=과세표준</td></tr>
<tr><td colspan="2">세율(8~42%)</td><td colspan="2"><table>
<tr><th>과세표준 구간</th><th>적용 세율</th></tr>
<tr><td>1,200만원 이하</td><td>6%</td></tr>
<tr><td>1,200만원 초과 4,600만원 이하</td><td>72만원+(1,200만원을 초과하는 금액의 15%)</td></tr>
</table></td></tr>
</table>

<table>
<tr><th colspan="2">구 분</th><th>기타소득</th><th>근로소득</th></tr>
<tr><td colspan="2"></td><td colspan="2"><table>
<tr><td>4,600만원 초과 8,800만원 이하</td><td>582만원+(4,600만원을 초과하는 금액의 24%)</td></tr>
<tr><td>8,800만원 초과 1억5천만원 이하</td><td>1,560만원+(8,800만원을 초과하는 금액의 35%)</td></tr>
<tr><td>1억5천만원 초과 3억원 이하</td><td>3,760만원+(1억5천만원을 초과하는 금액의 38%)</td></tr>
<tr><td>3억원 초과 5억원 이하</td><td>9,460만원+(3억원을 초과하는 금액의 40%)</td></tr>
<tr><td>5억원 초과</td><td>1억7,460만원+(5억원을 초과하는 금액의 42%)</td></tr>
</table></td></tr>
<tr><td colspan="2">산출세액</td><td colspan="2">과세표준×세율(8~42%)</td></tr>
<tr><td rowspan="4">세액공제</td><td>근로소득</td><td>×</td><td>○
(50~74만원 한도 적용)</td></tr>
<tr><td>외국납부</td><td colspan="2">국외원천소득 관련 외국에 납부한 세액에 대해 국외원천소득비율을 한도 적용</td></tr>
<tr><td>자녀</td><td colspan="2">• 기본공제대상자 자녀 1명 15만원, 2명 30만원, 3명 이상(30만원+2명 초과 1명당 30만원)
• 출생·입양 : 첫째 30만원, 둘째 50만원, 셋째 이상 70만원</td></tr>
<tr><td>연금계좌</td><td colspan="2"><table>
<tr><th>총급여</th><th>한도합계</th><th>연금저축계좌</th><th>퇴직연금계좌</th></tr>
<tr><td>5천5백만원 이하(15%)</td><td>700만원</td><td rowspan="2">~400만원</td><td rowspan="2">~700만원</td></tr>
<tr><td>1억2천만원 이하(12%)</td><td>700만원</td></tr>
<tr><td>1억2천만원 초과(12%)</td><td>700만원</td><td>~300만원</td><td>~700만원</td></tr>
</table></td></tr>
</table>

<table>
<tr><th colspan="3">구 분</th><th>기타소득</th><th>근로소득</th></tr>
<tr><td rowspan="3"></td><td rowspan="3">특별세액공제</td><td>보험료</td><td>×</td><td>○
• 일반보장성보험료(100만원) : 12%
• 장애인전용보장성보험료(100만원) : 15%</td></tr>
<tr><td>의료비</td><td>×</td><td>○
• 최저사용금액(총급여의 3%)을 초과하는 의료비 지출액에 대해 15%(난임시술비의 경우 20%)
• 최저사용금액을 초과하는 본인·65세·장애인을 위해 지출한 의료비, 난임시술비는 지출액에 한도없이 세액공제
• 그 외 지출한 의료비는 700만원 한도 적용</td></tr>
<tr><td>교육비</td><td>×</td><td>교육비 지출액의 15%
<table>
<tr><th colspan="2">구 분</th><th>한도</th></tr>
<tr><td rowspan="3">부양가족</td><td>초·중·고</td><td>1명당 300만원</td></tr>
<tr><td>대학생</td><td>1명당 900만원</td></tr>
<tr><td>장애인</td><td>특수교육비 한도없음</td></tr>
<tr><td colspan="2">본인*</td><td>한도없음</td></tr>
</table></td></tr>
</table>

<table>
<tr><th colspan="2">구 분</th><th>기타소득</th><th>근로소득</th></tr>
<tr><td></td><td>기부금</td><td colspan="2">
<table>
<tr><th>종류</th><th>공제한도</th><th>세액공제율</th></tr>
<tr><td>①정치자금기부금</td><td>근로소득금액의 100%</td><td>• 10만원 이하 : 100/110
• 10만원 초과 : 15%
• (3천만원 초과분은 25%)</td></tr>
<tr><td>②법정기부금</td><td>(근로소득금액 −①)×100%</td><td rowspan="4">법정기부금+우리사주조합기부금+지정기부금 : 15%(2천만원 초과분 30%)</td></tr>
<tr><td>③우리사주조합기부금</td><td>(근로소득금액 −①−②)×30%</td></tr>
<tr><td>④지정기부금(종교단체 외)</td><td>(근로소득금액 −①−②−③) ×30%</td></tr>
<tr><td>⑤종교단체지정기부금</td><td>(근로소득금액 −①−②−③) ×10%</td></tr>
</table>
</td></tr>
<tr><td></td><td>표준세액공제</td><td>7만원</td><td>특별소득공제 및 특별세액공제를 신청하지 아니한 경우 : 13만원</td></tr>
<tr><td colspan="2">월세액</td><td>×</td><td>무주택세대주로서 총급여액이 7천만원 이하인 경우 월세액(연 750만원 이내)을 지급하는 경우 그 금액의 100분의 10[해당 과세기간의 총급여액이 5천500만원 이하인 경우에는 100분의 12]</td></tr>
</table>

구 분	기타소득	근로소득
결정세액	산출세액 세액공제 =결정세액	
기납부세액	매월 지급시 기타소득 간이세액표 등에 따라 원천징수한 소득세 합계액	매월 지급시 근로소득 간이세액표 등에 따라 원천징수한 소득세 합계액
차가감 세액	결정세액 기납부세액 =추가납부 또는 환급할 세액	

3 종교인소득 법령 개요

(1) 종교단체 및 종교인 범위

구 분	내 용	법 령
종교단체	종교의 보급이나 교화를 목적으로 설립된 단체(그 소속 단체를 포함)로서 해당 종교관련종사자가 소속된 단체 • 「민법」에 따라 설립된 비영리법인 • 「국세기본법」에 따른 법인으로 보는 단체 • 「부동산등기법」에 따라 등록번호를 부여받은 법인 사단 · 재단	소령 §41 ⑭
종교인	「통계법」 제22조에 따라 통계청장이 고시하는 한국표준직업분류에 따른 종교관련	소법 §12 5호

구 분	내 용	법 령
	종사자	

(2) 과세대상

구 분	내 용	법 령
종교인 소득	종교관련종사자가 종교의식을 집행하는 등 종교관련종사자로서의 활동과 관련하여 종교단체로부터 받은 소득	소법 §21 ① 26
소득구분	종교인소득은 기타소득이나 종교인소득에 대하여 근로소득으로 원천징수하거나 과세표준확정신고를 한 경우에는 해당 소득을 근로소득으로 봄	소법 §21 ③

(3) 비과세대상

구 분	내 용	법 령
학자금	종교관련종사자가 받는 법령에서 정한 학자금	소령 §19
식사비	종교관련종사자가 받는 법령에서 정한 식사 또는 식사대(월 10만원 이내)	
실비변상적 급여	종교관련종사자가 받는 실비변상적 성질의 지급액	
출산 · 보육 수당	종교관련종사자 또는 그 배우자의 출산이나 6세 이하(해당 과세기간 개시일을 기준	

구 분	내 용	법 령
	으로 판단) 자녀의 보육과 관련하여 종교단체로부터 받는 금액으로서 월 10만원 이내의 금액	
사택제공 이익	종교관련종사자가 사택을 제공받아 얻는 이익	

(4) 원천징수

구 분	내 용	법 령
원천징수	국내에서 거주자나 비거주자에게 종교인소득에 해당하는 소득을 지급하는 자는 그 거주자나 비거주자에 대한 소득세를 원천징수	소법 §127
신고서 제출	원천징수이행상황신고서를 원천징수 관할 세무서장에게 제출(국세정보통신망에 의한 제출을 포함)	소령 §185
원천징수 세액납부	원천징수의무자는 원천징수한 소득세를 그 징수일이 속하는 달의 다음 달 10일까지 원천징수 관할 세무서, 한국은행 또는 체신관서에 납부	소법 §128 ①
반기별 납부	상시고용인원 수 및 업종 등을 고려하여 법령에서 정한 원천징수의무자는 원천징수세액을 그 징수일이 속하는 반기(半期)의 마지막 달의 다음 달 10일까지 납부	소법 §128 ②
기타소득	원천징수의무자가 소득세를 원천징수할 때 종교인소득에 대해서는 종교인소득 간	소령 §202 ④

구 분	내 용	법 령
	이세액표 해당란의 세액을 기준으로 원천징수	
근로소득	근로소득에 대해서는 기본세율, 매월분의 근로소득은 근로소득 간이세액표를 적용	소법 §129
원천징수 예외	종교인소득을 지급하는 자는 소득세의 원천징수를 하지 아니할 수 있음. 이 경우 종교인소득을 지급받은 자는 종합소득과세표준을 신고하여야 함	소법 §155의 6

(5) 필요경비 및 연말정산

구 분	내 용	법 령
기타소득에 대한 필요경비	종교인소득에 대해서는 종교관련종사자가 해당 과세기간에 받은 금액(비과세소득 제외) 중 소득구간에 따라 20~80%를 필요경비로 함 다만, 실제 소요된 필요경비가 해당 금액을 초과하면 그 초과하는 금액도 필요경비에 산입	소령 §87 3호
기타소득 연말정산	종교인소득을 지급하고 그 소득세를 원천징수하는 자는 해당 과세기간의 다음 연도 2월분의 종교인소득을 지급할 때(2월분의 종교인소득을 2월 말일까지 지급하지 아니하거나 2월분의 종교인소득이 없는 경우에는 2월 말일) 또는 해당 종교관련종사자와의 소속관계가 종료되는 달의 종교인소득	소법 §145의 3

구 분	내 용	법 령
	을 지급할 때 해당 과세기간의 종교인소득에 대하여 연말정산을 통해 계산한 금액을 원천징수	
기타소득에 의한 연말정산 세액계산	종교관련종사자가 해당 과세기간에 받은 금액에서 필요경비를 공제하고 신고한 종합소득공제를 적용한 금액을 종합소득과세표준으로 하여 종합소득산출세액을 계산하고, 그 종합소득산출세액에서 이 법 및 「조세특례제한법」에 따른 세액공제를 적용한 후 해당 과세기간에 이미 원천징수하여 납부한 소득세를 공제하고 남은 금액	소령 §202의 4
근로소득 연말정산	원천징수의무자는 해당 과세기간의 다음연도 2월분의 근로소득 또는 퇴직자의 퇴직하는 달의 근로소득을 지급할 때에는 연말정산을 통해 추가 납부세액을 원천징수	소법 §137

(6) 지급명세서 제출

구 분	내 용	법 령
기타소득 근로소득	소득세 납세의무가 있는 개인에게 종교인소득을 국내에서 지급하는 자는 지급명세서를 그 지급일이 속하는 과세기간의 다음연도 3월 10일, 휴업, 폐업 또는 해산한 경우에는 휴업일, 폐업일 또는 해산일이 속하는 달의 다음다음 달 말일까지 원천징수 관할 세무서장, 지방국세청장 또는 국세청장에게 제출	소법 §164

구 분	내 용	법 령
지급명세서 제출 제외	「소득세법」 제12조 제5호의 규정에 따라 비과세되는 기타소득은 지급명세서 제출을 면제 다만, 「소득세법 시행령」 제19조 제3항 제3호에 따른 금액 및 물품(종교활동비)은 지급명세서를 작성하여 제출함	소령 §214

(7) 종합소득 과세표준 확정신고

구 분	내 용	법 령
종합소득 과세표준 확정신고 예외	원천징수되는 기타소득으로서 종교인소득만 있는 자는 해당 소득에 대하여 과세표준 확정신고를 하지 아니할 수 있음	소법 §73 ①
	근로소득으로서 종교인소득만 있는 자로 근로소득으로 연말정산한 경우 과세표준 확정신고를 하지 아니할 수 있음	
확정신고	거주자는 해당 과세기간의 과세표준에 대한 종합소득 산출세액에서 감면세액과 세액공제액을 공제한 금액을 과세표준확정신고기한까지 납세지 관할 세무서, 한국은행 또는 체신관서에 납부	소법 §76

(8) 구분기장 및 질문 · 조사

구 분	내 용	법 령
구분기장	종교단체는 소속 종교관련종사자에게 지급한 금액 및 물품(종교활동비 포함)과 그 밖에 종교 활동과 관련하여 지출한 비용을 구분하여 기록 · 관리	소령 §41 ⑯
질문 · 조사	소득세에 관한 사무에 종사하는 공무원은 그 직무 수행상 필요한 경우에는 납세자 등에 해당하는 자에 대하여 질문을 하거나 해당 장부 · 서류 또는 그 밖의 물건을 조사하거나 그 제출을 명할 수 있음	소법 §170
특례	다만, 종교인소득에 대해서는 종교단체의 장부 · 서류 또는 그 밖의 물건 중에서 종교인소득과 관련된 부분에 한하여 조사하거나 그 제출을 명할 수 있음	

(9) 가산세

구 분	내 용	법 령
무신고	법정신고기한까지 세법에 따른 종합소득 과세표준 확정신고를 하지 아니한 경우 무신고가산세를 부담	국기법 §47의 2
과소신고	법정신고기한까지 세법에 따른 종합소득 과세표준 확정신고를 하면서 납부할 세액을 신고하여야 할 세액보다 적게 신고	국기법 §47의 3
납부불성실	소득세를 세법에 따른 납부기한까지 납부	국기법 §47의

구 분	내 용	법 령
	하여야 할 세액보다 적게 납부하거나 환급받아야 할 세액보다 많이 환급한 경우	4
원천징수 납부 등 불성실	종교인소득에 대해 소득세를 원천징수한 종교단체가 납부기한까지 납부하지 아니하거나 과소납부한 경우에는 불성실가산세 부과	국기법 §47의 5
지급명세서 불성실	종교인소득에 대해 제출기한까지 지급명세서를 제출하지 아니하거나 불성실하게 제출한 경우	소법 §81 ①

(10) 서식

종교인소득 신고를 위하여 종교단체와 종교인은 다음에 해당하는 서식을 작성하여야 한다.

서 식	작성자	내 용
원천징수이행상황신고서	종교단체	종교인소득에 대해 기타소득 또는 근로소득으로 소득세를 원천징수한 내역(인원, 지급액, 원천징수세액)을 기재하여 원천징수 관할 세무서장에게 제출
기타소득지급명세서	종교단체	종교인소득에 대해 소속 종교인별로 기타소득 지급명세서를 작성하여 다음 해 3월 10일까지 원천징수 관할 세무서장에게 제출
근로소득지급명세서	종교단체	종교인소득에 대해 소속 종교인 및 종사직원별로 근로소득 지급명세서를 작성하여 다음 해 3월 10일까지 원천징수 관할 세무서장에게 제출

서 식	작성자	내 용
종교인소득세액 연말정산신청서	종교단체	소속 종교인에게 지급한 종교인소득에 대해 연말정산을 처음으로 하고자 하는 경우 원천징수 관할 세무서장에게 제출
종교인소득원천징수부	종교단체	소속 종교인별로 종교인소득 지급내역, 원천징수세액 등을 기록하여 연말정산시 활용
종교인소득·세액공제신고서	종교인	종교인이 연말정산 또는 종합소득세 확정신고시 반영할 소득·세액공제를 원천징수의무자 또는 세무서에 제출
종교인소득 종합소득세 과세표준 확정신고서	종교인	종교단체가 종교인소득에 대해 연말정산을 하지 아니한 경우 종교인이 종교인소득에 대해 종합소득세 과세표준 확정신고서를 주소지 관할 세무서에 제출
근로장려금·자녀장려금 신청서	종교인	요건을 충족하는 경우 근로장려금 또는 자녀장려금을 주소지 관할 세무서에 신청

03 종교단체와 종교관련종사자

Chapter

1 종교단체

종교인소득 과세제도와 관련된 종교단체는 다음의 어느 하나에 해당하는 자 중 종교의 보급이나 교화를 목적으로 설립된 단체(그 소속 단체를 포함)로서 해당 종교관련종사자가 소속된 단체*를 말한다.

종교의 보급 기타 교화 목적	「민법」 제32조에 따라 설립된 비영리법인	소속 단체
	「국세기본법」 제13조에 따른 법인으로 보는 단체	
	「부동산등기법」 제49조 제1항 제3호에 따라 부동산등기용 등록번호를 부여받은 법인 아닌 단체	

예시 유형별 종교 : 개신교, 민족종교(대종교, 증산교 등), 불교, 원불교, 유교, 천도교, 천주교

1) 종교단체 운영체계

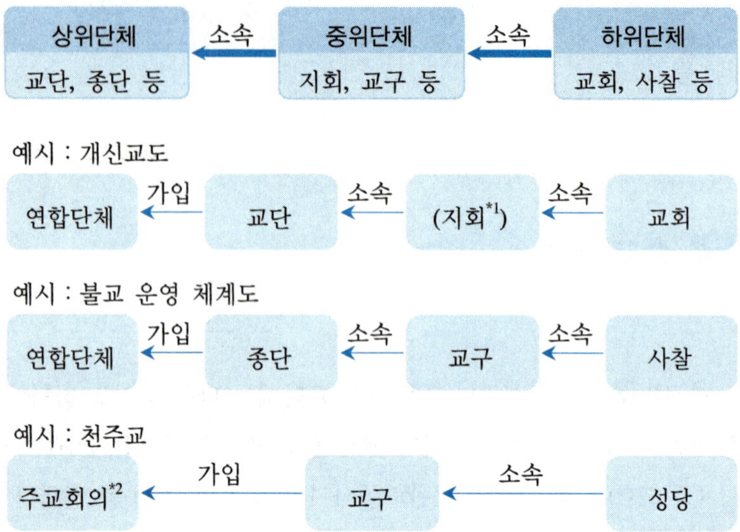

*1 노회, 지역회

*2 지역교구의 주교로 구성

(1) 민법 제32조에 따라 설립된 비영리법인

「민법」 제32조는 비영리법인의 설립과 허가관련 사항으로 학술, 종교, 자선, 기예, 사교 기타 영리 아닌 사업을 목적으로 하는 사단 또는 재단은 주무관청의 허가를 얻어 이를 법인으로 할 수 있다고 규정하고 있다.

① 사단법인 및 재단법인의 정관

사단법인의 정관(민법 제40조)	재단법인의 정관
사단법인의 설립자는 다음의 사항을 기재한 정관을 작성하여 기명날인하여야 한다. －목적 －명칭 －사무소의 소재지 －자산에 관한 규정 －이사의 임면에 관한 규정 －사원자격의 득실에 관한 규정 －존립시기나 해산사유를 정하는 때에는 그 시기 또는 사유	재단법인의 설립자는 일정한 재산을 출연하고 다음의 사항을 기재한 정관을 작성하여 기명날인하여야 한다. －목적 －명칭 －사무소의 소재지 －자산에 관한 규정 －이사의 임면에 관한 규정

② 법인세법에 따른 비영리법인

비영리내국법인이란 내국법인 중 다음의 어느 하나에 해당하는 법인을 말한다.

㉮ 「민법」 제32조에 따라 설립된 법인

㉯ 「사립학교법」이나 그 밖의 특별법에 따라 설립된 법인으로서 「민법」 제32조에 규정된 목적과 유사한 목적을 가진 법인
다만, 법령에서 정한 조합법인 등이 아닌 법인으로서 그 주주(株主)·사원 또는 출자자(出資者)에게 이익을 배당할 수 있는 법인은 제외한다.

㉰ 「국세기본법」 제13조 제4항에 따른 법인으로 보는 단체

③ 지정기부금단체

종교의 보급, 그 밖에 교화를 목적으로 「민법」 제32조에 따라 문화체육관광부장관 또는 지방자치단체의 장의 허가를 받아 설립한 비영리법인(그 소속단체를 포함)은 지정기부금단체로 거주자가 해당 단체에 기부하는 경우 기부금 세액공제를 적용받을 수 있다.

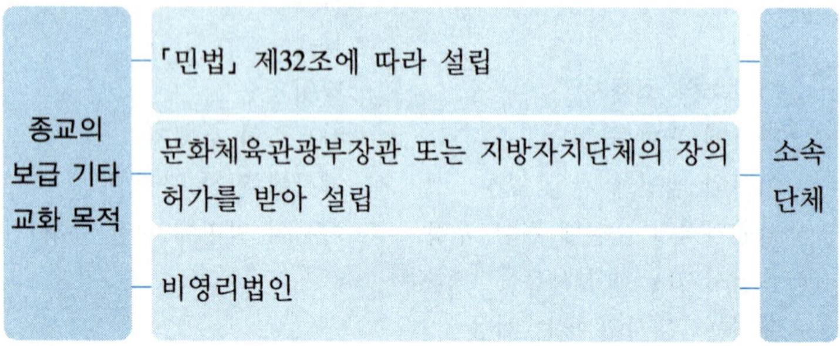

■ 문화체육관광부장관 또는 지방자치단체의 장의 허가를 받아 설립한 비영리법인의 소속단체

「국세기본법」 제13조 제2항에 따라 법인으로 보는 단체로 승인을 얻은 개별교회가 종교의 보급, 그 밖에 교화를 목적으로 「민법」 제32조에 따라 문화체육관광부장관 또는 지방자치단체의 장의 허가를 받아 설립한 비영리법인의 소속단체인 경우에는 「법인세법 시행령」 제36조 제1항 제1호 마목에 의하여 지정기부금단체에 해당된다.

이 경우 「소득세법」상 거주자로 보던 법인격 없는 단체가 「국세기본법」 제13조 제2항의 규정에 의하여 관할세무서장으로부터 법인으로 보는 단체로 승인을 얻은 경우 동 단체의 최초사업연도 개시일은 법인으로 보는 단체의 승인일로 한다(법인세과－1283, 2009.11.17.).

■ 연합회 회원교단 및 회원단체

〈소속단체 관계표〉

(사)○○○○○총연합회
「민법」 제32조에 따라 문화체육관광부로부터 설립허가

↓

*******총회
(사)○○○○○총연합회의 회원교단으로서 ○○도로부터 유지재단
(재단법인 *******총회 유지재단) 법인설립 허가를 받음

↓

개별종교단체(교회)
*******총회의 소속교회로서 주무관청에 등록된 단체 아님

종교의 보급, 그 밖에 교화를 목적으로 「민법」 제32조에 따라 문화체육관광부장관으로부터 설립허가를 받아 설립한 비영리법인인 사단법인 한국기독교총연합회(이하 "연합회")는 「법인세법 시행령」 제36조 제1항 제1호 마목에 따라 지정기부금단체에 해당되는 것이나,

연합회의 소속단체가 아닌 회원교단과 회원단체는 동 규정에 따른 지정기부금단체에 해당되지 아니한다.

다만, 해당 회원교단과 회원단체가 종교의 보급, 그 밖에 교화를 목적으로 「민법」 제32조에 따라 주무관청으로부터 설립허가를 받아 설립한 비영리법인에 해당되는 경우, 해당 회원교단 · 회원단체와 그에 소속된 개별교회는 지정기부금단체에 해당된다(법규과-180, 2012.2.22.).

■ 고유목적사업비로 지출하는 기부금

「법인세법 시행령」 제36조 제1항 제1호 마목에 따라 종교의 보급, 그 밖에 교화를 목적으로 「민법」 제32조에 따라 문화체육관광부장관 또는 지방자치단체의 장의 허가를 받아 설립한 비영리법인(그 소속단체를 포함)의 고유목적사업비로 지출하는 기부금은 지정기부금에 해당한다(법인세과-573, 2010.6.23.).

〈기부금별 세액공제 비율 및 한도〉

종 류		세액공제 대상금액 한도	세액공제율
정치자금기부금		근로소득금액	10만원 이하 : 100/110 10만원 초과 : 15%(3천만원 초과분 25%)
법정기부금		근로소득금액	15% (2천만원 초과분 30%)
우리사주조합 기부금		(근로소득금액－정치자금기부금 · 법정기부금 세액공제 대상금액)×30%	
지정 기부금	종교단체 외	(근로소득금액－정치자금기부금 · 법정기부금 · 우리사주조합기부금 세액공제 대상금액)×30%	
	종교단체	(근로소득금액－정치자금기부금 · 법정기부금 · 우리사주조합기부금 세액공제 대상금액)×10%	

(2) 국세기본법 제13조에 따른 법인으로 보는 단체

「국세기본법」 제13조에 따른 법인으로 보는 단체를 위해서는 법인 및 법인 아닌 단체에 대해 이해가 필요하다.

① 법인 및 법인 아닌 단체

법인은 「법인세법」 제1조 제1호 및 제3호에 따른 내국법인 및 외국법인을 말한다.

내국법인 및 외국법인(법인세법 제1조 제1호 및 제3호)

구분	내용
내국법인 (內國法人)	국내에 본점이나 주사무소 또는 사업의 실질적 관리장소를 둔 법인
외국법인	외국에 본점 또는 주사무소를 둔 단체*로서 다음의 어느 하나에 해당하는 기준에 해당하는 법인

* 국내에 사업의 실질적 관리장소가 소재하지 아니하는 경우만 해당
- 설립된 국가의 법에 따라 법인격이 부여된 단체
- 구성원이 유한책임사원으로만 구성된 단체
- 구성원과 독립하여 자산을 소유하거나 소송의 당사자가 되는 등 직접 권리·의무의 주체가 되는 단체
- 그 밖에 해당 외국단체와 동종 또는 유사한 국내의 단체가 「상법」 등 국내의 법률에 따른 법인인 경우의 그 외국단체

법인이 아닌 사단, 재단, 그 밖의 단체를 '법인 아닌 단체'라 한다.

② 법인 아닌 단체를 법인으로 보는 경우 → '법인으로 보는 단체'

- 법인으로 보는 사단, 재단, 그 밖의 단체
- 세무서장의 승인에 의해 법인으로 보는 법인 아닌 단체

■ 법인으로 보는 사단, 재단, 그 밖의 단체

법인 아닌 단체 중 다음의 어느 하나에 해당하는 것으로서 수익을 구성원에게 분배하지 아니하는 것은 법인으로 보아 「국세기본법」과 세법을 적용한다.

㉮ 주무관청의 허가 또는 인가를 받아 설립되거나 법령에 따라 주무관청에 등록한 사단, 재단, 그 밖의 단체로서 등기되지 아니한 것

㉯ 공익을 목적으로 출연(出捐)된 기본재산이 있는 재단으로서 등기되지 아니한 것

■ 그 외 법인 아닌 단체(신청 → 승인)

㉮ 신청대상

법인으로 보는 사단, 재단, 그 밖의 단체 외의 법인 아닌 단체 중 다음의 요건을 모두 갖춘 것으로서 대표자나 관리인이 관할 세무서장에게 신청하여 승인을 받은 것도 법인으로 보아 「국세기본법」과 세법을 적용한다(국세기본법 제13조 제2항).

이 경우 해당 사단, 재단, 그 밖의 단체의 계속성과 동질성이 유지되는 것으로 본다.

㉠ 사단, 재단, 그 밖의 단체의 조직과 운영에 관한 규정(規程)을 가지고 대표자나 관리인을 선임하고 있을 것

㉡ 사단, 재단, 그 밖의 단체 자신의 계산과 명의로 수익과 재산을 독립적으로 소유·관리할 것

㉢ 사단, 재단, 그 밖의 단체의 수익을 구성원에게 분배하지 아니할 것

세무서장의 승인에 따른 법인으로 보는 법인 아닌 단체에 대한 변경 제한

신청에 대하여 관할 세무서장의 승인을 받은 날이 속하는 과세기간과 그

과세기간이 끝난 날부터 3년이 되는 날이 속하는 과세기간까지는 「소득세법」에 따른 거주자 또는 비거주자로 변경할 수 없다.

※ 다만, 위 '신청대상'의 '㉮~㉰'의 요건을 갖추지 못하게 되어 승인 취소를 받는 경우에는 그러하지 아니하다.

㉯ 신청시 제출 서류

관할 세무서장에게 신청하여 승인을 받으려는 법인 아닌 단체의 대표자 또는 관리인은 다음의 사항을 적은 문서(법인으로 보는 단체의 승인신청서, 「국세기본법 시행규칙」 별지 제6호 서식)를 관할 세무서장에게 제출하여야 한다.

㉠ 단체의 명칭

㉡ 주사무소의 소재지

㉢ 대표자 또는 관리인의 성명과 주소 또는 거소

대표자 또는 관리인임을 입증할 수 있는 자료 포함

㉣ 고유사업

사업내용	고유사업	
	수익사업	

㉤ 재산상황

단체의 재산상황		
구　　분	소재지(발행처)	가액
부　동　산		
유가증권 및 그 밖의 재산		
합　　계		

㉥ 정관 또는 조직과 운영에 관한 규정

㉦ 그 밖에 필요한 사항

㉰ 승인 여부 통지

관할 세무서장은 법인 아닌 단체의 대표자 또는 관리인이 제출한 문서에 대하여 그 승인 여부를 신청일부터 10일 이내에 신청인에게 통지(법인으로 보는 단체의 승인 여부 통지, 「국세기본법 시행규칙」 별지 제6호의 2 서식)하여야 한다.

법인으로 보는 단체의 승인 여부

<table>
<tr><td rowspan="4">법인으로 보는 단체의 승인 여부</td><td rowspan="2">□승 인</td><td>□ 고유번호</td><td></td></tr>
<tr><td colspan="2">□ 「법인세법」 제111조에 따라 사업자등록을 하여야 함.</td></tr>
<tr><td>□승인불가</td><td colspan="2">□ 「국세기본법」 제13조 제2항 제( )호 요건 불충족 ( )</td></tr>
</table>

㉱ 고유번호 및 사업자등록

승인을 받은 법인 아닌 단체에 대해서는 승인과 동시에 「부가가치세법 시행령」 제12조 제2항에 따른 고유번호를 부여하여야 한다.

고유번호 부여(부가가치세법 시행령 제12조 제2항)

관할 세무서장은 과세자료를 효율적으로 처리하기 위하여 「부가가치세법」 제54조 제4항 또는 제5항에 따른 자에게도 등록번호에 준하는 고유번호를 부여할 수 있다.

다만, 해당 단체가 수익사업을 하려는 경우로서 「법인세법」 제111조에 따라 사업자등록을 하여야 하는 경우에는 그러하지 아니하다.

사업자등록(법인세법 제111조)

신규로 사업을 시작하는 법인은 납세지 관할 세무서장에게 등록하여야 한다.

이 경우 등록을 하고자 하는 법인은 사업장마다 당해 사업의 개시일부터 20일 내에 사업자등록신청서를 납세지 관할 세무서장에게 제출하여야 한다.

㉮ 승인 취소

승인을 받은 법인 아닌 단체가 「국세기본법」 제13조 제2항 각 호의 요건을 갖추지 못하게 되었을 때에는 관할 세무서장은 지체 없이 그 승인을 취소하여야 한다.

법인으로 보는 단체의 승인 취소 통지(국세기본법 시행규칙 별지 제6호의 3 서식)

• 승인 취소 이유 명기
「국세기본법」 제13조 제2항 제( )호 요건 불충족 (   )

(3) 법인 아닌 단체를 법인으로 보는 경우 국세의무 이행

① 의무 이행

법인으로 보는 법인 아닌 단체(이하 "법인으로 보는 단체")의 국세에 관한 의무는 그 대표자나 관리인이 이행하여야 한다.

② 대표자나 관리인 선임 및 변경

법인으로 보는 단체는 국세에 관한 의무 이행을 위하여 대표자나 관리인을 선임하거나 변경한 경우에는 관할 세무서장에게 신고하여야 한다.

법인으로 보는 단체가 대표자 또는 관리인의 선임신고 또는 변경신고를 하려는 경우에는 대표자 또는 관리인(변경의 경우에는 변경 전 및 변경 후의 대표자 또는 관리인)의 성명과 주소 또는 거소, 그 밖에 필요한 사항을 적은 문서를 관할 세무서장에게 제출하여야 한다.

③ 대표자나 관리인 선임 등 신고를 하지 아니한 경우

법인으로 보는 단체가 대표자나 관리인 선임 및 변경 신고를 하지 아니한 경우에는 관할 세무서장은 그 단체의 구성원 또는 관계인 중 1명을 국세에 관한 의무를 이행하는 사람으로 지정할 수 있다.

법인으로 보는 단체의 국세에 관한 의무 이행자 지정 통지

(국세기본법 시행규칙 별지 제7호 서식)

관할 세무서장은 「국세기본법」 제13조 제6항에 따라 국세에 관한 의무를 이행하는 사람을 지정하였을 때에는 다음의 사항을 적은 문서로 지체 없이 해당 법인으로 보는 단체에 통지하여야 한다.

-국세에 관한 의무를 이행하는 사람의 성명과 주소 또는 거소
-지정 연월일
-지정 사유
-그 밖에 필요한 사항

(4) 법인으로 보는 단체 관련 사례

① 법인으로 보는 단체에 해당되는지 여부

법인격이 없는 단체가 「국세기본법」 제13조 제2항 각 호의 요건을 갖춘 것으로서 대표자 또는 관리인이 관할세무서장에게 신청하여 승인을 받은 경우 「국세기본법」 제13조 제2항의 규정에 의해 당해 단체를 법인으로 보아 「국세기본법」과 세법을 적용한다(법규기본 2012-311, 2012.3.30.).

② 마을회를 1거주자로 보아 양도소득세를 과세할 수 있는지 여부

부동산 등 양도소득세 과세대상 자산을 양도하는 단체가 「국세기본법」 제13조의 규정에 의한 법인으로 보는 단체에 해당하지 않는 경우에는 「소득세법」 제2조 제3항 및 같은 법 시행령 제3조의 2 규정에 의하여 그 단체의 구성원 간 이익의 분배방법이나 분배비율이 정하여져 있거나 사실상 이익이 분배되는 것으로 확인되는 경우에는 단체의 구성원이 공동으로 사업을 영위하는 것으로 보아 각 거주자별로 양도소득세를 과세하는 것이나, 이익의 분배방법이나 분배비율이 정하여져 있지 않거나 확인되지 않는 경우에는 그 단체를 1거주자로 보아 과세하는 것으로 마을회가 1거주자 등에 해당하는지 여부는 마을회 규약, 토지 취득 상황, 이익 분배방법 등의 제반 상황을 종합적으로 확인하여 사실판단할 사항이다(사전－2016－법령해석기본－0315, 2016.8.19.).

③ 법인격 없는 단체에 대한 세법 적용

「국세기본법」에서 법인격 없는 단체 중에서 요건을 갖추고 그 대표자 또는 관리인이 관할세무서장에게 신청하여 승인을 얻은 경우에는 이를 법인으로 보아 「법인세법」과 세법을 적용할 수 있다(징세과－1105, 2014.8.27.).

④ 법인으로 보는 단체의 취소사유에 해당되는지 여부

법인으로 보는 단체인 종중이 수익을 구성원에게 배분하는 경우에는 「국세기본법」 제13조 제2항 제3호의 요건을 갖추지 못하게 되어 같은 법 시행령 제8조 제4항 소정의 취소사유에 해당하나, 종중의 고

유목적사업의 일환으로 수익의 일부를 일정요건에 부합하는 종중 구성원에 한하여 경로복지금과 장학금으로 지급하는 경우로서 지출목적과 금액이 사회통념상 인정되는 범위 내에 있는 경우에는 수익의 분배로 보지 아니한다(징세과－1173, 2011.11.22.).

⑤ 법인으로 보는 단체의 승인취소시 언제부터 법인으로 보지 않는지

관할세무서장으로부터 법인으로 승인을 받은 법인격 없는 단체가 요건을 갖추지 못하여 그 승인이 취소된 경우에는 당해 단체가 승인취소통지서를 받은 날부터 법인으로 보지 아니한다(징세과－753, 2010. 7.29.).

⑥ 승인받은 단체가 임의로 소득세법상 거주자로서의 납세의무 이행

'법인으로 보는 단체'로 승인받은 단체가 임의로 「소득세법」상 거주자로서의 납세의무를 이행한다면 「법인세법」상 법인으로서의 납세의무를 미이행함에 따른 불이익을 받는다(징세 46101－205, 2001.2.28.).

⑦ 법인으로 보는 단체가 수익사업을 폐지시 법인으로 보는 단체 승인 취소에 해당여부

법인으로 보는 단체로 승인받은 비영리법인이 「국세기본법」 제13조 제2항 각호의 요건을 갖추지 못하게 된 때에 같은 법 시행령 제18조 제4항에 의해 관할세무서장이 그 승인을 취소하여야 하는 것으로 수익사업만 폐지하는 때에는 법인으로 보는 단체의 승인신청을 별도로 해야 하는 것은 아니다(서면인터넷방문상담2팀－736, 2008.4.21.).

2) 부동산등기법 제49조 제1항 제3호에 따라 부동산등기용 등록번호를 부여받은 법인 아닌 사단 · 재단

① 부동산 권리자 사항 기록

「부동산등기법」에서는 권리자에 관한 사항을 기록할 때에는 권리자의 성명 또는 명칭 외에 주민등록번호 또는 부동산등기용등록번호와 주소 또는 사무소 소재지를 함께 기록하여야 한다.

② 법인 아닌 사단 등의 부동산 등기신청

법인 아닌 사단 등의 부동산 등기신청은 종중(宗中), 문중(門中), 그 밖에 대표자나 관리인이 있는 법인 아닌 사단(社團)이나 재단(財團)에 속하는 부동산의 등기에 관하여는 그 사단이나 재단을 등기권리자 또는 등기의무자로 한다.

이 경우 법인 아닌 사단이나 재단 명의의 등기를 할 때에는 그 대표자나 관리인의 성명, 주소 및 주민등록번호를 함께 기록하여야 한다.

③ 부동산등기용등록번호

부동산등기용등록번호(이하 "등록번호"라 함)는 다음의 방법에 따라 부여한다.

■ 국가 · 지방자치단체 · 국제기관 및 외국정부의 등록번호

국토교통부장관이 지정 · 고시한다.

■ 주민등록번호가 없는 재외국민의 등록번호

대법원 소재지 관할 등기소의 등기관이 부여하고, 법인의 등록번호는 주된 사무소(회사의 경우에는 본점, 외국법인의 경우에는 국내에 최초로 설치 등기를 한 영업소나 사무소를 말함) 소재지 관할 등기소의 등기관이 부여한다.

■ 법인 아닌 사단이나 재단 및 국내에 영업소나 사무소의 설치 등기를 하지 아니한 외국법인의 등록번호

시장(「제주특별자치도 설치 및 국제자유도시 조성을 위한 특별법」 제10조 제2항에 따른 행정시의 시장을 포함하며, 「지방자치법」 제3조 제3항에 따라 자치구가 아닌 구를 두는 시의 시장은 제외), 군수 또는 구청장(자치구가 아닌 구의 구청장을 포함)이 부여한다.

■ 외국인의 등록번호

체류지(국내에 체류지가 없는 경우에는 대법원 소재지에 체류지가 있는 것으로 봄)를 관할하는 지방출입국·외국인관서의 장이 부여한다.

④ 법인 아닌 사단이나 재단 및 국내에 영업소나 사무소의 설치 등기를 하지 아니한 외국법인의 등록번호 부여절차

등록번호를 부여받고자 하는 법인 아닌 사단이나 재단의 대표자 또는 관리인은 시장(구가 설치되어 있는 시에서는 구청장)·군수(이하 "시장·군수")에게 다음의 사항이 기재된 등록번호 부여신청서를 제출하여야 한다.

- 사단이나 재단의 명칭 및 사무소 소재지
- 대표자 또는 관리인의 성명 및 주소

이 경우 등록번호부여신청서에는 다음의 서류를 첨부하여야 한다.

- 정관 기타의 규약
- 대표자 또는 관리인임을 증명하는 서면

〈법인 아닌 사단 · 재단등록번호의 구성체계〉

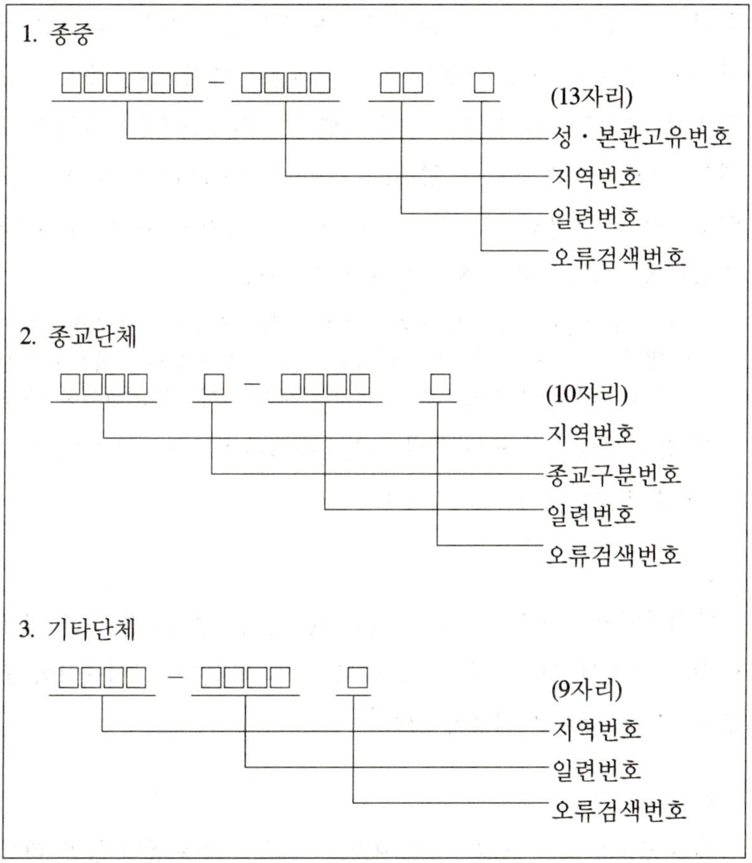

주 : 성 · 본관의 고유번호, 지역번호, 종교구분번호, 일련번호 및 오류검색번호는 공동부령이 정하는 바에 의한다.

⑤ 종교단체에 대한 종합부동산세 과세특례

■ 종합부동산세 신고특례

「부동산 실권리자명의 등기에 관한 법률 시행령」 제5조 제1항 제2호에 따른 소속 종교단체인 개별 종교단체가 소유한 주택 또는 토지 중 「부동산 실권리자명의 등기에 관한 법률 시행령」 제5조 제1항 제1호에 따른 종단*의 명의로 조세포탈을 목적으로 하지 아니하고 등기한 주택 또는 토지(이하 "대상주택 또는 대상토지")가 있는 경우, 대상주택 또는 대상토지를 실제 소유한 개별 종교단체를 「종합부동산세법」 제7조 제1항 및 제12조 제1항에도 불구하고 과세기준일 현재 각각 주택분 재산세 납세의무자 및 토지분 재산세 납세의무자로 보아 개별 종교단체가 종합부동산세를 신고할 수 있다.

* 법인 또는 「부동산등기법」 제49조 제1항 제3호에 따라 등록번호를 부여받은 법인 아닌 사단·재단으로서 종교의 보급 기타 교화를 목적으로 설립된 종단·교단·유지재단 또는 이와 유사한 연합종교단체(이하 "종단")

이 경우 대상주택 또는 대상토지는 종합부동산세의 과세의 경우에만 개별 종교단체의 소유로 본다.

■ 연대납부 의무

개별단체가 종합부동산세를 신고하는 경우 향교재단 등은 대상주택 또는 대상토지의 공시가격을 한도로 그 개별단체와 연대하여 종합부동산세를 납부할 의무가 있다.

■ 종단의 신고 배제

개별 종교단체가 종합부동산세를 신고하는 경우 종단 등은 대상주택 또는 대상토지를 소유하지 아니한 것으로 보아 종합부동산세를 신고하여야 한다.

2 종교관련종사자

1) 개념

종교인소득 과세제도와 관련된 종교관련종사자는 「통계법」 제22조에 따라 통계청장이 고시하는 한국표준직업분류에 따른 종교관련종사자를 말한다.

2) 업무

한국표준직업분류상 종교관련종사자는 성직자와 기타 종교관련종사자로 구분되며 그 업무는 아래와 같다.

구 분	업 무
종교관련종사자	종교적인 업무에 종사하거나 특정 종교의 가르침을 설교하고 전파
성직자	교리의 해설과 설교를 하며, 종교의식을 집행
기타 종교관련종사자	성직자를 보조하고 제반 종교적 활동을 수행

3) 한국표준직업분류 중 종교관련종사자

분류명			설명
소분류	세분류	세세분류	
종교관련 종사자 (248)	성직자 (2481)	목사(24811)	기독교 종교예식이나 의식을 집행하고 관장하며 신자들에게 정신적, 도덕적 지도를 하는 사람으로 교리의 해설과 설교를 하며, 종교의식을 집행하는 자를 말한다. (목사, 교목, 원목, 군목, 부목사)
		신부(24812)	천주교 종교예식이나 의식을 집행하고 관장하며 신자들에게 정신적, 도덕적 지도를 하는 사람으로 교리의 해설과 설교를 하며, 종교의식을 집행하는 자를 말한다. (사제, 주교, 신부, 부제)
		승려(24813)	불교 종교예식이나 의식을 집행하고 관장하며 신자들에게 정신적, 도덕적 지도를 하는 사람으로 교리의 해설과 설교를 하며, 종교의식을 집행하는 자를 말한다. (승려, 스님, 법사)
		교무(24814)	원불교 종교예식이나 의식을 집행하고 관장하며 신자들에게 정신적, 도덕적 지도를 하는 사람으로 교리의 해설과 설교를 하며, 종교의식을 집행하는 자를 말한다. (교무, 원불교)

분류명			설명
소분류	세분류	세세분류	
		그 외 성직자 (24819)	상기 세세분류 어느 항목에도 포함되지 않는 기타 종교관련성직자가 여기에 분류 (전교, 대종교, 유교)
	기타 종교관련 종사자 (2489)	수녀 및 수사 (24891)	천주교회에서 신부를 보조하여 미사 등의 집전을 보조하며, 신자들에게 신앙 및 정신적·도덕적 지도를 하는 자를 말한다. (수녀, 수사)
		전도사 (24892)	교회에서 맡은 역할에 따라 청소년이나 신자들의 교육을 담당하거나, 찬양, 율동, 음악 등을 지도하는 자를 말한다. (전도사)
		그 외 종교관련 종사자 (24899)	상기 세세분류 어느 항목에도 포함되지 않는 기타 종교관련종사자가 여기에 분류 (포교사, 강도사)

4) 종교관련종사자 역할

종교관련종사자는 종교적인 업무에 종사하거나 특정 종교의 가르침을 설교하고 전파한다.

(1) 성직자

종교예식이나 의식을 집행하고 관장하며 신자들에게 정신적, 도덕적 지도를 하는 사람으로 교리의 해설과 설교를 하며, 종교의식을 집행한다.

주요업무

- 종교의례와 의식을 거행하거나 관리하며 창조, 속죄 또는 구원행사의 의식적 재연을 관장한다.
- 의식을 거행할 때에는 불경이나 성경 등의 경전을 읽는다.
- 정신적인 결핍 또는 안식을 갈망하는 사람들을 도와주며 신앙으로 인도한다.
- 교육기관 · 의료기관 · 교도소 · 경찰 · 군대 등에서 교육적 · 종교적 활동을 수행하기도 한다.
- 신도의 가정을 방문하여 신앙심을 고취시키거나 병든 사람을 위로하며 가난한 사람을 도와주고, 정신적인 결핍 또는 안식을 갈망하는 사람들을 도우며 신앙으로 인도한다.
- 각종 모임이나 종교 교육프로그램을 지도 · 감독한다.
- 단체에 근무하는 경우 성직자 양성을 담당하거나 하위성직자로 하여금 종단의 관리나 인사 · 재무 · 사무 등의 일을 제대로 수행하도록 지도하거나 감시하며, 임금근로자나 자원봉사자가 있을 경우에는 이에 대한 관리감독의 업무를 수행하기도 한다.

① 목사

기독교 종교예식이나 의식을 집행하고 관장하며 신자들에게 정신적, 도덕적 지도를 하는 사람으로 교리의 해설과 설교를 하며, 종교의식을 집행한다.

예시 목사에는 교목, 원목, 군목, 부목사를 포함한다.

② 신부

천주교 종교예식이나 의식을 집행하고 관장하며 신자들에게 정신적, 도덕적 지도를 하는 사람으로 교리의 해설과 설교를 하며, 종교의식을 집행한다.

예시 사제 및 부제가 있으며 사제에는 주교, 신부를 포함한다.

③ 승려

불교의 종교예식이나 의식을 집행하고 관장하며 신자들에게 정신적, 도덕적 지도를 하는 사람으로 교리의 해설과 설교를 하며, 종교의식을 집행한다.

예시 승려에는 스님, 법사를 포함한다.

④ 교무

원불교의 종교예식이나 의식을 집행하고 관장하며 신자들에게 정신적, 도덕적 지도를 하는 사람으로 교리의 해설과 설교를 하며, 종교의식을 집행한다.

⑤ 그 외 성직자

상기 세세분류 어느 항목에도 포함되지 않는 기타 종교관련 성직자를 말한다.

예시 대종교, 유교에는 전교 등이 있다.

(2) 기타 종교관련종사자

해당 종교의 한 구성원으로 성직자를 보조하고 제반 종교적 활동을 수행한다.

수녀는 천주교회에서 신부를 보조하거나 수녀원 등에서 제반 종교적 활동을 수행한다. 그 외 종교기관이나 종교단체 종사자로 종교적인 업무를 담당하거나 특정 종교의 가르침을 설교하고 전파하는 일을 한다.

주요업무

- 일정한 수련과정을 거치며 신앙을 고취하기 위하여 수도를 한다.
- 종교의 교리를 가르치기도 하며 사회적인 봉사활동을 조직하여 수행하기도 한다.
- 포교사는 불교에서 수행정진, 종단과 사찰운영 및 포교를 겸하고 있는 승려와는 달리 재가불자로서 포교를 중심적으로 수행한다. 또한 새롭게 불교에 입문하고자 하는 초심자에게 불교문화를 자연스럽게 연결해주거나 사회에서 소외되어 있는 계층(장애인, 독거노인, 일탈청소년, 수용시설 수용자, 환자, 소년소녀가장 등)에 대해 상담활동, 물질적 지원 등을 수행한다.
- 전도사는 교회에서 맡은 역할에 따라 청소년이나 초신자들의 교육을 담당하거나, 찬양, 율동, 음악 등을 담당하기도 하며, 교회의 홍보업무를 담당하기도 한다.
- 수녀는 천주교회에서 신부를 보조하여 미사와 일곱 집전을 보조하며, 신자들에게 신앙 및 정신적 · 도덕적 지도를 하며, 수녀수련소에서 수녀 지원자를 교육시킨다.

① 수녀 및 수사

천주교회에서 신부를 보조하여 미사 등의 집전을 보조하며, 신자들에게 신앙 및 정신적·도덕적 지도를 하는 자를 말한다. 수녀수련소와 수사수련소에서 수녀 및 수사 지원자 교육을 담당하기도 한다.

② 전도사

교회에서 맡은 역할에 따라 청소년이나 신자들의 교육을 담당하거나, 찬양, 율동, 음악 등을 지도하는 자로 교회의 홍보업무를 담당하기도 한다.

③ 그 외 종교관련종사자

상기 세세분류 어느 항목에도 포함되지 않는 기타 종교관련종사자가 여기에 분류된다.

예시 포교사, 강도사 등이 포함된다.

5) 종교별 종교인 및 소속 직원 분류

① 개신교 종사자

구분	주요 업무
원로목사	한 교회에서 20년(일부 교회 30년) 이상 계속 시무하던 목사가 시무를 사면할 때 교회가 그 명예를 보존하기 위해 원로로 추대한 목사
은퇴목사	정년이 되어 은퇴한 목사
기관목사	노회의 허락으로 교회관련 기관(총회, 학교, 병원, 문

구분	주요 업무
	서사업 등)에서 복음사역에 종사하는 목사
담임목사	목회사역 전반을 담당하는 목사로 교리의 해설과 설교, 종교의식 집행 등
위임목사	지교회의 청빙으로 위임을 받은 목사로 교리의 해설과 설교, 종교의식 집행 등
부목사	위임목사를 보좌하는 임시목사로 교리의 해설과 설교, 종교의식 집행 등
강도사	강도(설교) 인허를 받은 목사 후보생
전도사	목사를 도와 종교의 가르침과 교리를 전하고 청소년이나 초신자들의 교육을 담당하거나, 찬양, 율동, 음악 등을 담당
교육전도사	교육기관(주일학교 포함)에서 신앙을 지도하고 성경과 기독교 교리를 지도
사무장, 교회행정직	교회 행정업무 등을 담당하며 종교인으로 볼 수 없음
관리집사	건물관리, 청소, 경비, 운전 등 종사자
성가대 등 지휘자, 반주자	전속되어 종사하거나 또는 봉사활동 일환으로 종사
주차요원, 식당종업원	종교인으로 볼 수 없음

* 교단별로 다소 차이가 있음

② 불교 종사자

구 분	주요 업무
주지스님	사찰의 행정, 재정, 인사 등을 주관하는 스님

구 분	주요 업무
승려	불교의 종교예식이나 의식을 집행하고 관장하며 신자들에게 정신적, 도덕적 지도를 하는 사람으로 교리의 해설과 설교를 하며, 종교의식을 집행
재가종무원	불교신도로서 종단에 봉직하는 자로 일반직·잡무직 종무원이 이에 해당
일반직종무원	각 종무기관의 재가 직원, 불교신문사 직원, 종립학교 교법사, 본사와 말사에 근무하는 사무장 또는 회계 책임자, 재가포교사, 사무보조자
잡무직종무원	환경미화원, 기사, 경비원과 안내업무 종사자 등
칠직스님	중앙종무기관의 해당부서와 연관된 업무 담당, 칠직 소임이란 교구본사에서 반드시 임명되어야 할 7명의 소임으로 본사의 경우 포교국장, 기획국장, 호법국장, 총무국장, 재무국장, 교무국장, 사회국장 등이 있음
성가대 등 지휘자, 반주자	전속되어 종사하거나 또는 봉사활동 일환으로 종사
주차요원, 식당종업원	종교인으로 볼 수 없음

③ 천주교 종사자

구 분	주요 업무
추기경	교황을 보좌하는 최고위의 성직자
주 교	주교구의 장으로서 관하에 많은 교구 사제와 일반사제를 거느림
주임신부	교구장의 권위 아래 본당 사목구의 책임을 수행하는

구 분	주요 업무
	신부
보좌신부	본당의 단위에서 주임신부를 도와 성사를 집전하고 기타 직무를 수행
수사	천주교회에서 신부를 보조하여 미사 등의 집전을 보조하며, 신자들에게 신앙 및 정신적·도덕적 지도를 하는 자
수녀	천주교회에서 신부를 보조하여 미사 등의 집전을 보조하며, 신자들에게 신앙 및 정신적·도덕적 지도를 하는 자
사무장 사무원	사무행정, 회계업무 등을 담당하며 종교인으로 볼 수 없음
성가대 등 지휘자, 반주자	전속되어 종사하거나 또는 봉사활동 일환으로 종사
주차요원, 식당종업원	종교인으로 볼 수 없음

④ 원불교, 천도교, 유교의 종사자

종 교	구 분	주요 업무
원불교	교무	원불교의 종교예식이나 의식을 집행하고 관장하며 신자들에게 정신적, 도덕적 지도를 하는 사람으로 교리의 해설과 설교를 하며, 종교의식을 집행하는 자
	덕무	종래의 봉공직을 중심한 기능·기술·근로 중심
	도무	행정·전문성 중심
천도교	교령	천도교를 대표하는 최고직위, 즉 천도교 교단의 장, 최고책임자

종 교	구 분	주요 업무
	원직	신앙 담당, 천도교 정신적 지도자로 도정*, 도훈, 교훈 등이 있음
	주직	천도교 중앙총부의 행정담당 임원(지방은 대부분 무보수)
유 교	전교	지방향교를 관리하는 직원(直員), 지방문묘를 수호하는 한편, 지역사회의 윤리문화의 전달을 위하여 활동하는 향교 책임자
공통	성가대 등 지휘자, 반주자	전속되어 종사하거나 또는 봉사활동 일환으로 종사
	주차요원, 식당종업원	종교인으로 볼 수 없음

* 호수 200호를 단위로 된 포를 대표하는 직책

⑤ 민족종교의 종사자

종 교	구 분	주요 업무
갱정유도	도정	최고 지도자
	도무	성직자
수운교	총무원장, 경위사	성직자
태극도	도역자	성직자
순천도	도반	성직자
선 교	도전, 도연	성직자
대종교	총전교, 전교, 교화사	성직자

종교	구 분	주요 업무
증산도	수호사	광역책임자
	포정	수호사 밑의 도장 책임자
	포감	포정 밑의 구역의 책임자
증 산 법종교	법종사	대표
	선무사	성직자
대 순 진리회	도인	체계에 따라 선감·교감·보정·교령·정무·선사·교정·정리·선무 및 일반도인으로 구분
청 우 일신회	도감, 훈감	성직자
공통	성가대 등 지휘자, 반주자	전속되어 종사하거나 또는 봉사활동 일환으로 종사
	주차요원, 식당종업원	종교인으로 볼 수 없음

6) 자주 묻는 질문과 답변

① 종교인의 범위

통계청의 한국표준직업분류상 '종교관련종사자'로 규정하고 있다.

② 구체적인 종교관련종사자

종교적인 업무에 종사하거나 특정 종교의 가르침을 설교하고 전파하는 성직자, 기타 종교관련종사자로 구분된다.

성직자에는 개신교의 목사, 천주교의 신부, 불교의 승려, 원불교의 교무, 대종교·유교의 전교 등이 있다.

기타 종교관련종사자에는 개신교의 전도사, 천주교의 수녀·수사, 불교의 포교사 등이 있다.

〈종교별 종교관련종사자 예시〉

구분	종교관련종사자
개신교	목사(교목, 원목, 군목, 부목사), 전도사
천주교	사제(주교, 신부), 부제, 수녀, 수사
불교	승려(스님, 법사), 포교사
원불교	교무(원불교)
기타	전교(대종교, 유교)

③ 일반 신도가 성가대 지휘·반주를 하는 경우

종교적 활동과 무관한 일반 근로자는 종교단체에서 근무하는 경우에도 '종교관련종사자'에 해당되지 않으며, 일반 신도가 성가대 지휘·반주를 하더라도 종교관련종사자에 해당하지 아니한다.

Chapter 04

종교인소득 과세대상

1 종교인소득 범위

종교인소득은 종교관련종사자가 종교의식을 집행하는 등 종교관련 종사자로서의 활동과 관련하여 종교단체로부터 받은 소득을 말하며, 기타소득으로 구분하고 있다.

<table>
<tr><th>지급자</th><th>소득귀속자</th><th>역 활</th><th>구분</th></tr>
<tr><td rowspan="2">소속된 종교단체</td><td>종교인</td><td>종교의식 집행 등 종교관련종사자로서의 활동</td><td>종교인소득</td></tr>
<tr><td>비종교인</td><td></td><td rowspan="2">근로, 기타 사업 등의 소득으로 구분</td></tr>
<tr><td>다른 종교단체</td><td>종교인</td><td></td></tr>
</table>

2 소득구분 특례

종교인소득에 대하여 「소득세법」 제20조 제1항에 따른 근로소득으로 원천징수하거나 과세표준확정신고를 한 경우에는 해당 소득을 근로소득으로 본다.

종교인 소 득	원칙 : 기타소득
	특례 : 근로소득으로 원천징수하거나 종합소득세 과세표준 확정신고하는 경우에는 허용

3 종교단체에서 종교인에게 지급하는 주요 사례

종교인이 종교단체로부터 받은 소득으로 사례비, 보시, 사목활동비 기본용금, 매달 일정액 지급되는 수당 등을 포함한다.

(1) 기독교에서 종교관련종사자에게 지급하는 주요 항목

구 분	설 명
사례비	설교하고 지급받는 대가(청빙계약에 따라 액수 · 지급방법 사전 약정)
목회활동비	목회활동을 위해 지급하는 일종의 판공비(접대비, 심방비, 도서구입비 등)

구 분	설 명
사택 제공	종교단체가 소유·임차한 사택을 종교인에게 제공
학비보조금	본인, 자녀에 대한 학자금 지원액
퇴직연금(은급금)	각 교단·종단 내부규정에 의해 퇴직한 종교인에게 연금 형태로 지급
기타	휴가비, 국민연금, 건강보험료, 의료비, 식비, 격려금 등

(2) 천주교에서 종교관련종사자에게 지급하는 주요 항목

구 분	설 명
사제(수녀)생활비	사제(수녀)들의 생활비 용도로 지급하는 금전
성무활동비	사제(수녀)들의 성직생활 수행의 지원 금원(차량유지비 등)
미사예물	신자가 미사를 청할 때 사제에게 바치는 예물
퇴직연금(은급금)	퇴임신부의 생활비 지급(2001년 교구사제의 정규직책 은퇴와 요양에 대한 규정)
기타	명절 등 축하금, 휴가비, 국민연금, 건강보험료, 의료비, 학비보조금 등

(3) 불교에서 종교관련종사자에게 지급하는 주요 항목

구 분	설 명
종무수행비	교역직(종단에 봉사하는 자) 종무원이 소임을 수행함에 따라 받는 보시금
수행비	개인적 수행을 하는 수사(修士), 선승(禪僧) 등이 지

구 분	설 명
	급받는 금품
기타	국민연금, 건강보험료, 의료비, 학비보조금, 수행연금(65세 이상) 등

예를 들어 ○○종단의 인건비 내역은 다음과 같다.

구 분	설 명
교역직급여	사찰 소임자 및 대중스님에게 지급하는 보시로 소임자 판공비도 이에 포함
일반직종무원급여	재가종무원(사무원, 처사, 공양주 등)에게 지급하는 급여로 직책수당, 가족수당, 근속수당 등 제 수당을 포함
상여금(보너스)	급여 이외 정기, 비정기적으로 종무원에게 지급하는 금액
잡급비	일용직 인부나 아르바이트 등에게 지급하는 노임
퇴직적립금	종무원의 퇴직금 지급 및 퇴직적립을 위해 퇴직적립금 특별회계로 전출하는 금액이며, 사찰 형편에 따라 다를 수 있겠으나 최소한 1년에 1개월분의 급여는 적립

① 교역직종무원 보시

직책별 주지스님, 국장스님, 부전 및 노전스님은 사찰 예산의 규모에 맞춰 보시를 편성하되, 종교인과세 등의 사회적 흐름을 고려하여 기준안을 넘지 않도록 한다. 다만, 종무판공비 및 수행지원비 등을 통해 종무활동과 수행생활 지원을 원활히 할 수 있도록 한다.

② **교역직종무원 판공비**

직책별 주지스님, 국장스님은 종무판공비로 표기하며, 부전 및 노전스님은 수행지원비로 표기한다. 또한 각각의 판공비는 최대 기준금액을 넘지 아니한다.

4 종교인소득 과세대상

종교인이 소속된 종교단체로부터 종교활동과 관련하여 받은 사례비, 보시, 생활비, 상여금, 격려금 등 매월 또는 정기적으로 지급되는 수당 등을 포함한다.

따라서 과세대상 종교인소득은 종교단체 소속 종교인이 해당 종교단체로부터 받는 소득에서 비과세소득을 차감한 금액이 해당된다.

> 과세대상 종교인소득=종교단체에서 지급한 금액−비과세 소득
> −과세제외 소득

아울러, 정액 지급 또는 종교인이 부담하여야 할 비용을 종교단체에서 부담하는 경우 공과금, 의료비, 보험료, 이사비 등은 과세대상 소득에 해당한다.

5 종교 종사자별 종교인소득 과세대상자 검토

종교별로 종사자에 대한 범위 및 지급항목이 달라 종교인 소득과세 대상 검토시 지급항목의 명칭·형식 등에 불구, 종교활동을 위한 지출인지 여부와 종교인 개인에게 처분권이 위임되어 귀속되는지 여부 등을 고려하여 판단하여야 한다.

아래의 내용은 여러 종교단체로부터 제공받아 편집한 내용이니 실제 적용시 관련 법령 및 예규 등을 정확하게 검토하여 실지 내용에 따라 판단하는 것이 바람직하다.

① 개신교

구 분	종교인소득 과세대상 여부
원로목사	현실적 퇴직 이후 종교활동과 관련하여 받는 소득은 종교인소득으로 과세, 교회헌법 등에 의한 약정에 따라 현실적인 퇴직으로 인한 지급액은 퇴직소득으로 과세
은퇴목사	현실적 퇴직 이후 종교활동과 관련하여 받는 소득은 종교인소득으로 과세
기관목사	종교활동 수행시 종교인소득에 해당하나 그 외 업무 종사시에는 근로소득으로 분류
담임목사	종교인소득으로 과세
위임목사	종교인소득으로 과세
부목사	종교인소득으로 과세
강도사	종교인소득으로 과세
전도사	과세(표준직업분류상 기타종교관련종사자에 해당)

구 분	종교인소득 과세대상 여부
교육전도사	종교인의 경우에는 종교인소득으로, 종교인이 아닌 일반 업무에 종사하는 경우 근로 또는 기타소득으로 분류
사무장, 교회행정직	종교인소득에 해당하지 아니하며 근로소득으로 분류
관리집사	종교인소득에 해당하지 아니하며 근로소득으로 분류
성가대 등 지휘자, 반주자	종교인에(예 음악목사) 해당하는 경우에는 종교인소득, 종교인이 아닌 일반인 경우 계약형태에 따라 근로 또는 기타소득으로 분류
주차요원, 식당종업원	근로소득 과세대상에 해당

② 불교

구 분	종교인소득 과세대상 여부
주지스님	종교인소득으로 과세
승려	종교인소득으로 과세
재가종무원	근로소득으로 구분
일반직종무원	근로소득으로 구분
잡무직종무원	근로소득으로 구분
칠직스님	종교인소득으로 과세
성가대 등 지휘자, 반주자	종교인에 해당하는 경우 종교인소득, 종교인이 아닌 일반인 경우 계약형태에 따라 근로 또는 기타소득으로 구분
주차요원, 식당종업원	근로소득 과세대상으로 구분

③ 천주교

구 분	종교인소득 과세대상 여부
추기경	종교인소득으로 과세
주 교	종교인소득으로 과세
주임신부	종교인소득으로 과세
보좌신부	종교인소득으로 과세
수사	종교인소득으로 과세
수녀	종교인소득으로 과세
사무장 사무원	근로소득으로 구분
성가대 등 지휘자, 반주자	종교인의 경우에는 종교인소득으로 과세하나, 종교인이 아닌 일반인 경우 계약형태에 따라 근로 또는 기타소득으로 분류
주차요원, 식당종업원	근로소득으로 구분

④ 원불교, 천도교, 유교

종 교	구 분	종교인소득 과세대상 여부
원불교	교무	종교인소득으로 과세
	덕무	실질에 따라 근로소득 또는 기타소득으로 구분 가능
	도무	근로소득으로 구분
천도교	교령	종교인소득으로 과세
	원직	종교인소득으로 과세(중앙총부의 2명은 일정액을 지급하나 과세미달, 지방은 대부분 무보수)

<table>
<tr><th>종 교</th><th>구 분</th><th>종교인소득 과세대상 여부</th></tr>
<tr><td></td><td>주직</td><td>근로소득으로 과세</td></tr>
<tr><td>유 교</td><td>전교</td><td>종교인소득으로 과세</td></tr>
<tr><td rowspan="2">공통</td><td>성가대 등 지휘자, 반주자</td><td>종교인의 경우에는 종교인소득으로 과세하나, 종교인이 아닌 일반인 경우 계약형태에 따라 근로 또는 기타소득으로 구분</td></tr>
<tr><td>주차요원, 식당종업원</td><td>근로소득 과세대상</td></tr>
</table>

⑤ 민족종교

<table>
<tr><th>종 교</th><th>구 분</th><th>종교인소득 과세대상 여부</th></tr>
<tr><td rowspan="2">갱정 유도</td><td>도정</td><td rowspan="13">종교인 과세대상이나 종교단체에서 종교인소득이 지급되지 않는 경우가 많음
(행정업무를 담당하는 경우 근로소득으로 과세)</td></tr>
<tr><td>도무</td></tr>
<tr><td>수운교</td><td>총무원장, 경위사</td></tr>
<tr><td>태극도</td><td>도역자</td></tr>
<tr><td>순천도</td><td>도반</td></tr>
<tr><td>선 교</td><td>도전, 도연</td></tr>
<tr><td>대종교</td><td>총전교, 전교, 교화사</td></tr>
<tr><td rowspan="3">증산도</td><td>수호사</td></tr>
<tr><td>포정</td></tr>
<tr><td>포감</td></tr>
<tr><td>증 산</td><td>법종사</td></tr>
</table>

종 교	구 분	종교인소득 과세대상 여부
법종교	선무사	
대순진리회	도인	
청우일신회	도감, 훈감	
공통	성가대 등 지휘자, 반주자	종교인의 경우에는 종교인소득으로 과세, 종교인이 아닌 일반인 경우 계약형태에 따라 근로 또는 기타소득으로 구분하여 과세
	주차요원, 식당종업원	근로소득으로 과세

6 지급항목별 과세대상 여부 검토

(1) 생활비, 사례비, 상여금, 격려금

근로소득의 경우 해당 과세기간에 발생한 근로를 제공함으로써 받는 봉급·급료·보수·세비·임금·상여·수당과 이와 유사한 성질의 급여 등을 「소득세법」에서 열거하고 있으나 종교관련종사자가 종교의식을 집행하는 등 종교관련종사자로서의 활동과 관련하여 종교단체로부터 받은 소득을 종교인소득으로만 규정하고 지급항목별 과세여부에 대한 문의가 많을 것으로 예상되어 지급항목별로 과세대상을 설명하였으며, 실제 적용시에는 관련 법령과 예규를 활용하여 판단하는 것이 바람직하다.

① 종교인 생활비

개신교 종교단체인 교회에서 종교인에게 매달 또는 정기적으로 지급하는 생활비는 종교의식을 집행하는 등 종교관련종사자로서의 활동의 대가로 처분권이 종교인에게 귀속되어 종교인소득 과세대상으로 판단된다.

② 종교인 사례비

개신교 종교단체인 교회에서 종교인에게 매달 또는 정기적으로 지급하는 사례비는 종교의식을 집행하는 등 종교관련종사자로서의 활동의 대가로 처분권이 종교인에게 귀속되어 종교인소득 과세대상으로 판단된다.

③ 종교인 보시(특별보시 포함)

불교 종교단체인 사찰에서 종교인에게 매달 또는 정기적으로 지급하는 보시 등은 종교의식을 집행하는 등 종교관련종사자로서의 활동의 대가로 처분권이 종교인에게 귀속되어 종교인소득 과세대상으로 판단된다.

④ 사목활동비와 미사예물비

천주교에서 종교인에게 매달 또는 정기적으로 지급하는 사목활동비와 미사예물비는 종교의식을 집행하는 등 종교관련종사자로서의 활동의 대가로 처분권이 종교인에게 귀속되어 종교인소득 과세대상으로 판단된다.

⑤ 기본용금 및 부가용금

원불교 종교단체인 교당에서 종교인에게 매달 또는 정기적으로 지급하는 기본용금 및 부가용금은 종교의식을 집행하는 등 종교관련종사자로서의 활동의 대가로 처분권이 종교인에게 귀속되어 종교인소득 과세대상으로 판단된다.

⑥ 상여금 및 격려금

종교단체에서 종교인에게 지급하는 상여금 및 격려금은 종교의식을 집행하는 등 종교관련종사자로서의 활동의 대가 범주에 포함되고 처분권이 종교인에게 귀속되어 종교인소득 과세대상으로 판단된다.

⑦ 휴가비 및 특별격려금

종교단체에서 종교인에게 지급하는 휴가비 및 특별격려금은 종교의식을 집행하는 등 종교관련종사자로서의 활동의 대가 범주에 포함되고 처분권이 종교인에게 귀속되어 종교인소득 과세대상으로 판단된다.

⑧ 종교인이 부담할 비용을 대신 지급하는 경우

종교단체가 종교인이 부담할 비용을 지출하기 위해 사용한 금액은 특별한 예외가 없으면 근로소득과 같이 종교인소득으로 보는 것으로 판단되며 종교인을 위한 의료비, 자녀 학자금, 종교인이 부담할 공과금·국민연금보험료·건강보험료 등을 포함한다.

(2) 근로소득 사례 검토

종교인소득에 포함되는 지급항목에 대한 사례가 많지 않아 다양한 사례가 많은 근로소득 과세대상 개념 및 범위를 검토하면 종교인소득 과세대상 검토에 많은 도움이 될 것으로 판단되어 소개한다.

① 근로소득 대상에 포함되는 경우

「소득세법」 제20조에 따른 근로소득에는 다음의 소득이 포함되는 것으로 한다.

- 기밀비(판공비를 포함. 이하 같음) · 교제비 기타 이와 유사한 명목으로 받는 것으로서 업무를 위하여 사용된 것이 분명하지 아니한 급여
- 종업원이 받는 공로금 · 위로금 · 개업축하금 · 학자금 · 장학금(종업원의 수학중인 자녀가 사용자로부터 받는 학자금 · 장학금을 포함) 기타 이와 유사한 성질의 급여
- 종업원이 계약자이거나 종업원 또는 그 배우자 기타의 가족을 수익자로 하는 보험 · 신탁 또는 공제와 관련하여 사용자가 부담하는 보험료 · 신탁부금 또는 공제부금
- 휴가비 기타 이와 유사한 성질의 급여

② 사업자가 부담한 소득세 등의 소득 구분

근로자가 부담하여야 할 급여에 대한 소득세 등을 사용자가 부담한 경우에는 이를 당해 근로자의 근로소득으로 본다(소득세법 기본통칙 20−0⋯4).

③ 자기차량운전보조금을 지급받는 경우

종업원이 시내출장 등에 따른 여비를 별도로 지급받으면서 연액 또는 월액의 자기차량운전보조금을 지급받는 경우 시내출장 등에 따라 소요된 실제 여비는 실비변상적인 급여로 비과세하나, 자기차량운전보조금은 「소득세법 시행령」 제38조 제1항 제10호의 규정에 의한 근로소득에 포함한다(소득세법 기본통칙 12-12…1).

④ 부임수당

종업원에게 지급하는 부임수당 중 이주에 소요되는 비용상당액은 여비교통비로 보며 이를 초과하는 부분은 급여로 본다(소득세법 기본통칙 27-55…6).

⑤ 해외여비

사업자 또는 종업원의 해외여행에 관련하여 지급하는 여비는 그 해외여행이 당해 사업의 업무 수행상 통상 필요하다고 인정되는 부분의 금액에 한한다. 따라서 사업의 업무 수행상 필요하다고 인정되지 아니하는 해외여행의 여비와 당해 사업의 업무수행상 필요하다고 인정되는 금액을 초과하는 부분의 금액은 원칙적으로 사업자에 대하여는 출자금의 인출로 하며 종업원에 대하여는 당해 종업원의 급여로 한다(소득세법 기본통칙 27-55…23).

⑥ 국내여비

사업자 또는 종업원의 국내여행에 관련하여 지급하는 여비는 당해 사업의 업무 수행상 통상 필요하다고 인정되는 부분의 금액에 한하여 필요경비에 산입하며, 초과되는 부분은 당해 사업자에 대하여는 출자금의 인출로, 종업원에 대하여는 당해 종업원의 급여로 한다.

이 경우 국내여비는 사업자의 업무 수행상 필요하다고 인정되는 범위 안에서 지급규정·사규 등의 합리적인 기준에 의하여 계산하고 거래증빙과 객관적인 자료에 의하여 지급사실을 입증하여야 한다. 다만, 사회통념상 부득이하다고 인정되는 범위 내의 비용과 당해 사업자의 내부통제기능을 감안하여 인정할 수 있는 범위 내의 금액은 그러하지 아니한다(소득세법 기본통칙 27-55…27).

⑦ 사용자가 부담한 소득세 등의 소득구분

근로자가 부담하여야 할 급여에 대한 소득세 등을 사용자가 부담한 경우에는 이를 당해 근로자의 근로소득으로 본다(소득세법 기본통칙 20-0…4).

⑧ 임차주택의 보증금을 일부 부담

회사가 임차주택의 보증금을 일부 부담하고 직원과 공동으로 임대차계약시 임차사택에 해당하지 아니하여 사택을 제공받음으로써 얻는 이익으로 연말정산시 총급여에 포함하여 근로소득으로 과세한다(법규소득 2012-51, 2012.3.16.).

⑨ 직원 본인 및 직원 가족 명의의 집전화 통신비

과세대상 근로소득은 급여의 명칭 여하에 불구하고 근로의 제공으로 인하여 받는 보수 중 「소득세법」에 비과세 소득으로 열거된 소득을 제외하는 것으로, 직원 본인 및 직원 가족 명의의 집전화 통신비를 회사에서 지원해주는 금액은 직원의 근로소득에 해당한다(원천세과-636, 2009.7.22.).

⑩ 업무를 위하여 사용된 것이 분명하지 아니한 급여

기밀비(판공비 포함)·교제비 기타 이와 유사한 명목으로 받는 것으로서 업무를 위하여 사용된 것이 분명하지 아니한 급여는 「소득세법」 제20조 및 같은법 시행령 제38조 제1항 제1호의 규정에 의한 근로소득에 해당된다(서면인터넷방문상담1팀-624, 2008.5.2.).

⑪ 식사·기타 음식물을 제공받고 있는 근로자가 별도로 식사대를 지급받는 경우

사용자로부터 식사 기타 음식물을 제공받지 않는 근로자가 지급받는 월 10만원 이하의 식사대는 비과세되는 것이나, 식사·기타 음식물을 제공받고 있는 근로자가 별도로 식사대를 지급받는 경우에는 식사·기타 음식물에 한하여 비과세되는 급여로 본다(서면인터넷방문상담1팀-1603, 2007.11.22.).

⑫ 보육수당 중 10만원을 초과하는 경우

근로자 또는 그 배우자의 출산이나 6세 이하 자녀의 보육과 관련하여 사용자로부터 지급받는 급여로서 월 10만원 이내의 금액은 「소득세법」 제12조 제4호 더목의 규정에 의하여 비과세대상 근로소득에 해당하는 것이나, 매월 지급받는 금액 중 월 10만원을 초과하는 금액은 과세대상 근로소득에 해당한다(서면인터넷방문상담1팀-1058, 2005.9.6.).

⑬ 과세소득 범위

소득세 과세대상 근로소득은 급여, 봉급, 상여, 경조금, 정보비, 연구활동비 등 그 명칭여하에 불구하고 근로의 제공으로 인하여 받는 모든 급여에서 「소득세법」상 열거된 비과세 근로소득(근로소득으로 보지 않는 소득 포함)만을 제외하는 것으로 「소득세법」상 비과세근로소득(근로소득으로 보지 않는 소득 포함)으로 열거되지 않은 금액을 지급받는 경우 모두 과세대상 근로소득이다(서면1팀-275, 2005.3.9.).

⑭ 이사보조금

사택의 축소로 인하여 이주하는 종업원이 지급받는 '이사보조금'은 근로소득에 해당한다(서면인터넷방문상담1팀-1362, 2004.10.5.).

⑮ 사택을 이용하는 근로자 개인이 지출해야 할 사적비용을 회사가 부담하는 경우

사택을 이용하는 근로자 개인이 지출해야 할 사적비용(전기사용료 등)을 회사가 부담하는 경우 당해 비용은 근로소득에 해당된다.

⑯ 일률적으로 여비의 명목으로 받는 월정액의 급여

사규 등 여비규정에 의하여 출장목적, 출장지 등에 따라 지급받는 실비변상정도의 지급액은 비과세소득이나 출장여부, 출장일수 등에 관계없이 전직원이 일률적으로 여비의 명목으로 받는 월정액의 급여는 과세대상 근로소득에 해당한다(법인 46013-727, 1998.3.25.).

⑰ 자가운전보조금

종업원소유 차량(배우자 등 타인소유 차량 제외)을 종업원이 직접 운전하여 사용주의 업무수행에 이용하고 시내출장 등에 소요된 실제 여비를 지급받는 대신에 그 소요경비를 당해 사업체의 규정 등에 의하여 정하여진 지급기준에 따라 지급받은 금액 중 월 20만원 이내의 금액은 일일이 그 증빙을 갖추지 않더라도 실비변상적인 성질의 급여로 비과세된다(소득 46011－1130, 1995.4.25.).

⑱ 주택수당

비연고지역에 근무하는 특정 종업원에게 기본급여 이외에 별도의 하숙비, 보조금 명목으로 추가로 지급하는 급여상당액은 그 지급방법이나 명칭에 불구하고 주택수당으로서 근로소득의 범위에 해당한다(소득 22601－1760, 1990.9.5.).

7 근로소득 과세유형

(1) 근로소득 개념

고용관계에 의하여 근로를 제공하고 그 대가로서 지급받는 봉급, 급료, 보수, 세비, 임금, 상여, 수당과 이와 유사한 성질의 급여를 말한다.

- 고용관계를 기초로 지급되면 그 명칭이나 지급방법 여하에 불구하고 근로소득으로 본다.

• 다만, 사업자가 종업원에게 지급하는 경조금 중 사회통념상 타당하다고 인정되는 범위 안의 금액은 근로소득으로 보지 아니하며, 사업자는 이를 복리후생비로서 필요경비에 산입한다.

근로소득이 다른 소득과 다른 점은 다음과 같다.

① 근로소득과 사업(기타)소득

근로소득은 근로의 제공이 자기의 계산에 기초를 두지 않는 비독립적 소득이다.

구 분	내 용
사업소득	자기의 계산에 기초를 두고 용역을 제공하고 받는 대가
기타소득	비사업적이며 일시적 · 우발적인 소득

② 근로소득과 퇴직소득

근로소득은 원칙적으로 근로제공의 법률관계(고용)의 존속을 전제로 한 급여이나, 퇴직소득은 고용관계의 종료, 즉 퇴직시에 지급받는 급여이다.

(2) 근로소득 범위

근로소득은 해당 과세기간에 발생한 다음의 소득으로 한다.

• 근로를 제공함으로써 받는 봉급 · 급료 · 보수 · 세비 · 임금 · 상여 · 수당과 이와 유사한 성질의 급여
• 법인의 주주총회 · 사원총회 또는 이에 준하는 의결기관의 결의에

따라 상여로 받는 소득

- 「법인세법」에 따라 상여로 처분된 금액
- 퇴직함으로써 받는 소득으로서 퇴직소득에 속하지 아니하는 소득*
- 종업원 등 또는 대학의 교직원이 지급받는 직무발명보상금

* 「법인세법 시행령」 제44조 제4항에 따라 손금에 산입되지 아니하고 지급받는 퇴직급여

이 경우 「소득세법」 제21조 제1항 제22호의 2에 따른 기타소득으로 과세하는 직무발명보상금은 제외한다.

아울러 과세대상 근로소득의 범위에는 다음에 해당하는 급여 등을 포함한다.

- 기밀비(판공비 포함) · 교제비 기타 이와 유사한 명목으로 지급받는 것으로서 업무를 위하여 사용된 것이 분명하지 아니한 급여
- 종업원이 받는 공로금 · 위로금 · 개업축하금 · 학자금 · 장학금(종업원의 수학중인 자녀가 사용자로부터 받는 학자금 · 장학금 포함) 기타 이와 유사한 성질의 급여
- 근로수당 · 가족수당 · 전시수당 · 물가수당 · 출납수당 · 직무수당 기타 이와 유사한 성질의 급여
- 보험회사 · 「자본시장과 금융투자업에 관한 법률」에 따른 투자매매업자 또는 투자중개업자 등의 종업원이 받는 집금수당과 보험 가입자의 모집, 증권매매의 권유 또는 저축의 권장으로 인한 대가 기타 이와 유사한 성질의 급여
- 급식수당, 주택수당, 피복수당 기타 이와 유사한 성질의 급여
- 주택을 제공받음으로써 얻는 이익

다만, 주주 또는 출자자가 아니거나 소액주주인 임원(상장, 비상장법인 포함)과 임원이 아닌 종업원(비영리법인 개인의 종업원 포함) 및 국가 지방자치단체로부터 근로소득을 지급받는 자가 기획재정부령으로 정

하는 사택을 제공받는 경우를 제외한다.

(3) 급여의 범위

급여는 근로대가로 정기적으로 지급되는 일반적인 급여로 임금, 급료, 보수, 수당 등을 포함한다.

구 분	개 념
봉급	계속적으로 근무하는 사람이 주기적으로 받는 일정한 보수
급료	고용주가 근로자에게 일한 대가로 주는 일정한 액수의 금액
보수	근로의 대가로 주는 돈이나 물품
임금	노동의 대가로 받는 보수
수당	정해진 봉급 외에 정기적으로 또는 수시로 지급되는 보수

(4) 기밀비 및 판공비

기밀비, 판공비 등 이와 유사한 명목으로 받는 것에 대해 과세대상 여부를 판단하는 기준은 업무를 위하여 사용하였는지를 판단하여야 하는데 소속된 회사 또는 단체의 사업, 직무, 업무를 위하여 사용된 것이 분명한 경우에는 근로소득으로 보지 아니하나, 분명하지 아니한 경우에는 근로소득 과세대상이다.

이 경우 사업이나 직무, 업무를 위하여 사용한 것 여부는 사회의 통념에 따라 판단하여야 한다.

기밀비 또는 판공비 등이 회사 또는 단체의 사업이나 직무, 업무를 위하여 사용한 것인지 여부 판단은 과세관청의 해석 등을 참고하는 것이 바람직하며 대표적인 사례는 다음과 같다.

① 대표자만이 임의로 사용하고 있는 판공비(기밀비)

근로소득의 범위에는 기밀비(판공비 포함)·교제비 기타 이와 유사한 명목으로 받는 것으로서 업무를 위하여 사용된 것이 분명하지 아니한 급여를 포함하므로 대표자만이 임의로 사용하고 있는 속칭 묻지마 판공비(기밀비)는 대표자 개인이 부담하여야 할 성질의 비용을 법인의 비용으로 계상한 경우로 각 사업연도의 소득금액계산상 이를 익금에 산입하고 대표자에 대한 상여로 소득처분하여야 한다(제도 46012－10610, 2001.4.17.).

② 지급기준이 없는 기밀비(특별판공비)

③ 임원들이 기밀비를 매월 사용명세 없이 임의로 사용

기밀비·교제비 기타 이와 유사한 명목으로 받는 것으로서 업무를 위하여 사용된 것이 분명하지 아니한 급여는 근로소득에 해당한다(제도 46011－11905, 2001.7.6.).

기밀비(판공비를 포함)·교제비 기타 이와 유사한 명목으로 받는 것으로서 매월 사용명세 없이 사용한 경우 업무를 위하여 사용된 것이 분명하지 아니한 급여는 그 처분이 소득자에 귀속되므로 과세대상에 해당한다.

④ 지급기준이 없는 기밀비(특별판공비)

대표자 등에게 기밀비, 업무추진비 기타 유사한 명목으로 지급한 것으로 그 지급기준이 정하여져 있지 아니하여 해당 목적을 위하여 사용된 경우에는 과세대상 근로소득에 해당한다(서이 46013-10255, 2001.9.26.).

⑤ 매월 정액으로 받는 판공비

아파트 관리소장이 판공비 명목으로 지급받은 금액으로서 관련 증빙서류 등에 의하여 업무를 위하여 사용된 것이 분명하지 아니한 금액은 「소득세법 시행령」 제38조 제1항의 규정에 의하여 당해 지급받은 자의 근로소득에 해당한다.

(5) 일체의 경제적 이익

종업원이 회사로부터 받는 공로금, 위로금, 축하금, 학자금, 장학금, 기타 이와 유사한 성질의 급여는 지급형태나 명칭을 불문하고 성질상 근로의 제공과 대가관계에 있는 일체의 경제적 이익은 비과세소득을 규정하고 있는 경우를 제외하고는 과세대상 근로소득에 해당한다.

종업원이 받는 공로금 등은 직접적인 근로의 대가 이외에도 근로를 전제로 그와 밀접하게 관련되어 지급받는 소득은 근로소득에 해당한다.

① 공로금 및 개업축하금 등

회사가 종업원에게 지급하는 공로금, 축하금 기타 이와 유사한 성질의 사실상 급여에 해당하는 금액은 근로소득에 해당하나 종업원이 경진대회, 전람회 등에서 이룬 우수한 공로에 대해 지급하는 경우에는 기타소득에 해당하는 경우도 있다.

② 위로금

회사가 종업원에게 지급하는 다음의 위로금 등 유사한 성질의 금액은 사실상 근로소득에 해당한다.

- 합병 관련하여 노사합의에 의해 지급하는 위로금
- 법인이 퇴직금 지급제도 변경을 위하여 사전 동의를 구하고자 내부 지급규정을 정하여 종업원에게 지급하는 위로금
- 수도권 소재 본점의 지방이전에 따라 임직원의 고용유지를 위하여 지급하는 위로금

③ 학자금 및 교육비

근로자 등이 회사로부터 지급받는 다음의 학자금 및 교육비 등은 근로의 제공과 대가 관계에 있는 일체의 경제적 이익으로 과세대상 근로소득에 해당한다.

- 종업원에게 지급하는 사설 어학원 수강료
- 근로자를 금융회사에 위탁하고 지급하는 교육비 상당액
- 노사합의에 따라 종업원 보상차원에서 일정 요건에 따라 퇴직 후 지급하는 학자금
- 회사가 임직원의 자녀를 특정하여 학교장으로 하여금 장학생 등으로 추천하게 하여 지급하는 학자금
- 근로자가 사업자로부터 임의단체인 상조회를 통하여 지급하는 장학금 등

(6) 수당

근로자가 급여에 포함하여 받고 있는 근로수당, 가족수당, 직무수당 등 이와 유사한 성질로서 다음에 해당하는 수당 등은 과세대상 근로소득에 해당한다.

① 시간외 근무수당 등

근로의 제공으로 인하여 지급받는 시간외 근무수당, 가족수당, 통근수당, 무사고수당 등 기타 이와 유사한 성질의 급여

② 근로기준법에 따른 휴업수당

③ 근속수당

장기 재직에 대한 보상으로 지급되는 근속수당은 근로조건을 전제로 지급됨에 따라 과세대상 근로소득에 해당한다.

④ 여비의 명목으로 받은 월정액

출장 여부, 출장일수 등에 관계없이 전직원이 일률적으로 여비의 명목으로 받는 월정액이나 직원의 출 · 퇴근 편의를 위하여 종업원에게 지급하는 교통보조금은 과세대상 근로소득에 해당한다.

⑤ 모집수당 및 집금수당

종업원이 고객을 대상으로 자동이체를 모집 · 권유하고 받는 모집수당은 과세대상 근로소득에 해당한다.

보험회사 등의 종업원이 받는 집금수당과 보험가입자의 모집, 증권 매매의 권유 또는 저축을 권장하여 받는 대가, 그 밖에 이와 유사한 성질의 급여는 과세대상 근로소득에 해당한다.

⑥ 판매 · 관리대가 등으로 지급받는 수당

백화점 매장 내에서 거주자가 고용관계나 이와 유사한 계약에 의하여 일정한 고용주에게 고용되어 판매 · 관리대가로 지급받는 대가는 근로소득에 해당한다.

항공운송업을 영위하는 법인이 항공기 내에서 면세품을 판매하는 승무원인 종업원에게 매월 매출액의 일정률로 지급하는 판매보증금은 근로소득에 해당한다.

⑦ 무상지급 금품

운동경기 입장권을 구입하여 근로자에게 무상으로 지급한 경우에는 해당 금액 상당액은 근로소득에 해당한다.

임직원 본인 및 배우자, 자녀, 부모, 배우자의 부모에게 해외 관광에 소요되는 비용 중 1/2에 해당하는 금액을 지원해주는 경우 해당 금액 상당액은 해당 임직원의 근로소득에 해당한다.

⑧ 보직수당 등

회사나 단체에서 직책이 있는 사람에게 지급되는 월정액 보직수당은 과세대상 근로소득에 해당한다.

또한 정보비, 업무추진비 기타 이와 유사한 명목으로 지급한 것으로서 그 지급기준이 정해져 있지 아니하여 해당 목적을 위하여 사용된 것이 분명하지 아니한 금액은 근로소득 과세대상 범위에 포함된다.

(7) 퇴직급여로 지급되기 위하여 적립되는 급여

근로소득의 범위를 적용함에 있어서 퇴직급여로 지급되기 위하여 적립되는 급여로서 근로자가 적립금액 등을 선택할 수 없는 것으로서 다음의 적립방법을 충족하는 경우에는 근로소득에 포함하지 아니한다.

① 「근로자퇴직급여 보장법」 제4조 제1항에 따른 퇴직급여제도의 가입 대상이 되는 근로자 전원이 적립하여야 한다.
다만, 각 근로자는 다음의 날에 향후 적립하지 아니할 것을 선택할 수 있어야 한다.

㉮ 사업장에 아래의 ②의 적립방식이 최초로 설정되는 날
해당 사업장에 최초로 근무하게 된 날에 적립방식이 이미 설정되어 있는 경우에는 최초로 퇴직급여제도의 가입 대상이 되는 날로 한다.

㉯ ②의 적립방식이 변경되는 날

② 적립할 때 근로자가 적립금액을 임의로 변경할 수 없는 적립방식을 설정하고 그에 따라 적립하여야 한다.

③ ②의 적립방식이 「근로자퇴직급여 보장법」 제6조에 따른 퇴직연금규약, 같은 법 제19조에 따른 확정기여형퇴직연금규약 또는 「과학기술인공제회법」 제16조의 2에 따른 퇴직연금급여사업을 운영하기 위하여 과학기술인공제회와 사용자가 체결하는 계약에 명시되어 있어야 한다.

④ 사용자가 아래의 퇴직연금계좌에 적립하여야 한다.

㉮ 「근로자퇴직급여 보장법」 제2조의 확정기여형퇴직연금제도

에 따라 설정하는 계좌

㉯ 「과학기술인공제회법」 제16조 제1항에 따른 퇴직연금급여를 받기 위해 설정하는 계좌

8 원천징수의무 여부에 따른 근로소득 분류

(1) 원천징수의무 있는 근로소득

- 근로소득자가 거주자 또는 내국법인으로부터 지급받는 급여
- 미군, 외국법인의 국내지점·국내영업소 등으로부터 지급받는 급여 포함

(2) 원천징수의무 없는 근로소득(소득세법 제127조 제1항 제4호)

① 외국기관 또는 우리나라에 주둔하는 국제연합군(미군 제외)으로부터 받는 급여

② 국외에 있는 비거주자 또는 외국법인(국내지점 또는 국내영업소는 제외)으로부터 받는 급여

다만, 다음의 어느 하나에 해당하는 소득은 제외한다.

- 비거주자 또는 외국법인의 국내사업장의 국내원천소득금액을 계산할 때 필요경비 또는 손금으로 계상되는 소득
- 국외에 있는 외국법인(국내지점 또는 국내영업소는 제외)으로

부터 받는 근로소득 중 「소득세법」 제156조의 7에 따라 소득세가 원천징수되는 파견근로자의 소득

외국법인 소속 파견근로자의 소득에 대한 원천징수 특례(소득세법 제156조의 7)

내국법인과 체결한 근로자파견계약에 따라 근로자를 파견하는 국외에 있는 외국법인(이하 “파견외국법인”)의 소속 근로자(파견근로자)를 사용하는 내국법인(이하 “사용내국법인”)은 파견근로자가 국내에서 제공한 근로의 대가를 파견외국법인에 지급하는 때에 그 지급하는 금액(파견근로자가 파견외국법인으로부터 지급받는 금액을 사용내국법인이 확인한 경우에는 그 확인된 금액)의 100분의 17에 해당하는 금액을 소득세로 원천징수하여 그 원천징수하는 날이 속하는 달의 다음 달 10일까지 원천징수 관할 세무서, 한국은행 또는 체신관서에 납부하여야 한다.
이 경우 파견외국법인은 파견근로자에게 해당 과세기간의 다음 연도 2월분의 근로소득을 지급할 때에 「소득세법」 제137조에 따라 해당 과세기간의 근로소득에 대한 소득세를 원천징수하여야 한다.

9 일반급여자와 일용근로자

1) 일반급여자(상용근로자)

계속적으로 고용되어 월정액에 의하여 급여를 지급받는 근로자를 말한다.

2) 일용근로자(소득세법 시행령 제20조)

근로를 제공한 날·시간에 따라 근로대가를 계산하거나 근로를 제공한 날·시간의 근로성과에 따라 급여를 계산하여 받는 다음에 해당하는 자를 말한다.

(1) 건설공사에 종사하는 자로서 다음에 해당하는 자를 제외한 자

① 동일한 고용주에게 계속하여 1년 이상 고용된 자

② 다음 업무에 종사하기 위하여 통상 동일한 고용주에게 계속하여 고용되는 자

㉮ 작업준비를 하고 노무에 종사하는 자를 직접 지휘·감독하는 업무

㉯ 작업현장에서 필요한 기술적인 업무, 사무·타자·취사·경비 등의 업무

㉰ 건설기계의 운전 또는 정비업무

1년 이상 계속 고용된 건설노무자를 일반급여자로 보는 시기 및 연말정산의 취급

건설공사에 종사하는 자가 1년 이상 계속하여 동일한 고용주에게 고용된 경우 일용근로자 또는 일반급여자로 보는 시기 등은 다음과 같다(소득세법 기본통칙 20－20…1).

－근로소득에 대한 원천징수는 계속 고용으로 1년이 되는 날이 속하는 월부터 일반급여자로 본다.

－연말정산시는 1년이 되는 날이 속하는 과세기간의 초일부터 일반급여자로 본다.

(2) 하역작업에 종사하는 자(항만근로자 포함)로서 다음 해당자를 제외한 자

① 통상 근로를 제공한 날에 근로대가를 받지 아니하고 정기적으로 근로대가를 받는 자

② 다음 업무에 종사하기 위하여 통상 동일한 고용주에게 계속 고용되는 자

㉮ 작업준비를 하고 노무에 종사하는 자를 직접 지휘・감독하는 업무

㉯ 주된 기계의 운전 또는 정비업무

(3) 근로단체를 통하여 여러 고용주의 사용인으로 취업하는 경우

다만, 위의 '(1)'의 '②' 및 '(2)'에 해당하는 근로자가 근로계약에 따라 동일한 고용주에게 3월 이상 계속하여 고용되어 있지 아니하고 근로단체를 통하여 여러 고용주의 사용인으로 취업하는 경우에는 이를 일용근로자로 본다.

(4) 3개월 이상 계속 고용되지 않은 경우

건설공사・하역작업 외의 업무에 종사하는 자로서 근로계약에 따라 동일한 고용주에게 3월 이상 계속 고용되어 있지 않은 자는 일용근로자로 본다.

05 Chapter

비과세 종교인소득

1 비과세 개념 이해

비과세소득은 정책목적에 따라 소득세를 과세하지 않을 필요가 있는 경우 법령에서 규정한 특정 소득에 대해 비과세를 규정하고 있으며, 비과세로 규정하고 있지 아니한 소득은 과세대상에 해당한다.

비과세 소득을 정확히 이해하기 위해 우리나라 「소득세법」에 대한 특징을 살펴보아야 한다.

(1) 응능부담의 원칙

소득세는 개인이 얻은 소득에 대하여 부과되는 인세(人稅)로 인적공제 등 개인적 사정을 고려하고 누진세율을 적용하여 과세하기 때문에 응능부담의 원칙을 실현하기에 가장 적합한 세금이다.

(2) 과세소득 범위에 대한 학설

구 분	내 용
소득원천설	일정한 원천에서 계속·반복하여 발생한 소득만을 소득으로 인식하고 일시적·우발적·은혜적(예 경조비, 위로금 등)인 것은 과세대상에서 제외
순자산증가설	일정한 기간의 자산의 순증가에 그 기간 중의 소비를 합한 것을 소득으로 인식

(3) 우리나라 소득세법

기본적으로 소득원천설 입장에 있으나, 순자산증가설을 일부 수용하고 있으며 이자·배당·사업소득에 대한 소득유형별 포괄주의를 취하고 있다.

① 개인별 과세

우리나라 소득세는 개인을 단위로 하여 소득세를 과세하는 개인별 과세를 원칙으로 한다.

종합과세에 있어 소득을 종합하는 인적단위를 과세단위라고 하며 개인단위주의와 소비단위주의(부부단위주의 또는 가족단위주의)로 구분하여 누진세율 구조하에서는 과세단위를 어떻게 설정하는가에 따라 세부담 크기에 중대한 영향을 준다.

② 과세소득의 규정 방법

과세소득의 규정 방법에는 열거주의와 소득유형별 포괄주의가 있는데 구체적으로 살펴보면 「소득세법」에서 구체적으로 과세대상으로 열거한 소득에 대해서만 과세하는 열거주의, 이자·배당·사업소득에 대하여 유형별 포괄주의를 도입하고 있다.

③ 과세방법

우리나라는 종합과세와 분리과세를 혼용하고 있다.

이자소득 등 6가지의 소득을 종합하여 과세하고, 이자·배당, 기타, 일용근로자의 급여 등 일부 소득에 대하여 지급시 소득세를 원천징수하는 경우 과세가 완료되는 분리과세를 적용하고 있다.

다만, 장기간을 통하여 형성된 퇴직소득과 양도소득에 대하여는 장기간에 걸쳐 발생한 소득이 일시에 실현되는 결집효과로 인한 세금부담을 완화할 필요 등에 의하여 분류과세를 적용하고 있다.

2 종교인소득을 기타소득으로 신고하는 경우 적용되는 비과세소득

종교인소득은 종교인이 종교 활동과 관련하여 소속된 종교단체로부터 받는 소득으로, 종교 활동과 관련이 없는 경우에는 종교인소득에 해당되지 아니하나 종교인소득에 해당되지 않는 경우 지급받은 소득의 성격에 따라 기타소득 등 다른 소득으로 보아 과세될 수 있다.

종교인소득 중 다음의 어느 하나에 해당하는 소득에 대해서는 소득세를 과세하지 아니한다.

(1) 종교관련종사자의 학자금

「통계법」 제22조에 따라 통계청장이 고시하는 한국표준직업분류에 따른 종교관련종사자(이하 "종교관련종사자"라 함)가 소속 종교단체로부터 받는 법령에 따른 학자금은 비과세한다.

종교인이 소속된 종교단체의 종교인으로서의 활동과 관련있는 교육·훈련을 위하여 받는 다음의 어느 하나에 해당하는 학교 또는 시설의 입학금·수업료·수강료, 그 밖의 공납금을 말한다.

① 「초·중등교육법」 제2조에 따른 학교
　이 경우 학교에는 외국에 있는 이와 유사한 교육기관을 포함한다.

② 「고등교육법」 제2조에 따른 학교
　외국에 있는 이와 유사한 교육기관을 포함한다.

③ 「평생교육법」 제5장에 따른 평생교육시설

다만, 종교단체로부터 보조를 받는 자녀 학자금은 종교인소득으로 신고하는 경우 종교인 본인의 학자금과 달리 비과세 대상이 아니며 과세대상 근로소득에 해당하며, 근로소득으로 신고시에는 교육비 세액공제를 적용받을 수 있다.

(2) 종교관련종사자가 받는 식사 또는 식사대

종교인이 받는 다음의 어느 하나에 해당하는 식사 또는 식사대를 말한다.

① 소속 종교단체가 종교인에게 제공하는 식사나 그 밖의 음식물

② '①'에서 규정하는 식사나 그 밖의 음식물을 제공받지 아니하는 종교인이 소속 종교단체로부터 받는 월 10만원 이하의 식사대

(3) 실비변상적 성질의 지급액

종교인이 소속 종교단체로부터 지급받는 다음의 금액 등을 말한다.

① 일직료·숙직료 및 그 밖에 이와 유사한 성격의 급여

② 여비로서 실비변상 정도의 금액

이 경우 종교인이 본인 소유의 차량을 직접 운전하여 소속 종교단체의 종교인으로서의 활동에 이용하고 소요된 실제 여비 대신에 해당 종교단체의 규칙 등에 정하여진 지급기준에 따라 받는 금액 중 월 20만원 이내의 금액을 비과세되는 여비에 포함한다.

③ 종교활동비

종교인이 소속 종교단체의 규약 또는 소속 종교단체의 의결기구의 의결·승인 등을 통하여 결정된 지급 기준에 따라 종교 활동을 위하여 통상적으로 사용할 목적으로 지급받은 금품 및 물품은 비과세한다.

종교인소득을 근로소득으로 신고한 경우에도 종교 활동비는 비과세소득으로 본다.

이 경우 자녀교육비, 의료비, 상여금 등 종교인 개인에게 처분권이 위임되어 귀속되는 경우에는 종교활동비로 분류할 수 없어 과세대상 소득에 해당한다.

④ 종교인이 천재·지변이나 그 밖의 재해로 인하여 받는 지급액

(4) 출산 및 보육 관련 수당

종교관련종사자 또는 그 배우자의 출산이나 6세 이하(해당 과세기간 개시일을 기준으로 판단) 자녀의 보육과 관련하여 종교단체로부터 받는 금액으로서 월 10만원 이내의 금액은 소득세를 과세하지 아니한다.

(5) 사택제공이익

종교인이 종교단체로부터 사택을 제공받아 얻는 이익은 소득세를 과세하지 아니한다.

이 경우 사택은 종교단체가 소유한 것으로서 종교인에게 무상 또는 저가로 제공하는 주택이나, 종교단체가 직접 임차한 것으로서 종교인에게 무상으로 제공하는 주택을 말한다.

3 종교인소득을 근로소득으로 신고하는 경우 적용되는 비과세소득

구 분	비과세 대상
일 · 숙직비	회사 지급규정에 의해 지급하는 실비변상정도의 금액
식대	월 10만원 이내의 식대(단, 현물급식은 전액 비과세)
4대 보험 회사부담금	국민건강보험, 고용보험, 국민연금, 공무원연금, 노인장기요양보험료 등 법령에 의해 회사가 부담하는 금액

구 분	비과세 대상
자가운전 보조금	본인의 차량을 회사 업무에 이용하고 실제 여비를 받는 대신에 지급받는 월 20만원 이내의 자가운전보조금
여비	회사 지급규정에 의해 지급하는 실비변상정도의 금액
자녀보육수당	근로자 또는 배우자의 자녀출산, 6세 이하(과세기간 개시일 기준으로 판단) 자녀보육과 관련하여 받는 급여로서 월 10만원 이내의 금액
비과세 학자금	자녀학자금을 회사에서 지원한 금액은 근로소득 과세 대상이며 근로자 본인의 학자금 지원액은 요건을 충족하는 경우 비과세
국외근로소득	국외에 주재하며 근로를 제공하고 받는 보수[한도 : 월 100만원(외항 선박 · 국외 건설현장 월 300만원)]
벽지수당	월 20만원 이내의 벽지수당

1) 근로자 본인 학자금

근로자 본인의 「초 · 중등교육법」 및 「고등교육법」에 의한 학교(외국에 있는 이와 유사한 교육기관 포함)와 「근로자직업능력개발법」에 의한 직업능력개발훈련시설의 입학금 · 수업료 · 수강료 기타 공납금 중 다음의 요건을 갖춘 학자금은 해당연도에 납입할 금액을 한도로 하여 소득세를 과세하지 아니한다.

① 종사하는 사업체의 업무와 관련 있는 교육 · 훈련을 위하여 받는 것일 것

② 사업체의 규칙 등에 의하여 정하여진 지급기준에 따라 받는 것일 것

③ 교육 · 훈련기간이 6월 이상인 경우 교육 · 훈련 후 해당 교육기간을 초과하여 근무하지 아니하는 때에는 지급받은 금액을 반납하는 조건으로 하여 받는 것일 것

관련 사례

- 근로소득세가 비과세되는 학자금이라 함은 근로자(임원 포함)의 「초 · 중등교육법」 및 「고등교육법」에 의한 학교(외국에 있는 이와 유사한 교육기관 포함)와 「근로자직업훈련촉진법」에 의한 직업능력개발훈련시설에서 받는 교육을 위해 지급받는 입학금 · 수업료 · 수강료 기타 공납금으로서 「소득세법 시행령」 제11조 각호의 요건을 갖춘 학자금을 말하는 것으로 자치회비 및 교재비는 이에 해당하지 아니한다(서면인터넷방문상담1팀－1673, 2007.12.6.).
- 「소득세법」 제12조에 따른 학자금을 근무 회사로부터 지원받아 교육비 소득공제를 하지 아니한 거주자가 의무복무기간 불이행으로 회사의 규정에 따라 이를 반납한 경우에도 해당 학교에 지급한 교육비는 소득공제를 적용할 수 없다(원천세과－211, 2010.3.11.).
- 근로자 본인이 「고등교육법」에 의한 대학 또는 대학원의 1학기 이상에 상당하는 교육과정에 등록하여 해당 학교에 지급한 수업료 · 입학금 · 기타 공납금은 전액 교육비공제대상이며 회사에서 소속 종업원(임원 포함)에게 지원하는 학비 중 「소득세법 시행령」 제11조의 요건을 갖춘 학자금은 근로소득세 비과세 대상이다(원천세과－798, 2009.9.25.).
- 사설 어학원 수강을 지원하는 교육훈련비는 비과세소득으로 보는 학자금에 해당하지 아니한다(법인 46013－3417, 1998.11.10.).

2) 실비변상적인 성질의 급여

근로소득 중 사회통념상 업무수행에 따르는 경비의 성격이 강한 다음의 급여는 실비변상적인 급여로 보아 소득세를 과세하지 아니한다.

(1) 일직료 · 숙직료 또는 여비로서 실비변상 정도의 금액

이 경우 종업원의 소유차량을 종업원이 직접 운전하여 사용자의 업무수행에 이용하고 시내출장 등에 소요된 실제여비를 받는 대신에 그 소요경비를 해당 사업체의 규칙 등에 의하여 정하여진 지급기준에 따라 받는 금액 중 월 20만원 이내의 금액은 여비로 보아 소득세를 과세하지 아니한다.

관련 사례

- 여비지급규정에 따라 지급받는 현장체재여비는 출장목적 등을 감안하여 실지 소요되는 비용을 충당할 정도의 범위 내에서는 비과세한다(원천세과－596, 2011.9.30.).
- 회사의 여비지급규정에 따라 지급받는 정액지급하는 식대는 출장목적 등을 감안하여 실지 소요되는 비용을 충당할 정도의 범위 내에서는 비과세하는 것으로 이에 해당되는지 여부는 실질내용에 따라 사실판단할 사항이다(원천세과－120, 2014.4.2.).
- 직원의 출 · 퇴근의 편의를 위하여 지급하는 교통보조금은 '시내출장 등에 소요된 실제 여비가 아닌「소득세법」제20조에 따른 근로소득에 해당한다(원천세과－597, 2012.11.7.).

- 종업원이 시내출장에 따른 여비를 별도로 지급받으면서 매월 자가운전보조금을 지급받는 경우 시내출장 등에 따라 소요된 실제 여비는 실비변상적인 급여로 비과세되며, 자가운전보조금은 과세대상 근로소득에 포함된다(원천세과－502, 2011.8.18.).

- 소득세를 과세하지 않는 실비변상 정도의 일직비 및 숙직비는 업무수행상 실지 소요되는 비용을 충당할 정도의 범위 안에서 지급규정, 사규 등의 합리적 기준에 의하여 계산한 금액으로서 사회통념상 타당하다고 인정되는 범위 내의 금액이다(원천세과－698, 2009.8.24.).

- 일직료 · 숙직료에 대한 실비변상정도의 금액에 대한 판단은 회사의 사규 등에 의하여 그 지급기준이 정하여져 있고 사회통념상 타당하다고 인정되는 범위 내에서는 비과세되는 급여로 보는 것이며 이때 숙직료 등을 월단위로 모아서 지급한다 할지라도 그 판단은 1일 숙직료 등을 기준으로 판단해야 한다(법인 46013－3228, 1996.11.19.).

- 학교교원이 학교장의 명령을 받아 기숙사 사감으로 근무하면서 지급받는 사감수당은 「소득세법」 제12조 제4호 아목 및 같은 법 시행령 제12조 제3호의 비과세되는 근로소득에 해당하지 아니한다(원천세과－472, 2009.2.12.).

- 당직제도가 폐지되고 당직근무자의 일부 업무를 수행하면서 지급받는 시설보안관리수당은 실비변상적인 급여의 범위에 해당하지 아니한다(서면법규과－542, 2013.5.14.).

- 출장으로 인하여 실지소요되는 비용에 갈음하여 여비조례 규정에 따라 지급받는 여비는 실비변상적인 성질의 급여에 해당되므로, 원천징수의무자가 비과세급여를 과세소득에 포함하여 잘못 연말정산한 경우 원천징수의무자가 재정산하여야 한다(법인 46013－

313, 1998.2.6.).

- 공장의 이전에 따른 종업원 이사비용은 회사의 지급기준 등에 의해 이사에 통상 소요되는 비용의 지출이라고 인정되는 범위 내의 금액은 실비변상적 성질의 급여에 해당하는 것이나, 이사비용 상당액을 초과하는 부분은 과세대상 근로소득에 해당한다(원천세과－643, 2010.8.18.).

- 「소득세법 시행령」 제12조 제3호의 규정에 의거 실비변상적인 급여로 비과세되는 자가운전보조금이란 종업원이 소유차량을 직접 운전하여 사용자의 업무수행에 이용하고 시내출장 등에 소요된 실제 여비를 받는 대신에 그 소요경비를 당해 사업체의 규칙 등에 의하여 정하여진 지급기준에 따라 받는 금액 중 월 20만원 이내의 금액을 말하며, 차량을 소유하지 아니한 종업원에게 지급하는 자가운전 보조금은 과세대상 근로소득에 포함한다(소득 46011－392, 1999.11.25.).

- 사규등 여비규정에 의하여 출장목적, 출장지등에 따라 지급받는 실비변상정도의 지급액은 비과세소득이나 출장여부, 출장일수 등에 관계없이 전직원이 일률적으로 여비의 명목으로 받는 월정액의 급여는 과세대상 근로소득에 해당한다(법인 46013－727, 1998.3.25.).

- 부부 공동명의 소유차량을 각 자 별도 직접 운전하여 사용자의 업무수행에 이용하고 시내출장 등에 소요된 각 자 실제여비를 받는 대신에 그 소요경비를 당해 사업체의 규칙 등에 의하여 정하여진 지급기준에 따라 받는 금액 중 20만원 이내의 금액은 각 자의 비과세 근로소득에 해당한다(원천세과－688, 2011.10.28.).

- 식사대 및 자가운전보조금이 연봉계약서에 포함되어 있고 회사의 사규 또는 급여지급기준 등에 지급기준이 정하여져 있는 경우로

관련법령에 따라 식사대(월 10만원 한도) 및 자가운전보조금(월 20만원 한도)은 실비변상적인 급여로 비과세에 해당된다(원천세과－281, 2011.5.17.).

- 종업원 소유차량으로 사업주의 업무수행에 이용하고 그에 소요된 실제비용을 지급받으면서 별도로 자가운전보조금 명목으로 회사로부터 지원받는(회사대납 포함) 주차비용은 당해 종업원의 과세대상 근로소득에 해당한다(원천세과－303, 2009.4.9.).
- 비과세되는 실비변상적인 성질의 급여인 자가운전보조금 적용시 종업원 소유차량에는 이륜자동차(오토바이)를 포함한다(원천세과－2528, 2008.11.14.).
- 어머니와의 공동명의 차량은 당해 종업원의 소유 차량에 해당하지 않으므로 자가운전보조금에 대한 비과세 규정을 적용할 수 없다(서면인터넷방문상담1팀－327, 2008.3.13.).
- 시내출장에 따른 여비 대신 지급받는 자가운전보조금은 「소득세법 시행령」 제12조 제3호에 따른 비과세소득에 해당하는 것이며 지출증빙이 확인되는 실비변상정도의 시외출장여비도 같은 호에 따른 비과세소득에 해당되는 것이나, 시외출장여비의 해당 여부는 출장목적 · 출장지 · 출장기간 등을 감안하여 사실판단할 사항이다(원천세과－1030, 2009.12.15.).
- 법인의 종업원이 업무수행을 위한 해외출장으로 인하여 실제 소요된 항공료 · 숙박비를 선 지출하고 당해 법인으로부터 그 지출한 금액을 정산하여 지급받는 경우로서 당해 해외출장 비용이 「법인세법」 제116조의 규정에 의한 지출증빙서류에 의하여 확인되는 때에는 동 금액은 당해 종업원의 근로소득에 해당하지 아니한다(서면인터넷방문상담1팀－360, 2007.3.15.).

(2) 작업복 및 직장 착용 피복

병원 · 시험실 · 금융회사 등 · 공장 · 광산에서 근무하는 사람 또는 특수한 작업이나 역무에 종사하는 사람이 받는 작업복이나 그 직장에서만 착용하는 피복은 소득세를 과세하지 아니한다.

직원들에게 지급한 피복이 회사의 마크가 없고 외출복으로도 착용 가능한 일반피복(동절기 잠바 및 하절기 티셔츠)인 경우 소득세 비과세 대상에 해당하지 아니한다(법인 46013-2331, 1998.8.18.).

(3) 벽지수당

근로자가 벽지에 근무함으로 인하여 받는 월 20만원 이내의 벽지수당은 소득세를 과세하지 아니한다.

벽지의 범위

다음의 어느 하나에 해당하는 지역을 말한다.

- 「공무원 특수지근무수당 지급대상지역 및 기관과 그 등급별 구분에 관한 규칙」 별표 1의 지역
- 「지방공무원 특수지근무수당 지급대상지역 및 기관과 그 등급별 구분에 관한 규칙」 별표 1의 지역
- 「도서 · 벽지 교육진흥법 시행규칙」 별표의 지역
- 「광업법」에 의하여 광업권을 지정받아 광구로 등록된 지역
- 「소득세법 시행규칙」 별표 1의 의료취약지역(「의료법」 제2조의 규정에 의한 의료인의 경우로 한정)

이 경우 벽지수당은 벽지가 아닌 곳에서 근무하는 동일한 직급 및 동일한 업무를 수행하는 자의 급여에 추가하여 지급받는 수당을 말한다.

관련 사례

- 의료취약지역 비과세대상

  의료취약지역의 벽지수당 비과세는 「의료법」 제2조의 의료인(의사, 치과의사, 한의사, 조산사, 간호사)에 한해 적용되는 것이며, 비과세되는 벽지수당이란 벽지에 근무하는 근로자가 내규로 정한 지급규정에 의하여 지급받는 수당으로서, 당해 수당이 본점에서 근무하는 자의 동일 직급 일반급여에 추가하여 지급하는 것인 경우에 한하여 벽지수당으로 본다(원천세과-595, 2011.9.30.).

- 벽지수당 지급 대신에 출퇴근 보조비로 지급하는 경우

  종업원이 벽지수당 대신 지급받는 출퇴근보조비는 「소득세법 시행령」 제38조 제1항 제9호*의 규정에 의하여 과세되는 근로소득에 포함된다(서이 46013-10719, 2001.12.11.).

  * 시간외근무수당 · 통근수당 · 개근수당 · 특별공로금 기타 이와 유사한 성질의 급여

- 실비변상적 급여로 비과세되는 벽지수당에 해당 여부

  비과세되는 벽지수당이란 일정지역에 근무하는 근로자가 내규로 정한 지급규정에 의하여 지급받는 수당으로서, 당해 수당이 본점에서 근무하는 자의 동일 직급일반급여에 추가하여 지급하는 것인 경우에 한하여 벽지수당으로 본다(서일 46011-11740, 2003.12.2.).

- 병원에 근무하는 의사가 지급받는 의료요원수당이 벽지수당에 해당하는지 여부

  벽지근무자라도 근무자의 기능 내지 직책에 따라 지급하는 수당은 복지후생적인 성질의 벽지수당에 해당되지 아니한다(재직세 1234-4690, 1977.12.24.).

(4) 근로자가 천재 · 지변 기타 재해로 인하여 받는 급여

집중폭우로 인하여 직원의 거주용주택(○○○시 소재)이 완전침수되어 생활상의 어려움을 겪고 있으므로 이사회의 의결을 거쳐 약간의 생활보조금을 지급하는 경우 근로자가 천재 · 지변 기타 재해로 인하여 받는 실비변상적인 성질에 해당하는 급여에 해당되어 「소득세법 시행령」 제12조 제16호의 규정에 의하여 비과세되는 근로소득에 해당한다(소득 46011-2326, 1998.8.18.).

3) 국외근로 비과세

국외 또는 「남북교류협력에 관한 법률」에 따른 북한지역에서 근로를 제공하고 받는 다음의 급여는 소득세를 과세하지 아니한다.

- 국외 또는 북한지역에서 근로를 제공(원양어업 선박 또는 국외 등을 항행하는 선박이나 항공기에서 근로를 제공하는 것 포함)하고 받는 보수 중 월 100만원 이내의 금액
- 다만, 원양어업선박, 국외등을 항행하는 선박 또는 국외등의 건설현장 등에서 근로(감리업무수행 포함)를 제공하고 받는 보수의 경우에는 월 300만원 이내의 금액

관련 사례

- 해외연수중에 받는 급여의 국외근로소득 해당 여부(소득세법 기본통칙 12-16…1)

국외 또는 「남북교류협력에 관한 법률」에 의한 북한지역에서 근

로를 제공하고 받는 보수는 해외 또는 북한지역에 주재하면서 근로를 제공하고 받는 급여를 말하며, 출장, 연수 등을 목적으로 출국한 기간 동안의 급여상당액은 국외근로소득으로 보지 아니한다.

- 원양어선의 선원이 보합금을 받는 경우의 비과세소득(소득세법 기본통칙 12－16…2)
  원양어선에 승선한 선원이 근로의 대가를 보합금 등의 방법으로 지급받는 경우에는 보합금으로 지급받는 금액을 어로기간의 월수로 나눈 금액을 매월 지급받은 것으로 보고 국외근로 비과세를 적용한다.

- 외국항행 선박의 승무원이 받는 급여의 국외근로소득 포함 범위(소득세법 기본통칙 12－16…3)
  국외에서 근로를 제공할 것을 조건으로 고용된 자의 국내근로소득(대기기간 급여 등)은 국외근로소득에 포함하지 아니한다.
  원양어업 선박 또는 외국항행 선박이 수리 및 정비 등의 사유로 국내에 체재하는 기간중 동선박의 승무원으로 고용된 거주자의 국내체재기간에 해당되는 급여는 국외근로소득에 포함한다.

- 국외근로소득에 대한 과세방법(소득세법 기본통칙 12－16…4)
  국외근로소득은 월 100만원을 공제하고 과세하며, 당해 월의 국외근로소득이 월 100만원(원양어업 선박 또는 국외 등을 항행하는 선박에서 근로를 제공하고 받는 보수의 경우에는 월 300만원) 이하인 경우에는 그 급여를 한도로 하여 비과세하며 당해 월의 국외근로소득이 100만원(원양어업 선박 또는 국외 등을 항행하는 선박에서 근로를 제공하고 받는 보수의 경우에는 월 300만원) 이하가 될 때에는 그 부족액을 다음 달 이후의 급여에서 이월하여 공제하지 아니한다.
  당해 월의 국외근로소득에는 당해 월에 귀속하는 국외근로로 인한 상여 등을 포함한다. 이 경우 공제액을 계산함에 있어서 국외

근무기간이 1월 미만인 경우에는 1월로 본다.

- 일본을 왕복 운행하는 단기 정기여객선 선원의 급여
국내에서 출항하여 일본을 왕복운행하며 출항한 당일 국내로 입항하는 선박의 선원이 지급받는 급여의 경우 「소득세법」 제12조 제3호 거목과 같은 법 시행령 제16조에 따른 국외근로자의 비과세 급여에 해당하지 아니한다(법규소득 2012-276, 2012.7.13.).

- 국외건설현장에서 검사용역을 제공하는 근로자
정부출연연구기관의 연구원인 거주자가 국외 등의 건설현장에서 원자력기계, 원자력가동중검사 및 원자력구조 분야에 대한 공인 검사원 또는 공인검사감독원으로서 근로를 제공하고 받는 보수 중 월 100만원 이내의 금액은 「소득세법」 제12조 제3호 거목 및 같은 법 시행령 제16조 제1항 제1호에 따라 소득세를 과세하지 아니한다(법규소득2013-46, 2013.2.8.).

- 국외근로소득의 범위에 포함되는 수당
국외근로소득의 범위에는 국외 및 국내의 소득세를 보전하기 위하여 지급받는 수당과 「근로기준법」에 의한 월차 · 연차수당이 포함된다(법인 22601-1592, 1991.8.17.).

- 국외근로비과세 적용자의 식대 비과세 적용 여부
국외근로소득에 대한 비과세를 적용받고 있는 해외파견근로자가 월 10만원 이하의 식사대를 그 사용자인 내국법인으로부터 지급받는 경우 당해 식사대에 대하여는 소득세 비과세를 적용받을 수 있는 것이며 근무기간이 1월 미만인 경우 1월로 본다(원천세과-616, 2009.7.16.).

- 수출제품의 설치를 위한 해외파견기간의 급여상당액이 국외근로소득인지 여부
'국외에서 근로를 제공하고 받는 보수'란 해외에 주재(연락사무소

포함)하면서 근로를 제공하고 받는 급여를 말하는 것이므로 해외 수출품에 대한 현지 설치, 시운전등을 위하여 해외에 파견된 기간 동안의 급여상당액은 국외근로소득으로 보지 아니한다(법인 46013 −3631, 1996.12.27.).

- 국외 건설현장에서 조리 및 음식 서비스직에 종사하는 근로자 거주자가 국외 등의 건설현장 등에서 한국표준직업분류에 따른 조리 및 음식 서비스직에 종사하여 근로를 제공하고 받는 보수 중 월 100만원 이내의 금액은 「소득세법」 제12조 제3호 거목 및 같은 법 시행령 제16조 제1항 제1호에 따라 소득세를 과세하지 아니한다(서면법규−1235, 2012.10.25.).

4) 국민건강보험법 등에 따라 사용자가 부담하는 보험료

「국민건강보험법」, 「고용보험법」 또는 「노인장기요양보험법」에 따라 국가, 지방자치단체 또는 사용자가 부담하는 보험료는 근로소득에 해당하나 소득세를 과세하지 아니한다.

구분	내 용
2012.12.31. 이전	「국민건강보험법」·「고용보험법」·「국민연금법」·「공무원연금법」·「사립학교교직원 연금법」·「군인연금법」·「근로자퇴직급여 보장법」 또는 「노인장기요양보험법」에 따라 국가·지방자치단체 또는 사용자가 부담하는 부담금
2013.1.1. 이후 납입·적립하는 분부터	연금 성격의 사용자부담분은 납입(적립) 당시 근로자에게 귀속된 소득으로 보기 곤란하므로 근로소득에서 제외하였음

* 연금의 사용자부담분은 추후 인출시 과세(퇴직·연금)되므로 비과세된 소

득을 다시 과세하는 불합리 개선

(1) 사용자 부담 보험료

근로소득에 해당하나 소득세를 과세하지 아니하는 비과세대상이다.

(2) 근로자 부담 보험료

근로자가 부담하는 보험료는 과세대상 근로소득에서 근로자가 부담한 금액을 공제하는 소득공제대상이다.

근로자가 부담할 보험료를 사용자가 부담하는 경우

법인이 근로자가 부담하여야 할 보험료 등을 대신 부담하는 경우 근로제공의 대가로 지급받는 금전, 기타 경제적 이익 등으로서 「소득세법」 제20조 및 같은 법 시행령 제38조에 의한 근로소득의 범위에 해당한다(서면인터넷방문상담2팀-1118, 2006.6.15.).

- 근로자가 부담할 보험료를 사용자가 부담한 경우
  해당 보험료 등에 상당하는 금액을 근로자의 근로소득으로 보아 과세하고 해당 보험료 등에 대해서는 소득공제 적용

관련 사례

- 2011.12.31. 개정된 「국민건강보험법」 제69조 제4항 제2호에 따라 2012.9.1. 이후 직장가입자인 사업주가 추가로 납부하는 국민건강보험료는 필요경비에 산입하는 것이며, 직장가입자인 근로자가 추가로 납부하는 국민건강보험료는 근로소득에서 공제한다(서면-2016-소득-6216, 2017.1.24.).

- 근로자가 근로제공 기간 중에 납부한 국민건강보험료(지역가입자 포함)는 연말정산시 공제대상에 포함되는 것이나 근로제공 기간 외의 기간에 납부한 국민건강보험료는 공제대상에 포함되지 않으며, 근로자가 당해 연도에 지급한 금액 중 「국민건강보험법」에 의하여 근로자가 부담하는 보험료가 있는 때에는 당해 연도의 근로소득금액에서 공제하는 것이다(서면법규과-182, 2013.2.18.).

- 보험료공제는 근로소득이 있는 거주자가 해당 과세기간에 보험료를 지급하는 경우 그 금액을 해당 과세기간에 소득공제를 하는 것으로 정산으로 인한 차액을 추가로 납부하는 고용보험료는 정산한 연도의 고용보험료로 본다(원천세과-267, 2012.5.15.).

- 「국민건강보험법 시행령」 제64조 제4항에 의하여 가입대상에서 제외된 재외국민 또는 외국인이 국내에 근무하는 동안 외국보험회사에 납부한 보험료는 「소득세법」 제52조에서 규정하는 「국민건강보험법」에 따라 근로자가 납부한 보험료에 해당하지 아니한다(원천세과-363, 2009.4.24.).

- 국내의 외국인투자기업(이하 "외투기업"이라 함)에 파견된 주재원(「소득세법」상 거주자 해당)이 외투기업으로부터 받는 급여에 대한 소득세 · 주민세 · 건강보험료(이하 "소득세 등"이라 함)를 외국의 모기업이 부담하기로 한 경우, 당해 모기업이 부담한 소득세 등은 「소득세법」 제20조 제1항 제2호의 규정에 의하여 당해 주재원의 근로소득에 해당하는 것이며, 소득세 등을 당해 주재원의 근로소득에 포함함으로 인하여 추가로 과세되는 소득세를 외국의 모기업이 재차 부담하는 경우에는 그 재차부담금액을 당해 주재원의 근로소득에 포함한다(서면인터넷방문상담1팀-272, 2007.2.22.).

- 「국민건강보험법」에 의하여 지역가입자로서 납부하여야 할 건강보험료는 납부한 연도의 근로소득세액에 대한 연말정산시 공제받

거나 종합소득 과세표준확정신고시 근로소득금액 범위 내에서 공제받을 수 있다(서면인터넷방문상담1팀－476, 2004.3.26.).

5) 식사 또는 식사대

다음의 어느 하나에 해당하는 식사 또는 식사대는 소득세를 과세하지 아니한다.

① 근로자가 사내급식 또는 이와 유사한 방법으로 제공받는 식사 기타 음식물

이 경우 '식사 · 기타 음식물'이라 함은 사용자가 근로자에게 무상으로 제공하는 음식물로서 다음의 요건에 해당하는 것으로 한다(소득세법 기본통칙 12－17의 2…1 ①).

- 통상적으로 급여에 포함되지 아니하는 것
- 음식물의 제공 여부로 급여에 차등이 없는 것
- 사용자가 추가부담으로 제공하는 것

사용자가 기업외부의 음식업자와 식사 · 기타 음식물 공급계약을 체결하고 그 사용자가 교부하는 식권에 의하여 제공받는 식사 · 기타 음식물로서 당해 식권이 현금으로 환금할 수 없고 위의 요건에 해당되는 때는 비과세되는 식사 · 기타 음식물로 본다(소득세법 기본통칙 12－17의 2…1 ②).

② ①에서 규정하는 식사 기타 음식물을 제공받지 아니하는 근로자가 받는 월 10만원 이하의 식사대

식사·기타 음식물을 제공받지 아니하는 근로자가 식사대를 월 10만원 이상 지급받는 경우에는 월 10만원까지 비과세되는 식사대로 본다.

식사·기타 음식물을 제공받고 있는 근로자가 별도로 식사대를 지급받는 경우에는 식사·기타 음식물에 한하여 비과세되는 급여로 본다.

다만, 다른 근로자와 함께 일률적으로 급식수당을 지급받고 있는 근로자가 야간근무 등 시간외 근무를 하는 경우에 별도로 제공받는 식사·기타 음식물은 비과세되는 급여에 포함한다.

관련 사례

- '근로계약'이 아닌 '연수협약'에 의해 연수생에게 지급하는 연수수당(교통비 및 중식비 상당액)은 비과세소득으로 특별히 규정된 것을 제외하고는 근로소득에 해당한다(서면-2015-법령해석소득-0367, 2016.7.28.).
- 회사의 여비지급규정에 따라 지급받는 출장경비 중 식대는 출장목적·출장지·출장기간 등을 감안하여 실지 소요되는 비용을 충당할 정도의 범위 내에서 실비변상적인 성질의 급여로 비과세한다(재소득 46073-146, 1999.7.19.).
- 식사대가 연봉계약서에 포함되어 있고 회사의 사규 또는 급여지급기준 등에 지급기준이 정하여져 있는 경우로 관련법령에 따라 식사대(월 10만원 한도)는 실비변상적인 급여로 비과세에 해당된다(원천세과-281, 2011.5.17.).

- 사용자가 기업 외부의 음식업자와 식사·기타 음식물 공급계약을 체결하고 임직원이 그 사용자가 교부하는 식권에 의하여 제공받는 식사·기타 음식물로서 해당 식권이 현금으로 환금할 수 없고 「소득세법 기본통칙」 12-17의 2…1 제1항 각호의 요건에 해당되는 때는 비과세되는 식사·기타 음식물에 해당하는 것이나, 임직원이 음식업자가 아닌 편의점 및 커피숍에서 사용하는 해당 식권의 금액은 「소득세법」 제12조 및 같은 법 시행령 제17조의 2에 따른 비과세되는 식사·기타 음식물에 해당하지 아니한다.

  「소득세법 기본통칙」 12-17의 2…1 제2항에 따라 사용자가 교부한 식권을 사용한 때에는 비과세되는 식사·기타 음식물에 해당하나, 사용자가 교부한 식권이 아닌 경우에는 「소득세법」 제12조 및 같은 법 시행령 제17조의 2에 따른 비과세되는 식사·기타 음식물에 해당하지 아니한다.

  「소득세법 기본통칙」 12-17의 2…1 제2항에 따른 식권의 사용없이 임직원이 인근식당에 장부를 비치하여 외상으로 식사를 하는 경우에는 「소득세법」 제12조 및 같은 법 시행령 제17조의 2에 따른 비과세되는 식사·기타 음식물에 해당하지 아니한다(원천세과-190, 2011.4.4.).

- 법인이 종업원의 근무시간을 1일 3교대 근무조로 편성·운영하면서 주간 근무조의 종업원(이하 "현물급여자"라 함)에 대해서는 식사를 제공하고, 야간 근무조의 종업원에게는 현물급여자의 식사의 가액상당액을 식사대로 지급하는 경우, 야간 근무조의 종업원이 지급받는 현금(월 10만원 이하에 한함)은 「소득세법」 제12조 제3호 러목의 비과세 소득에 해당한다(원천세과-669, 2010.8.26.).

- 국외근로소득에 대한 비과세를 적용받고 있는 해외파견 근로자가 월 10만원 이하의 식사대를 그 사용자인 내국법인으로부터 지급받는 경우 당해 식사대에 대하여는 소득세 비과세를 적용받을 수

있는 것이며 근무기간이 1월 미만인 경우 1월로 본다(원천세과-616, 2009.7.16.).

- 식사대 비과세 적용과 관련하여 종업원 또는 근로자의 범위에는 임원이 포함되며, 이 경우 임원은 법인등기부상 등재 여부와는 관계가 없다(법인 46013-2433, 2000.12.21.).
- 사용자로부터 식사·기타 음식물을 제공받고 있는 근로자가 별도로 식사대를 지급받는 경우에는 식사·기타 음식물에 한하여 비과세된다(서면인터넷방문상담1팀-1603, 2007.11.22.).

6) 출산 및 보육지원비

근로자 또는 그 배우자의 출산이나 6세 이하 자녀의 보육과 관련하여 사용자로부터 받는 급여로서 월 10만원 이내의 금액은 소득세를 과세하지 아니한다.

이 경우 **6세 이하** 여부는 해당 과세기간 개시일을 기준으로 판단한다.

> 해당 과세기간 개시일을 기준으로 6세 이하 여부를 판정하므로 과세기간 중에 생년월일이 경과되어 비과세를 받지 못하는 문제점을 해결

관련 사례

- 근로자가 6세 이하 자녀의 보육과 관련하여 사용자로부터 지급받는 급여로서 월 10만원 이내의 금액은 비과세되는 것이며, 맞벌이 부부의 경우도 소득자별로 각각 비과세를 적용한다(서면인터넷방문상담1팀-12, 2006.9.12.).

- 근로자가 6세 이하 자녀의 보육과 관련하여 사용자로부터 지급받는 급여로서 월 10만원 이내의 금액은 자녀수에 관계없이 지급 월을 기준으로 10만원 이내의 금액을 비과세한다(서면인터넷방문상담1팀－567, 2006.5.1.).
- 사용자가 근로자의 6세 이하 자녀의 교육비를 실비로 지원하는 금액 중 월 10만원 이내의 금액을 비과세한 경우에도 교육비공제를 받을 수 있다(원천세과－451, 2010.6.1.).
- 사내근로복지기금에서 비과세 대상 자녀양육비를 지원받는 근로자가 6세 이하의 자녀의 보육과 관련하여 사용자로부터 받은 급여로서 월 10만원 이내의 금액은 비과세 소득에 해당한다(원천세과－450, 2010.6.1.).
- 근로자 또는 그 배우자의 출산이나 6세 이하 자녀의 보육과 관련하여 사용자로부터 지급받는 급여로서 월 10만원 이내의 금액은 「소득세법」 제12조 제4호 더목의 규정에 의하여 비과세대상 근로소득에 해당하는 것이나, 매월 지급받는 금액 중 월 10만원을 초과하는 금액은 과세대상 근로소득에 해당한다(서면인터넷방문상담1팀－1058, 2005.9.6.).
- 「영유아보육법」 제14조 제1항 단서에 따라 위탁보육을 하는 사업주가 같은 법 시행령 제25조에 따라 위탁계약을 맺은 어린이집에 지급하는 위탁보육비는 위탁보육을 지원받는 근로자의 근로소득에 해당하는 것이나, 「소득세법」 제12조 제3호 머목에 따른 보육비는 비과세한다(서면－2016－소득－5672, 2016.11.8.).

4 비과세 적용시 유의사항

근로소득 비과세소득 중 한도를 적용받은 경우 비과세 한도를 초과하는 경우 과세대상으로 지급시 소득세 원천징수 및 연말정산 시 과세대상에 포함하여 세액을 계산하여야 한다.

항 목	비과세 한도
자기차량운전보조금	월 20만원
벽지수당	월 20만원
국외근로소득	월 100만원 또는 월 300만원
비과세 식사대 등	월 10만원
출산이나 6세 이하 자녀의 보육 지원비	월 10만원

① 자기차량운전보조금

종업원의 소유차량(이륜자동차 포함)을 종업원이 직접 운전하여 사용자의 업무수행에 이용하고 시내출장 등에 소요된 실제 여비를 받는 대신에 그 소요 경비를 해당 사업체의 규칙 등에 의하여 정해진 지급기준에 따라 받는 금액 중 월 20만원 이내의 금액은 비과세하나 월 20만원을 초과하는 금액은 과세대상 근로소득에 해당한다.

이 경우 단지 직원의 출·퇴근 편의를 위하여 지급한 교통보조금은 비과세대상인 자가운전보조금이 아닌 근로소득 과세대상에 해당한다.

② 벽지수당

근로자가 벽지에 근무함으로 인하여 받는 월 20만원 이내의 벽지수당은 비과세하나 월 20만원을 초과하는 금액은 과세대상 근로소득에 해당된다.

- 「공무원 특수지근무수당 지급대상지역 및 기관과 그 등급별 구분에 관한 규칙」 별표 1의 지역
- 「지방공무원 특수지근무수당 지급대상지역 및 기관과 그 등급별 구분에 관한 규칙」 별표 1의 지역
- 「도서 · 벽지 교육진흥법 시행규칙」 별표의 지역
- 「광업법」에 의하여 광업권을 지정받아 광구로 등록된 지역
- 「소득세법 시행규칙」 별표 1의 의료취약지역*

  * 「의료법」 제2조의 규정에 의한 의료인의 경우로 한정한다.

③ 국외근로소득

국외 또는 「남북교류협력에 관한 법률」에 따른 북한지역(이하 "국외등"이라 함)에서 근로를 제공(원양어업 선박 또는 국외등을 항행하는 선박이나 항공기에서 근로를 제공하는 것을 포함)하고 받는 보수 중 월 100만원[원양어업 선박, 국외등을 항행하는 선박 또는 국외등의 건설현장 등에서 근로(감리업무를 포함)를 제공하고 받는 보수의 경우에는 월 300만원] 이내의 금액은 비과세하나 월 한도를 초과하는 금액은 과세대상 근로소득에 해당된다.

④ 비과세 식사대 등

식사 · 기타 음식물을 제공받지 아니하는 근로자가 지급받은 월 10만원 이하 식사대는 비과세하나 월 10만원을 초과하는 금액은 과세대상 근로소득에 해당된다.

식사·기타 음식물을 제공받는 근로자가 지급받은 월 10만원 이하 식사대는 전액 과세대상에 해당한다.

근로자가 2 이상의 회사에 근무하면서 식사대를 매월 각 회사로부터 지급받는 경우 각 회사로부터 받은 식사대를 합한 금액 중 월 10만원 이내의 금액에 대하여 비과세하나 월 10만원을 초과하는 금액은 과세대상 근로소득에 해당된다.

⑤ 출산이나 6세 이하 자녀의 보육 지원비

근로자 또는 그 배우자의 출산이나 6세 이하 자녀의 보육과 관련하여 사용자로부터 받는 급여로서 월 10만원 이내의 금액은 비과세하나 월 10만원을 초과하는 금액은 과세대상 근로소득에 해당된다.

이 경우 6세 이하 여부는 해당 과세기간 개시일을 기준으로 판단한다.

근로자가 6세 이하 자녀가 2명 이상인 경우 자녀 수에 상관없이 월 10만원 이내의 금액을 비과세하며, 사용자가 분기마다 보육수당을 지급하는 경우에는 지급월에 10만원 이내의 금액을 비과세한다.

동일 직장에서 맞벌이하는 근로자가 6세 이하의 자녀 1명에 대하여 각각 보육수당을 수령하는 경우 소득자별로 각각 월 10만원 이내의 금액은 비과세한다.

06 Chapter

원천징수 실무

1 원천징수 개요

1) 개념

원천징수는 법령에서 정한 소득을 지급하는 자(원천징수의무자)가 그 지급받는 자(납세의무자)의 조세를 징수하여 정부에 납부하는 제도로 납세의무자가 직접 과세관청에 납부하지 아니하고 소득을 지급하는 원천징수의무자가 그 소득에 대한 원천징수세액을 차감한 잔액만을 지급하고 그 원천징수한 세액을 세무서에 납부한다.

납세편의를 도모하기 위하여 현행 「소득세법」에서는 원천징수제도가 광범위하게 활용되고 있다.

2) 원천징수 관련 법률관계

과세기간 동안 발생된 소득을 과세대상 소득으로 하는 소득세와 법인세의 납세의무는 과세기간이 종료하는 때에 성립하므로 과세기간이 종료되지 아니한 경우에는 그 세액을 계산할 수 없다.

그러나 원천징수는 그 소득금액 또는 수입금액을 지급하는 때에 그 지급자(원천징수의무자)에게 세금의 징수와 납부를 할 수 있도록 하고 있다.

원천징수의 법적인 성격과 당사자의 관계를 살펴보면 다음과 같다.

(1) 납세의무와 원천징수의무

「국세기본법」에서는 '세법에 의하여 국세를 납부할 의무가 있는 자'를 '납세의무자'로 정의하면서 '납세의무자와 세법에 의하여 국세를 징수하여 납부할 의무를 지는 자(원천징수의무자)'를 합하여 '납세자'로 규정하고 있다.

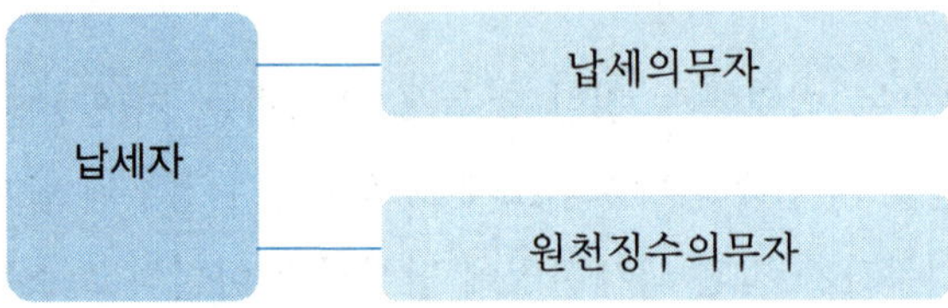

「소득세법」에서는 납세의무자가 '각자의 소득에 대한 소득세' 납세의무를 지고, 징수의무자에 대해서 「소득세법」에 의하여 원천징수한 소득세를 '납부'할 의무가 있음을 규정하여 납세자의 의무로서 규정하고 있다.

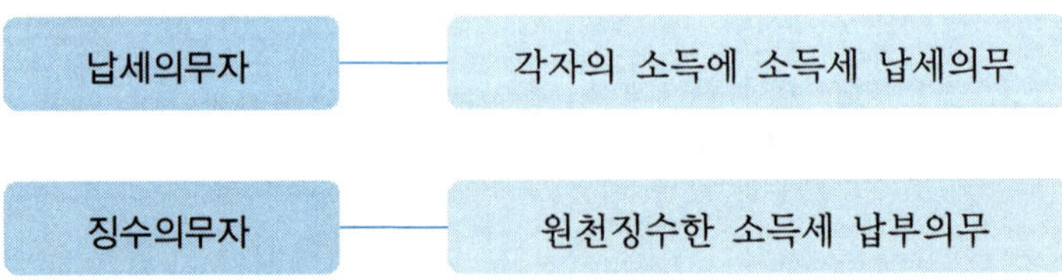

「국세기본법」과 「소득세법」에 따른 원천징수의무자는 원천징수한 소득세의 납세의무를 지며, 구체적으로는 그 원천징수대상이 되는 소

득금액과 수입금액을 지급할 때 그 소득세(그 지급받는 자가 법인인 경우는 법인세)를 원천징수할 의무가 있다.

(2) 과세관청과 원천징수의무자와의 관계

원천징수의무자가 국가에 대하여 부담하는 의무는 납세의무자로부터 세금을 '징수'하는 의무와 그 징수한 조세를 '납부'하는 의무로 구성되어 있다.

원천징수의무자가 원천징수 납부하여야 할 소득세 및 법인세를 '원천징수'하지 아니하거나 원천징수한 소득세 등을 '납부'하지 아니한 경우에는 원칙적으로 그 세액을 당해 원천징수의무자로부터 징수하는 것이며, 이때 그 의무를 소홀히 한 데 대하여 「국세기본법」에서 정한 가산세를 가산하여 세액을 징수한다.

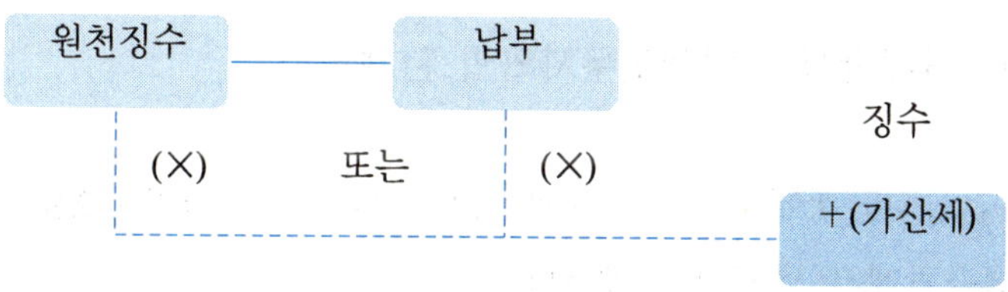

(3) 원천징수의무자와 납세의무자와의 관계

원천징수의무자와 납세의무자와의 관계를 일반적으로 채권 및 채무관계로 보는 견해가 있다.

납세의무자는 「소득세법」, 「법인세법」의 규정에 의하여 원천징수의무자에 의하여 소득세(또는 법인세)를 징수당하는 의무를 부담하는 것으로, 원천징수의무자가 징수하는 세액과 납세의무자가 부담한 세액은 당연히 일치되어야 한다.

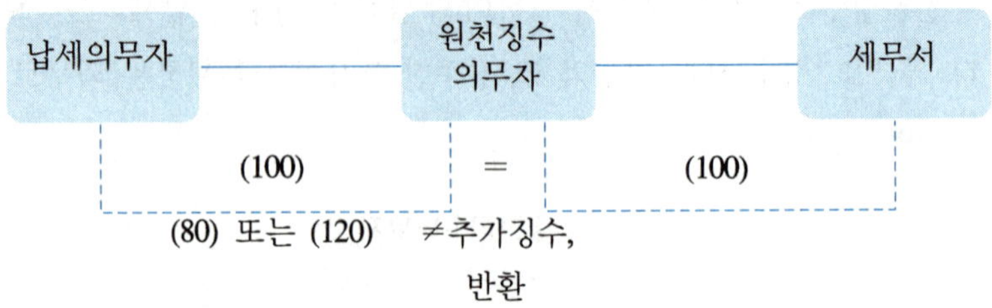

다만, 그 세액이 일치하지 않는 경우에는 그 초과하는 부분에 대한 세액의 징수를 거부할 수 있으며, 이미 징수된 세액의 반환을 요구할 수 있다.

이 경우, 원천징수의무자는 별도의 처분 없이도 지급금액을 조정(급여 등에 가산 또는 공제)하여 일치되지 않는 세액을 추가징수 또는 반환할 수 있다.

(4) 과세관청과 납세의무자와의 관계

원천징수단계에서 과세관청과 납세의무자와는 원칙적으로 직접적인 법률관계가 발생되지 않는다.

과세권자인 국가에 대한 당사자는 원천징수의무자이므로, 납세의무자는 국가에 대하여 직접 책임을 부담하지 않는 한편, 이의신청이나 소송을 제기할 수 없다.

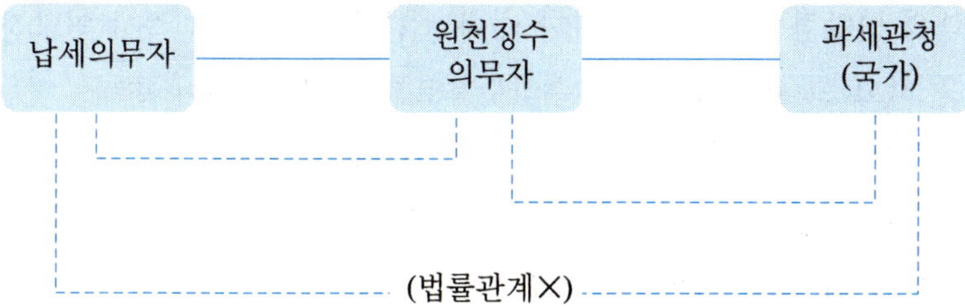

그러나 원천징수의무자가 원천징수세액을 원천징수 납부하지 아니한 경우 납세의무자는 분리과세 대상 소득자가 아닌 경우에 있어서 예외적으로 법령에서 관계를 별도로 규정한 경우가 있다.

- 예외적으로 국가와 납세의무자의 직접적인 관계를 규정하고 있는 경우
  「법인세법」에 따른 소득처분에 있어서 납세의무자에 대해 소득변동통지서 직접 통지
- 연말정산에 있어 원천징수의무자가 행방불명된 경우
  경정청구

① 법인세법에 따른 소득처분의 경우

배당, 상여 및 기타소득의 원천징수시기 특례에 있어서 처분의 대상이 되는 법인의 소재지가 분명하지 아니하거나 소득금액변동통지서를 송달할 수 없는 경우에 해당하는 때에는 당해 납세의무자에게 직접 통지하는 특례규정(소득세법 시행령 제192조 제1항)에 의하여 직접적인 법률관계가 발생하는 경우가 있다.

② 연말정산을 하지 아니한 경우

근로소득에 대한 연말정산에 있어서 원천징수의무자가 근로소득세

액의 연말정산을 하지 아니한 때에는 관할세무서장이 즉시 연말정산을 하고 그 세액을 원천징수의무자로부터 징수하여야 한다.

원천징수의무자가 행방불명이 된 때에는 관할세무서장은 당해 근로소득이 있는 자에게 과세표준확정신고를 하여야 한다는 것을 통지하여야 한다(소득세법 시행규칙 제92조).

③ 경정청구

연말정산을 마친 소득세 납세의무자는 「국세기본법」에 따라 세무서에 경정청구를 할 수 있다(국세기본법 제45조의 2 제4항).

(5) 원천징수의 분류

원천징수의무자가 원천징수대상 소득금액 또는 수입금액에 대한 소정의 세액을 원천징수 납부함으로써 당해 소득금액 또는 수입금액에 대한 납세의무자의 납세의무가 종결되는지 여부에 따라 완납적 원천징수, 예납적 원천징수로 나눌 수 있다.

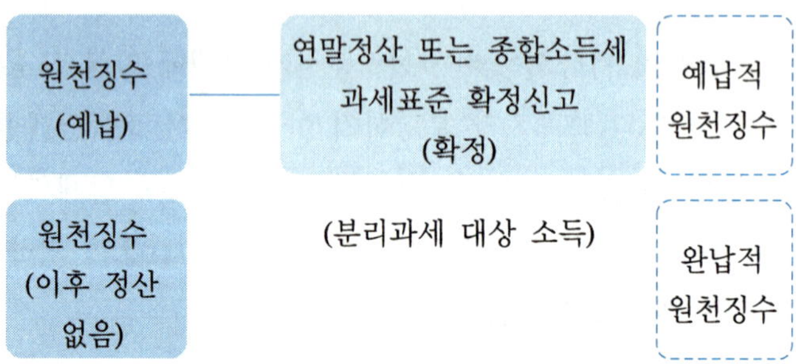

① 완납적 원천징수

원천징수의무자가 원천징수대상 소득금액 또는 수입금액에 대하여 원천징수세액을 납부함으로써 당해 소득금액 등에 대한 납세의무가 종결되는 분리과세되는 소득에 대한 원천징수이다.

완납적으로 원천징수되는 소득

- 일용근로자의 근로소득
- 분리과세배당소득
- 분리과세기타소득
- 분리과세이자소득
- 분리과세연금소득

② 예납적 원천징수

원천징수의무자의 원천징수로 당해 소득금액 또는 수입금액에 대한 납세의무가 소멸되지 아니하여 연말정산 또는 납세의무자가 다시 다른 소득과 합산하여 신고납부하여야 하는 경우의 원천징수를 말한다.

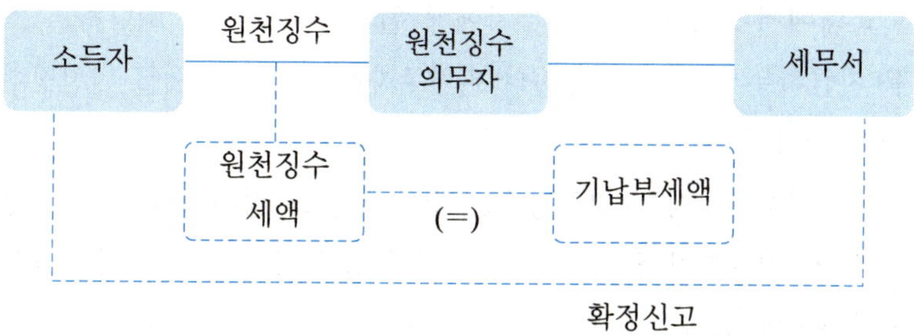

예납적 원천징수에 있어 원천징수납부된 세액은 중간예납세액 또는 예정신고납부세액 등과 같이 기납부세액으로서 차후 신고납부시 납부할 세액에서 공제된다.

- 근로소득 외 다른 소득이 없는 경우의 근로소득(원천징수 → 연말 정산 또는 확정신고)
- 퇴직소득(원천징수. 다만, 다른 퇴직소득이 있는 경우에는 확정신고)

다만, 원천징수의무자가 원천징수세액 신고 후 무납부한 경우 기납부세액 공제와 관련하여 불복 사건에 있어 원천징수의무자는 원천징수한 근로소득세를 신고만 하였을 뿐 납부하지 않았고, 종합소득세를 부과할 때까지 그 대부분을 납부하지 않고 체납한 점 등을 종합하여 볼 때 종합소득세를 과세한 처분은 잘못이 없다고 결정했다(조심 2013구4943, 2014.2.12.).

2 원천징수 관련 법령 요약

국내에서 거주자나 비거주자에게 원천징수 대상에 해당하는 소득을 지급하는 자는 그 거주자나 비거주자에 대한 소득세를 원천징수하여야 한다.

원천징수의무자는 원천징수한 소득세를 그 징수일이 속하는 달의 다음 달 10일까지 원천징수 관할 세무서, 한국은행 또는 체신관서에 납부하여야 한다.

「소득세법」 제127조의 규정에 의한 원천징수의무자는 원천징수한 소득세를 「소득세법」 제128조의 규정에 의한 기한 내에 「국세징수법」에 의한 납부서와 함께 원천징수 관할세무서·한국은행 또는 체신관서에 납부하여야 하며, 원천징수이행상황신고서를 원천징수 관할세무서장에게 제출(국세정보통신망에 의한 제출을 포함)하여야 한다.

구 분	내 용	법 령
원천징수	국내에서 거주자나 비거주자에게 종교인 소득에 해당하는 소득을 지급하는 자는 그 거주자나 비거주자에 대한 소득세를 원천징수	소법 §127
신고서 제출	원천징수이행상황신고서를 원천징수 관할 세무서장에게 제출(국세정보통신망에 의한 제출을 포함)	소령 §185
원천징수 세액납부	원천징수의무자는 원천징수한 소득세를 그 징수일이 속하는 달의 다음 달 10일까지 원천징수 관할 세무서, 한국은행 또는 체신관서에 납부	소법 §128 ①
반기별 납부	상시고용인원 수 및 업종 등을 고려하여 법령에서 정한 원천징수의무자는 원천징수세액을 그 징수일이 속하는 반기(半期)의 마지막 달의 다음 달 10일까지 납부	소법 §128 ②
기타소득	원천징수의무자가 소득세를 원천징수할 때 종교인소득에 대해서는 종교인소득 간이세액표 해당란의 세액을 기준으로 원천징수	소령 §202 ④
근로소득	근로소득에 대해서는 기본세율, 매월분의 근로소득은 근로소득 간이세액표를 적용	소법 §129
원천징수 예외	종교인소득을 지급하는 자는 소득세의 원천징수를 하지 아니할 수 있다. 이 경우 종교인소득을 지급받은 자는 종합소득과세표준을 신고하여야 한다.	소법 §155의 6

3 종교인소득 원천징수

종교단체가 종교인소득을 지급시 소득세를 원천징수하거나, 종교단체가 원천징수하지 아니한 경우 종교인이 종합소득세 과세표준 확정신고를 할 수 있다.

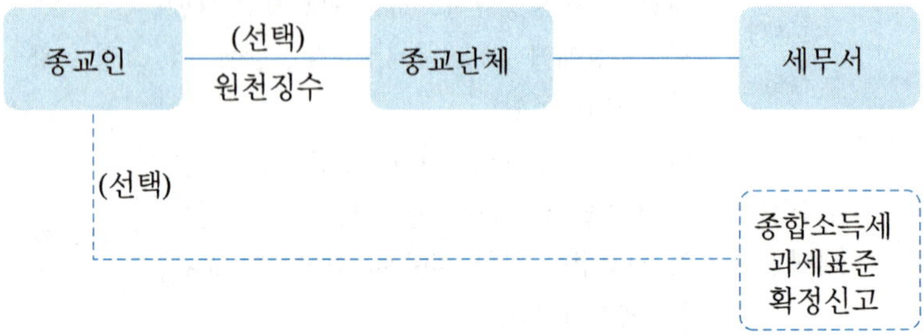

종교단체는 종교인소득에 대한 원천징수를 이행할지 여부를 선택할 수 있다.

종교인이 다음 해 5월 말일까지 종교인소득에 대해 종합소득세 과세표준 확정신고를 하여야 한다.

구분	1~12월	다음 해 2월	3.10.	5월
종교단체	원천징수 ○	연말정산	지급명세서 제출	
	원천징수 ×		지급명세서 제출	(종교인) 종합소득세 과세표준 확정신고

종교단체가 소속 종교인에게 지급하는 종교인소득에 대해 소득세를 원천징수하지 아니한 경우에도 종교인소득 지급명세서를 다음 해 3월 10일까지 관할 세무서에 제출하여야 한다.

종교단체가 지급명세서를 제출하지 아니한 경우에는 미제출가산세를 부담하여야 한다.

종교단체가 원천징수를 하는 경우 종교단체는 매월 종교인소득 지급시 소득세를 원천징수하여야 한다.

(1) 원천징수 소득 선택

종교인소득은 「소득세법」상 기타소득으로 구분되나, 근로소득으로도 선택하여 원천징수를 할 수 있다.

(2) 원천징수 시기

종교단체는 종교인에게 종교인소득을 지급하는 때에 종교인의 소득세액을 원천징수하고 지급한다.

(3) 기타소득 원천징수

종교단체가 소속 종교인의 종교인소득에 대한 소득세를 원천징수하는 경우 '종교인소득 간이세액표'에 따른 세액을 기준으로 원천징수를 하여야 한다.

간이세액과 연말징수

간이세액표의 해당세액은 종교단체가 종교인소득(기타소득)으로 지급시 연간 지급받는 금액 또는 월 지급액에 대하여 필요경비, 기본공제, 세액공제 수준을 반영하여 원천징수할 세액을 계산한 금액이다.

* 종교인소득을 근로소득으로 신고납부하고자 하는 경우 '근로소득 간이 세액표'에 의해 원천징수한다.

간이세액표에 따라 원천징수한 세액 합계액이 연말정산시 결정세액보다 큰 경우 그 차액을 환급하고, 적은 경우 추가납부한다.

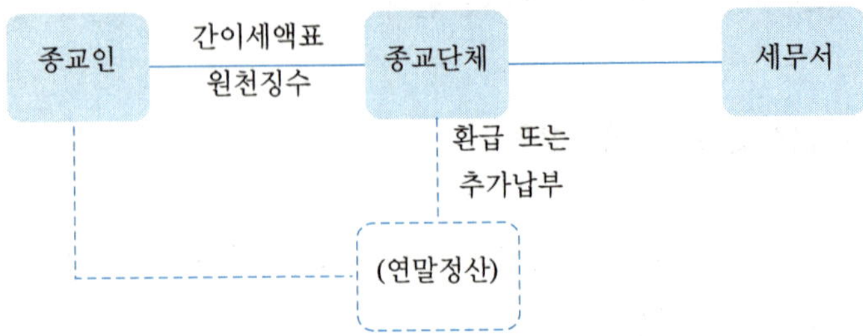

(4) 종교인소득 원천징수세율

지급금액에 기본세율을 적용하여 소득세를 원천징수하는 것이 원칙이나, 원천징수의무자의 부담을 경감하기 위해 매월 지급하는 소득에 대해서는 간이세액표를 적용하여 원천징수하도록 하고 있다.

> 간이세액표는 원천징수의무자가 근로소득 등의 소득 귀속자에게 매월 해당소득을 지급하는 때에 원천징수해야 하는 세액을 지급수준 및 가족 수별로 정한 표로 간이세액표에 따른 세액보다 적게 원천징수·납부하는 경우 과소납부한 세액에 대하여 원천징수납부불성실가산세가 부과된다.

종교인소득 간이세액표의 해당세액은 종교단체가 종교인소득으로 지급시 기타소득으로 원천징수할 경우 종교관련종사자가 연간 지급받는 금액 또는 월 지급액에 대하여 필요경비, 기본공제 및 세액공제 수준을 반영하여 원천징수할 소득세액을 계산한 금액이다.

① 간이세액표 계산 절차

총지급액(매월 지급하는 소득×12 또는 연간 지급하는 소득)

− 필요경비(총수입금액 구간에 따라 20~80% 적용)

종교관련종사자가 받는 금액	필요경비
2천만원 이하	종교관련종사자가 받은 금액의 100분의 80
2천만원 초과 4천만원 이하	1,600만원+(2천만원을 초과하는 금액의 100분의 50)
4천만원 초과 6천만원 이하	2,600만원+(4천만원을 초과하는 금액의 100분의 30)
6천만원 초과	3,200만원+(6천만원을 초과하는 금액의 100분의 20)

= 종교인소득금액

− 기본공제*1(공제대상 가족 1명당 150만원)

− 연금소득공제(총지급액의 4.5%)

= 과세표준

× 원천징수세율(20%)

= 산출세율

− 세액공제*2

= 결정세액

÷ 12

= 간이세액(원 미만 절사)

*1 기본공제대상의 자녀가 있는 경우 공제대상 가족 수 계산
=실제 공제대상 가족 수+20세 이하 자녀 수

*2 총지급액이 7천만원 이하인 자는 총지급액의 2.3%(총지급액 7천만원 초과자는 161만원)+산출세액의 10%(90만원 한도)

② 적용 사례

공제대상 가족의 수를 산정할 때 본인 및 배우자도 각각 1명으로 보아 계산한다.

추가공제 대상자 또는 자녀세액공제가 있는 경우 간이세액표 적용 시 공제대상 가족 중 추가공제(경로우대 및 장애인공제)가 있는 경우와 20세 이하의 자녀가 있는 경우 원천징수 세액은 다음의 계산식에 따른 공제대상 가족 수에 해당하는 금액으로 한다.

> 추가공제 적용 시 공제대상 가족의 수=실제 공제대상 가족의 수+경로우대 및 장애인공제대상 인원 수, 20세 이하 자녀의 수

공제대상 가족의 수가 10명을 초과하는 경우 10명의 세액으로 원천징수한다.

③ 사 례

> ㉮ 월 지급액이 333만원 또는 연간 4천만원을 지급받는 종교인으로 소득이 없는 배우자가 있는 경우 간이세액 계산은 월지급액 구간은 332~334만원
> → 간이세액표에서는 332~334만원 구간의 세액으로 원천징수되어 매월 61,130원 납부

월지급액(천원)		부양가족 인원별 원천징수 세액(원)					
이상	미만	1명	2명	3명	4명	5명	6명
3,300	3,320	82,450	59,950	37,450	14,950	1,000	1,000
3,320	3,340	83,630	61,130	38,630	16,130	1,000	1,000
3,340	3,360	85,410	62,910	40,410	17,971	1,000	1,000

㉯ 월 지급액이 500만원 또는 연간 6천만원을 지급받는 종교인으로 4인가족(배우자, 자녀 2명)이 있는 경우 간이세액 계산은 월지급액 구간은 500~502만원
부양가족의 수 6명=4명+2명
→ 간이세액표에서는 500~502만원 구간의 세액으로 원천징수되어 매월 136,020원 납부

월지급액(천원)		부양가족 인원별 원천징수 세액(원)					
이상	미만	1명	2명	3명	4명	5명	6명
4,980	5,000	246,280	223,780	201,280	178,780	156,280	133,780
5,000	5,020	248,520	236,020	203,520	181,020	158,520	136,020

종교단체는 소속 종교인이 기타소득으로 원천징수해달라고 요청하는 경우 종교인소득 간이세액표에 따른 원천징수세액을 적용하여 소득세를 원천징수하여야 한다.

국세청 홈택스(www.hometax.go.kr) ▸조회/발급 ▸기타 조회 ▸ 종교인소득 간이세액표

(5) 원천징수세액 신고 및 납부

종교단체는 종교인에게 매월분 종교인소득을 지급시 간이세액표에 따른 소득세를 원천징수하여 다음 달 10일까지 원천징수이행상황신고서를 세무서에 제출하고 소득세를 은행에 납부하여야 한다.

다만, 종교단체가 반기별 납부를 신청하여 승인을 받은 경우 원천징수한 소득세를 매월 납부하지 않고 1월, 7월(연 2회) 신고 및 납부할 수 있다.

구 분	원천징수	신고	납부	비 고
월별 원천징수	지급시 원천징수	다음 달 10일까지	다음 달 10일까지	
반기별 원천징수	지급시 원천징수	반기의 다음 달 10일까지	반기의 다음 달 10일까지	예외 (인정상여 등)

(6) 반기별 납부

① 월별 또는 반기별 납부

종교단체가 원천징수를 하는 경우 종교단체는 매월 종교인소득 지급시 소득세를 원천징수하여야 한다.

구 분	내 용
원 칙	종교단체는 종교인소득을 지급한 달의 다음 달 10일까지 원천징수이행상황신고서를 작성하여 원천징수 관할 세무서장에게 제출하고, 원천징수한 소득세를 납부
반기별 납부	원천징수세액 반기별 신고·납부 특례 신청을 하여 승인을 받은 종교단체는 1년에 2회만 원천징수 이행상황신고서를 작성하여 제출하고 납부

② 반기별 납부 신청요건

반기별 납부란 종교단체의 원천징수 신고·납부 편의를 위해, 신청에 의해 반기별(6개월마다)로 원천징수세액을 신고·납부할 수 있다.

종교단체의 경우 상시근무 인원수*에 관계없이 국세청 홈택스(인터넷), 우편 또는 세무서를 방문하여 반기별 납부 신청이 가능하며, 종교단체는 반기별납부를 적용하고자 하는 전월에 신청할 수 있다.

* 직전 과세기간의 매월 말일 현재 상시고용인원의 평균인원수

신청기간	소득지급	원천징수이행상황신고서 제출 및 납부
2017.12.1.~12.31.	2018년 1월~ 6월	2018년 7월 10일
2018. 6.1.~ 6.30.	2018년 7월~12월	2019년 1월 10일

(7) 원천징수이행상황신고서 제출

원천징수이행상황신고서는 종교단체가 종교인소득을 지급하면서 원천징수한 이행 상황에 대하여 신고하기 위해 작성하는 서식으로 종교단체는 그 징수일이 속하는 달의 다음 달 10일(반기별 납부의 경우 1월 10일, 7월 10일)까지 원천징수이행상황신고서를 작성하여 홈택스 또는 우편으로 관할세무서에 제출한다.

원천징수이행상황신고서는 원천징수 납부세액 또는 환급세액이 없는 경우에도 제출하여야 한다.

(8) 원천징수세액 납부

종교단체는 종교인소득 지급일(원천징수일)의 다음 달 10일까지 납부서에 원천징수한 세액을 기재하여 금융기관에 납부하여야 한다.

4 근로소득 원천징수

1) 원천징수세율

종교단체는 소속 종교인이 근로소득으로 원천징수해달라고 요청하는 경우 종교인소득 간이세액표에 따른 원천징수세액을 적용하여 소득세를 원천징수하여야 한다.

국세청 홈택스(www.hometax.go.kr) ▸조회/발급 ▸기타 조회 ▸ 근로소득 간이세액표

이 경우 근로소득 간이세액표는 연말정산시 추가납부 등에 따른 근로자의 부담을 분산하기 위해 월 급여수준과 공제대상 부양가족 수별로 매월 원천징수해야 하는 세액을 정한 표이다.

2) 간이세액표 산출방법

(1) 산출방법

간이세액표의 해당 세액은 종전의 「소득세법」(법률 제13282호 「소득세법」 일부개정법률로 개정되기 전의 것을 말함)에 따른 근로소득공제, 기본공제, 특별소득공제 및 특별세액공제 중 일부, 연금보험료공제, 근로소득세액공제 및 세율을 반영하여 계산한 금액이다.

이 경우 '특별소득공제 및 특별세액공제 중 일부'는 다음의 계산식에 따라 계산한 금액을 소득공제하여 반영한다.

<table>
<tr><th>총급여액</th><th>공제대상가족의 수가 1명인 경우</th><th>공제대상가족의 수가 2명인 경우</th><th colspan="2">공제대상가족의 수가 3명 이상인 경우</th></tr>
<tr><td>3,000만원 이하</td><td>310만원＋연간 총급여액의 4%</td><td>360만원＋연간 총급여액의 4%</td><td>500만원＋연간 총급여액의 7%</td><td rowspan="4">‘ + 연간 총급여액 중 4천만원을 초과하는 금액의 4%</td></tr>
<tr><td>3,000만원 초과 4,500만원 이하</td><td>310만원＋연간 총급여액의 4%－연간 총급여액 중 3천만원을 초과하는 금액의 5%</td><td>360만원＋연간 총급여액의 4%－연간 총급여액 중 3천만원을 초과하는 금액의 5%</td><td>500만원＋연간 총급여액의 7%－연간 총급여액 중 3천만원을 초과하는 금액의 5%</td></tr>
<tr><td>4,500만원 초과 7,000만원 이하</td><td>310만원＋연간 총급여액의 1.5%</td><td>360만원＋연간 총급여액의 2%</td><td>500만원＋연간 총급여액의 5%</td></tr>
<tr><td>7,000만원 초과 1억 2,000만원 이하</td><td>310만원＋연간 총급여액의 0.5%</td><td>360만원＋연간 총급여액의 1%</td><td>500만원＋연간 총급여액의 3%</td></tr>
</table>

(2) 공제대상가족의 수 적용방법

이 경우 공제대상가족의 수를 산정할 때 본인 및 배우자도 각각 1명으로 보아 계산한다.

자녀세액공제와 관련하여 다음과 같이 적용한다.

공제대상가족 중 20세 이하 자녀가 있는 경우의 세액은 다음의 계산식에 따른 공제대상가족의 수에 해당하는 금액으로 한다.

자녀세액공제 적용시 공제대상가족의 수=실제 공제대상가족의 수+20
세 이하 자녀의 수

사례

- 공제대상가족의 수가 3명(20세 이하 자녀가 1명)인 경우에는 '4'의 세액을 적용함.
- 공제대상가족의 수가 4명(20세 이하 자녀가 2명)인 경우에는 '6'의 세액을 적용함.
- 공제대상가족의 수가 5명(20세 이하 자녀가 3명)인 경우에는 '8'의 세액을 적용함.

공제대상가족의 수가 11명을 초과하는 경우의 세액은 다음 '①'의 금액에서 '②'의 금액을 공제한 금액으로 한다.

① 공제대상가족의 수가 11명인 경우의 세액

② (공제대상가족의 수가 10명인 경우의 세액－공제대상가족의 수가 11명인 경우의 세액)×11명을 초과하는 가족의 수

(3) 월급여액 적용방법

원천징수의무자가 근로소득에 해당하는 학자금을 지급하는 때에 원천징수하는 소득세의 계산은 해당 학자금을 제외한 월급여액(비과세 제외)을 기준으로 하여 계산할 수 있다.

(4) 월급여액이 1,000만원 초과하는 경우

월급여액이 1,000만원을 초과하는 경우 간이세액은 다음과 같이 계

산한다.

월급여액	간이세액
10,000천원 초과 14,000천원 이하	(10,000,000원인 경우의 해당 세액)+(10,000,000원을 초과하는 금액 중 98%를 곱한 금액의 35% 상당액)
14,000천원 초과 28,000천원 이하	(10,000천원인 경우의 해당세액)+(1,372,000원)+(14,000천원을 초과하는 금액 중 98퍼센트를 곱한 금액의 38퍼센트 상당액)
28,000천원 초과 45,000천원 이하	(10,000,000원인 경우의 해당세액)+(6,585,600원)+(28,000,000원을 초과하는 금액 중 98퍼센트를 곱한 금액의 40퍼센트 상당액)
45,000천원 초과	(10,000,000원인 경우의 해당세액)+(13,249,600원)+(45,000,000원을 초과하는 금액 중 98퍼센트를 곱한 금액의 42퍼센트 상당액)

(5) 간이세액 적용 특례

기타소득 간이세액표와 달리 근로자가 본인의 연간 세부담 수준에 맞게 원천징수세액을 근로소득 간이세액표에 따른 세액의 80% 또는 120%로 선택할 수 있다(선택하지 않은 경우에는 100% 적용).

사례

월 급여액 300만원인 근로자(4인가족으로 20세 이하 자녀 2명이 있음)인 경우 근로소득 간이세액표에 따른 원천징수세액은 17,100원이나 80% 적용시 원천징수세액은 13,680원이며, 120% 적용시 원천징수세액은 20,500원이다.

이 경우 원천징수방식을 변경하려는 달의 근로소득 지급일 전일까지 '소득세 원천징수세액 조정신청서'를 원천징수의무자에게 제출하거나, 연말정산시 '소득 · 세액공제 신고서'상 원천징수방식을 선택하여 원천징수의무자에게 제출하여야 하며 원천징수방식을 변경한 경우에는 변경한 날부터 해당 과세기간 종료일까지는 계속 적용하여야 한다.

1~7월	8월~12월
간이세액의 100% 적용	간이세액의 120% 적용
7월 원천징수방식변경 신청(120%)	* 과세기간 종료일까지 계속 적용
근로자 → 원천징수의무자	
소득세 원천징수세액 조정신청서	

5 원천징수 및 신고

(1) 월별 납부

① 원천징수세액 신고방법

종교단체는 종교인소득을 지급할 때 근로소득 또는 기타소득으로 소득세를 원천징수한 후 징수한 달의 다음 달 10일까지 원천징수이행상황신고서를 관할 세무서 또는 홈택스로 제출한다.

이 경우 원천징수이행상황신고서에는 원천징수하여 납부할 세액이 없는 자에 대한 것도 포함하여야 한다.

종교인소득 원천징수 유의사항

종교단체는 종교인에게 지급하는 종교인소득뿐만 아니라 소속 직원들에게 지급한 근로소득에 대해서는 소득세를 원천징수하여 납부하여야 한다.

※ 종교단체에서 소속 종교인과 직원들에 대해 일괄로 원천징수를 하고 연말정산을 하게 되면, 종교인이 개별적으로 종합소득세를 신고하는 불편함과 번거로움을 줄일 수 있음

② 원천징수세액 납부

종교단체는 원천징수한 소득세를 그 징수일이 속하는 달의 다음 달 10일까지 원천징수이행상황신고서 및 납부서를 작성하여 원천징수 관할 세무서로 제출한 후, 은행 또는 체신관서에 납부하여야 한다.

2018년 1월 종교인소득을 지급

2018년 1월 종교인소득을 지급시 근로소득 또는 기타소득 간이세액표에 따른 세금을 원천징수한 후 2018.2.10.까지 원천징수이행상황신고서 및 납부서를 작성하여 세무서(또는 홈택스)로 제출한 후 은행 등에 원천징수 세액을 납부하여야 한다.

(2) 반기별납부의 경우

반기별납부 승인·지정을 받은 종교단체는 상반기(1월~6월) 원천징수한 세액을 7월 10일까지, 하반기(7월~12월) 원천징수한 세액을 다음 해 1월 10일까지 납부하여야 하며 원천징수이행상황신고서도 반기별로 제출하여야 한다.

(3) 원천징수이행상황신고서 작성 · 제출 방법

원천징수는 소득금액 또는 수입금액을 지급할 때 그 지급자가 지급받는 자가 부담할 세액을 국가를 대신하여 미리 징수하는 것으로, 이 경우 종교단체가 원천징수내역을 신고하기 위해 '원천징수이행상황신고서'를 작성하여야 한다.

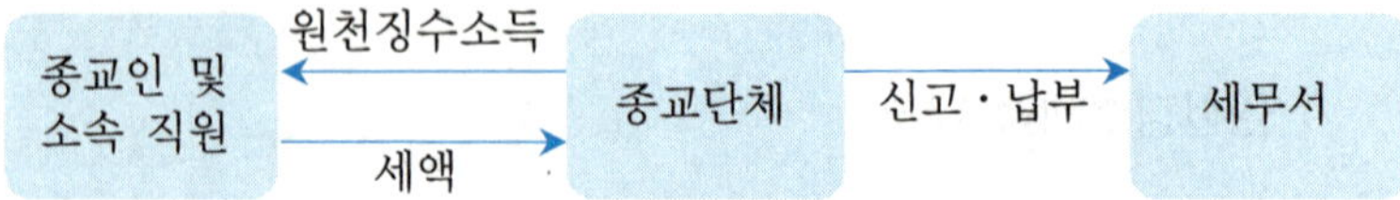

'원천징수이행상황신고서' 기재사항

종교단체는 원천징수이행상황신고서 작성시 원천징수의무자, 원천징수 소득별 지급인원, 총지급액, 징수세액 등을 기재하여야 한다.

(1) ① **신고구분란**

① 신고구분					
매월	반기	수정	연말	소득처분	환급신청

- 매월분 신고서는 "매월"에, 반기별 신고서는 "반기"에 "○" 표시
- 매월분 신고서에 계속 근무자의 연말정산분이 포함된 경우에는 "매월" 및 "연말"란 두 곳에 모두 "○" 표시

> 원천세 월별 납부자의 경우 3월 10일까지 세무서에 제출하는 원천징수이행상황신고서의 경우 "연말정산"과 "매월분"에 "○" 표시를 한다.

- 원천징수세액을 환급신청하려는 경우 "환급신청"란에 "○" 표시하고 ㉑환급신청액을 표기한 후 원천징수세액환급신청서 부표를 작성하여야 한다.

(2) ② **귀속연월란**

소득이 발생하는 연월을 기재한다.

다만, 반기별납부자는 반기 개시월(×8년 1월, ×8년 7월)을 기재하고, 소득처분의 경우 귀속연월은 대상 소득에 대한 당초 귀속연월, 2018년 귀속 근로소득 연말정산의 경우 귀속연월은 2019년 2월로 기재한다.

(3) ③ **지급연월란**

원천징수 대상 소득을 지급한 월을 기재한다.

다만, 반기별납부자는 반기 종료월(2018년 6월 또는 12월)을 기재하고, 2018년 귀속 근로소득 연말정산의 경우 지급연월은 2019년 2월로 기재한다.

〈원천세 반기별 납부자의 귀속연월 및 지급연월 기재 방법〉

구 분	귀속연월	지급연월
2018년 상반기(1월~6월) 지급액 (원천징수세액)	2018년 1월	2018년 6월
2018년 하반기(7월~12월) 지급액 (원천징수세액)	2018년 7월	2018년 12월

(4) ④ **인원란**

원천징수대상 소득을 지급받는 자의 인원수를 기재하여야 한다.

(5) ⑤ **총지급액란**

비과세 및 과세미달을 포함한 총지급액을 기재하여야 한다.

근로소득의 경우에는 「소득세법 시행령」 제214조(지급명세서 제출의 면제 등) 제1항 제2호의 2, 제2호의 3에 해당하는 금액은 총지급액에서 제외하여 작성하여야 한다.

이 경우 원천징수이행상황신고서상 총지급액 합계와 지급명세서상 총지급액 합계가 동일해야 한다.

(6) **징수세액(⑥~⑧)란**

원천징수의무자가 소득을 지급시 원천징수하는 ⑥ 소득세 등(원천징수한 법인세 포함), ⑦ 농어촌특별세, ⑧ 가산세로 구성되어 있다.

원천징수의무자는 원천징수 대상 소득별로 해당되는 코드에 맞추어 각 소득별로 발생한 납부 또는 환급할 세액을 기재한다. 환급할 세액은 해당란에 "△" 표시하여 기재하고 ⑧ 가산세란은 원천징수 대상 세액을 과소납부하거나 지연납부에 따른 원천징수납부불성실가산세로 소득세·법인세 또는 농어촌특별세의 가산세가 있는 경우 이를 기재하여야 한다.

총합계(A99)행의 ⑥~⑧란에 소득별 가감계(A10, A20, A30, …)를 합산기재하며, 이때 ⑥ 소득세 등란에 "△"표시된 세액은 총합계(A99의 ⑥~⑪란) 계산시에는 포함하지 아니하고, 그 합계액은 [2. 환급세액조정 ⑮일반환급란]에 별도로 기재하여야 한다.

소득세등 징수세액의 총합계가 ⑱조정대상환급세액보다 많은 경우에는 ⑱ 조정대상환급세액란의 금액을 ⑨ 당월조정환급세액란에 코드 [A10, A20, …] 순서대로 적어 조정환급하고, 잔액은 납부세액(⑩·⑪)란에 기재하고, 납부세액란에는 △세액은 기재하지 아니한다.

* ⑨ 당월조정환급세액란은 △세액이 있는 경우, 납부할 세액과 상계내역을 기재

(7) **환급세액 조정**

징수세액의 총합계가 환급할 세액인 ⑱ 조정대상환급세액보다 작은 경우에는 징수세액 총합계를 한도로 위와 같은 방법으로 조정하여 환급하고, ⑱ 조정대상환급세액의 나머지는 납부세액(⑩·⑪)란에 기재하지 아니하고 ⑳ 차월이월환급세액에 기재하여야 한다.

총합계(A99)코드의 ⑨ 당월조정환급세액(당월조정환급세액의 합계액)을 ⑲ 당월조정환급세액계란에 그대로 옮겨 기재한다.

납부세액의 ⑩ 소득세 등(가산세 포함)과 ⑪ 농어촌특별세란에는 소득세·법인세 또는 농어촌특별세의 가산세가 있는 경우 이를 포함하여 기재하여야 한다.

⑳ 차월이월환급세액 중 환급받고자 하는 금액을 ㉑ 환급신청액에 적고 원천징수세액환급신청서 부표를 작성(부표를 작성하지 아니한 경우 신고서 오류 발생)하여야 한다.

(4) 원천징수세액 납부

종교단체가 원천징수한 세액은 다음 달 10일(반기별 신고 · 납부 승인의 경우 7월 10일, 1월 10일)까지 은행 · 우체국 등 가까운 금융기관에 납부하여야 한다.

신용카드 등에 의한 국세납부(국세기본법 제46조의 2)

모든 국세를 납부할 수 있으며 다음의 방법으로 납부
－관할세무서에서 직접 신용카드로 국세납부
－신용카드 국세납부 홈페이지(www.cardrotax.or.kr)를 통해 납부

6 작성 사례

(1) 종교인소득을 소속직원과 함께 근로소득으로 신고하는 경우

간이세액(A01)	매월 급여 지급액 및 원천징수한 내역을 기재
중도퇴직(A02)	연도 중 중도퇴사자의 연말정산 내역을 기재
일용근로(A03)	일용근로자에게 지급한 일당 및 원천징수 내역을 기재
연말정산(A04)	연도말까지 계속 근로자에 대한 연말정산한 내역을 기재

① 간이세액(A01)

종교단체가 종교인 및 소속 직원에게 지급하는 매월 급여에 대해서는 근로소득 간이세액표에 따른 소득세를 원천징수하여 간이세액(A01)란에 인원, 총지급액, 원천징수세액을 기재한다.

② 중도퇴직(A02)

종교단체가 근로소득으로 신고하던 종교인 및 소속 직원 중 연도 중에 퇴직하는 경우 해당연도 1월 1일부터 퇴직일까지의 급여소득에 대해 연말정산을 하여 중도퇴직(A02)란에 해당되는 인원, 총지급액, 원천징수세액을 기재한다.

이 경우 총지급액은 해당연도 1월 1일부터 퇴직일까지 급여의 합계액을, 원천징수세액은 연말정산 결과 결정세액에서 이미 납부한 세액을 차감한 차감납부세액 또는 환급세액을 기재한다.

③ 연말정산(A04)

종교단체가 근로소득으로 신고하던 종교인 및 소속 직원에 대해 연말정산을 하는 경우 해당연도 1월 1일부터 12월 31일까지의 급여소득에 대해 연말정산을 하여 연말정산(A04)란에 해당되는 인원, 총지급액, 원천징수세액을 기재한다.

이 경우 총지급액은 해당연도 1월 1일부터 12월 31일까지 급여의 합계액을, 원천징수세액은 연말정산 결과 결정세액에서 이미 납부한 세액을 차감한 차감납부세액 또는 환급세액을 기재한다.

사례

종교인 3명, 지급액 12,000,000원, 원천징수세액 780,000원
소속직원 7명, 지급액 15,000,000원, 원천징수세액 650,000원

소득자 소득구분			코드	원천징수명세				
				소득지급 (과세 미달, 일부 비과세 포함)		징수세액		
				④ 인원	⑤ 총지급액	⑥ 소득세 등	⑦ 농어촌특별세	⑧ 가산세
근로소득	간이세액		A01	10	27,000,000	1,430,000		
	중도퇴사		A02					
	일용근로		A03					
	연말정산	합계	A04					
		분납신청	A05					
		납부금액	A06					
	가감계		A10	10	27,000,000	1,430,000		

(2) 종교인소득은 기타소득으로, 소속직원은 근로소득으로 신고하는 경우

〈종교인소득〉

매월징수(A43)	종교인소득 매월 지급액 및 원천징수한 내역을 기재
연말정산(A44)	연도말까지 종사한 종교인에 대한 연말정산한 내역을 기재

① 간이세액(A43)

종교단체가 종교인에게 지급하는 매월 지급액에 대해서는 기타소득 간이세액표에 따른 소득세를 원천징수하여 간이세액(A43)란에 인

원, 총지급액, 원천징수세액을 기재한다.

② 연말정산(A44)

종교단체가 기타소득으로 신고하던 종교인에 대해 연말정산을 하는 경우 해당연도 1월 1일부터 12월 31일까지의 종교인소득에 대해 연말정산을 하여 연말정산(A44)란에 해당되는 인원, 총지급액, 원천징수세액을 기재한다.

이 경우 총지급액은 해당연도 1월 1일부터 12월 31일까지 급여의 합계액을, 원천징수세액은 연말정산 결과 결정세액에서 이미 납부한 세액을 차감한 차감납부세액 또는 환급세액을 기재한다.

사례

종교인 3명, 지급액 12,000,000원, 원천징수세액 550,000원
소속직원 7명, 지급액 15,000,000원, 원천징수세액 650,000원

소득자 소득구분			코드	원천징수명세				
				소득지급 (과세 미달, 일부 비과세 포함)		징수세액		
				④ 인원	⑤ 총지급액	⑥ 소득세 등	⑦ 농어촌 특별세	⑧ 가산세
근로소득	간이세액		A01	7	15,000,000	650,000		
근로소득	중도퇴사		A02					
근로소득	일용근로		A03					
근로소득	연말정산	합계	A04					
근로소득	연말정산	분납신청	A05					
근로소득	연말정산	납부금액	A06					
근로소득	가감계		A10	7	15,000,000	650,000		
기타소득	연금계좌		A41					
기타소득	종교인 소득	매월징수	A43	3	12,000,000	550,000		
기타소득	종교인 소득	연말정산	A44					
기타소득	그 외		A42					
기타소득	가감계		A40	3	12,000,000	550,000		

07 Chapter 소득금액과 연말정산

1 소득금액 산출

근로소득은 총급여에서 근로소득공제금액을 차감한 금액이 근로소득금액이고, 기타소득은 총수입금액에서 필요경비를 차감한 금액이 기타소득금액이다.

> 근로소득금액=총급여액－근로소득금액
> 기타소득금액=총수입금액－필요경비

(1) 기타소득금액

기타소득금액은 해당 과세기간의 총수입금액에서 이에 사용된 필요경비를 공제한 금액으로 한다.

신고유형	기타소득
과세대상	종교인이 종교활동과 관련하여 종교단체로부터 받는 소득
비과세소득	• 종교 관련 본인의 학자금 • 월 10만원 이내의 식사비 또는 현물식사

<table>
<tr><th>신고유형</th><th>기타소득</th></tr>
<tr><td></td><td>• 종교활동비 등 실비변상적 급여
• 6세 이하 보육수당
• 사택제공이익 등</td></tr>
<tr><td>총수입금액</td><td>=연간 소득 합계액－비과세소득</td></tr>
<tr><td>필요경비</td><td><table><tr><th>과세소득</th><th>필요경비율</th></tr><tr><td>2천만원 이하</td><td>80%</td></tr><tr><td>4천만원 이하</td><td>50%</td></tr><tr><td>6천만원 이하</td><td>30%</td></tr><tr><td>6천만원 초과</td><td>20%</td></tr></table>(사례) 과세소득 4천만원인 경우 2천6백만원이 필요경비가 인정되어 기타소득금액은 1천4백만원임</td></tr>
<tr><td>기타소득 금액</td><td>=총수입금액－필요경비</td></tr>
</table>

종교인소득에 대해서는 종교관련종사자가 해당 과세기간에 받은 금액(「소득세법」 제12조 제5호 아목에 따른 비과세소득을 제외) 중 다음 표에 따른 금액을 필요경비로 한다.

다만, 실제 소요된 필요경비가 다음 표에 따른 금액을 초과하면 그 초과하는 금액도 필요경비에 산입한다.

과세소득	필요경비율
2천만원 이하	80%
4천만원 이하	50%
6천만원 이하	30%
6천만원 초과	20%

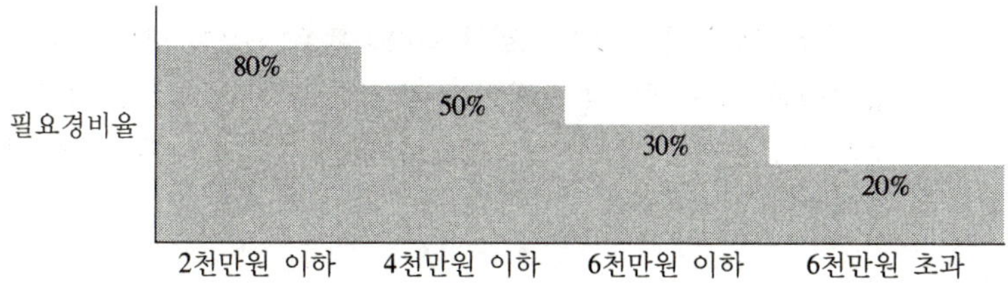

사례

종교인소득 총수입금액이 5천만원인 경우 필요경비 및 소득금액 계산

구 분	계 산
총수입금액	50,000,000원
필요경비	20,000,000원×80%+(40,000,000원−20,000,000)×50%+(50,000,000−40,000,000원)×30%=16,000,000원+10,000,000원+3,000,000원=29,000,000원
기타소득금액	21,000,000원=50,000,000원−29,000,000원

(2) 근로소득금액

근로소득금액은 연간 근로소득의 금액의 합계액(비과세소득의 금액은 제외, 이하 "총급여액"이라 함)에서 「소득세법」 제47조에 따른 근로소득공제를 적용한 금액으로 한다.

이 경우 근로소득은 해당 과세기간에 발생한 다음의 소득으로 한다.

- 근로를 제공함으로써 받는 봉급·급료·보수·세비·임금·상여·수당과 이와 유사한 성질의 급여
- 법인의 주주총회·사원총회 또는 이에 준하는 의결기관의 결의에 따라 상여로 받는 소득
- 「법인세법」에 따라 상여로 처분된 금액

- 퇴직함으로써 받는 소득으로서 퇴직소득에 속하지 아니하는 소득
- 종업원등 또는 대학의 교직원이 지급받는 직무발명보상금(기타소득으로 분류되는 「소득세법」 제21조 제1항 제22호의 2에 따른 직무발명보상금은 제외)

<table>
<tr><th>신고유형</th><th>근로소득</th></tr>
<tr><td>과세대상</td><td>종교인이 종교활동과 관련하여 종교단체로부터 받는 소득</td></tr>
<tr><td>비과세소득</td><td>• 업무 관련 정규교육기관 본인학자금
• 월 10만원 이내의 식사비 또는 현물 식사
• 실비변상적 급여
• 종교활동비
• 6세 이하 보육수당
• 사택제공이익 등</td></tr>
<tr><td>총급여액</td><td>연간 근로소득의 금액의 합계액－비과세소득</td></tr>
<tr><td>근로소득
공제금액</td><td><table>
<tr><th>총급여</th><th>근로소득공제</th></tr>
<tr><td>5백만원 이하</td><td>70%</td></tr>
<tr><td>1천5백만원 이하</td><td>40%</td></tr>
<tr><td>4천5백만원 이하</td><td>15%</td></tr>
<tr><td>1억원 이하</td><td>5%</td></tr>
<tr><td>1억원 초과</td><td>2%</td></tr>
</table></td></tr>
<tr><td>근로소득
금액</td><td>총급여액－근로소득공제금액
총급여 4천만원인 경우 1,125만원이 공제되어 근로소득금액은 2,875만원임</td></tr>
</table>

근로소득이 있는 거주자에 대해서는 해당 과세기간에 받는 총급여액에서 다음의 금액을 공제한다.

총급여	근로소득공제
5백만원 이하	총급여액의 70%

총급여	근로소득공제
1천5백만원 이하	350만원+(500만원을 초과하는 금액의 40%)
4천5백만원 이하	750만원+(1,500만원을 초과하는 금액의 15%)
1억원 이하	1,200만원+(4,500만원을 초과하는 금액의 5%)
1억원 초과	1,475만원+(1억원을 초과하는 금액의 2%)

2인 이상으로부터 근로소득을 받는 사람(일용근로자는 제외)에 대하여는 그 근로소득의 합계액을 총급여액으로 하여 계산한 근로소득공제액을 총급여액에서 공제한다.

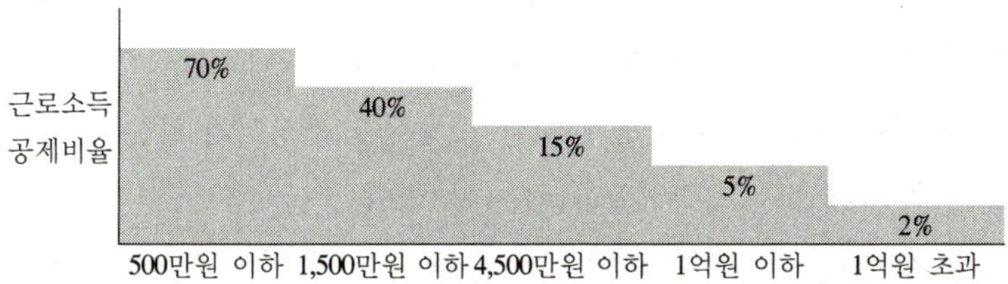

사례

총급여액이 5천만원인 경우 근로소득공제금액 및 소득금액 계산

구 분	계 산
총급여액	50,000,000원
근로소득공제금액	5,000,000×70%=3,500,000 10,000,000×40%=4,000,000 30,000,000×15%=4,500,000 5,000,000×5%=250,000 (합계)=12,250,000
기타소득금액	37,750,000원=50,000,000원-12,250,000원

2 연말정산

종교단체가 매월 지급시 원천징수한 종교인소득에 대한 세액은 예납적 원천징수에 따른 세액으로 연말정산 또는 종합소득세 과세표준 확정신고를 거쳐 세액을 확정 및 정산하여야 한다.

연말정산과 종합소득세 과세표준 확정신고는 소득에 대한 세금을 확정하는 절차로 연말정산 대상 소득만 있는 경우 연말정산에 의해 세금이 확정되는 경우 종합소득세 과세표준 확정신고를 하지 않아도 되나, 연말정산에 의해 세금이 확정되지 않았거나 다른 소득이 있어 연말정산만으로 연간 소득에 대한 소득세가 확정되지 않는 경우 종합소득세 과세표준 확정신고를 하여야 한다.

종교단체는 종교인소득에 대해 원천징수 및 연말정산 이행을 선택할 수 있으며 원천징수 및 연말정산을 이행하는 경우에도 기타소득 또는 근로소득 중 선택할 수 있다.

신고유형	기타소득	근로소득
과세대상	종교인이 종교활동과 관련하여 종교단체로부터 받는 소득	
비과세소득	• 종교 관련 본인의 학자금 • 월 10만원 이내의 식사비 또는 현물식사 • 종교활동비 등 실비변상적 급여 • 6세 이하 보육수당 • 사택제공이익 등	• 업무 관련 정규교육기관 본인학자금 • 월 10만원 이내의 식사비 또는 현물 식사 • 실비변상적 급여 • 종교활동비 • 6세 이하 보육수당 • 사택제공이익 등

<table>
<tr><th>신고유형</th><th>기타소득</th><th>근로소득</th></tr>
<tr><td>필요경비</td><td><table><tr><th>과세소득</th><th>필요경비율</th></tr><tr><td>2천만원 이하</td><td>80%</td></tr><tr><td>4천만원 이하</td><td>50%</td></tr><tr><td>6천만원 이하</td><td>30%</td></tr><tr><td>6천만원 초과</td><td>20%</td></tr></table>과세소득 4천만원인 경우 2천6백만원이 필요경비가 인정되어 기타소득금액은 1천4백만원임</td><td><table><tr><th>총급여</th><th>근로소득공제</th></tr><tr><td>5백만원 이하</td><td>70%</td></tr><tr><td>1천5백만원 이하</td><td>40%</td></tr><tr><td>4천5백만원 이하</td><td>15%</td></tr><tr><td>1억원 이하</td><td>5%</td></tr><tr><td>1억원 초과</td><td>2%</td></tr></table>총급여 4천만원인 경우 1,125만원이 공제되어 근로소득금액은 2,875만원임</td></tr>
<tr><td>소득공제</td><td>• 인적공제(기본공제, 추가공제)
• 국민연금보험료 등</td><td>• 인적공제(기본공제, 추가공제)
• 특별소득공제(건강보험료, 주택자금 등)
• 주택마련저축납입액 공제
• 신용카드 등 사용금액 공제 등</td></tr>
<tr><td>세액공제</td><td>• 자녀세액공제
• 기부금세액공제
• 연금계좌세액공제
• 표준세액공제(7만원)</td><td>• 자녀세액공제
• 월세세액공제
• 특별세액공제(의료비, 교육비, 보험료)
* 특별세액공제 및 세액공제의 합계액이 표준세액 13만원보다 적은 경우 13만원 적용</td></tr>
</table>

소득구분별로 연말정산 세액은 다음과 같이 계산한다.

<table>
<tr><th colspan="2">구 분</th><th>기타소득</th><th>근로소득</th></tr>
<tr><td colspan="2">총수입금액
(비과세소득
제외)</td><td>연간 지급액－비과세소득</td><td>연간 근로소득－비과세소득
＝총급여액</td></tr>
<tr><td colspan="2">필요경비</td><td>필요경비(20～80%)<table><tr><th>과세소득</th><th>필요
경비율</th></tr><tr><td>2천만원 이하</td><td>80%</td></tr><tr><td>4천만원 이하</td><td>50%</td></tr><tr><td>6천만원 이하</td><td>30%</td></tr><tr><td>6천만원 초과</td><td>20%</td></tr></table></td><td>근로소득공제(2～70%)<table><tr><th>총급여</th><th>근로
소득
공제</th></tr><tr><td>5백만원 이하</td><td>70%</td></tr><tr><td>1천5백만원 이하</td><td>40%</td></tr><tr><td>4천5백만원 이하</td><td>15%</td></tr><tr><td>1억원 이하</td><td>5%</td></tr><tr><td>1억원 초과</td><td>2%</td></tr></table></td></tr>
<tr><td colspan="2">소득금액</td><td>기타소득금액</td><td>근로소득금액</td></tr>
<tr><td>소
득
공
제</td><td>인적공제</td><td>기본공제
(본인, 부양가족 1인당 150만원)
추가공제<table><tr><th>구 분</th><th>공제금액</th></tr><tr><td>경로우대</td><td>100만원</td></tr><tr><td>장애인</td><td>200만원</td></tr><tr><td>부녀자</td><td>50만원</td></tr><tr><td>한부모</td><td>100만원</td></tr></table>* 한부모추가공제는 부녀자추가공제와 중복하여 공제받을 수 없음(중복 시 한부모 공제 적용)</td><td>기본공제
(본인, 부양가족 1인당 150만원)
추가공제<table><tr><th>구 분</th><th>공제금액</th></tr><tr><td>경로우대</td><td>100만원</td></tr><tr><td>장애인</td><td>200만원</td></tr><tr><td>부녀자</td><td>50만원</td></tr><tr><td>한부모</td><td>100만원</td></tr></table>* 한부모추가공제는 부녀자추가공제와 중복하여 공제받을 수 없음(중복 시 한부모 공제 적용)</td></tr>
</table>

구 분		기타소득	근로소득
	공적연금 보험료 공제	본인 명의로 부담한 국민연금 등의 보험료 전액	본인 명의로 부담한 국민연금 등의 보험료 전액
	특별공제	적용할 공제대상 없음	• 국민건강보험료, 고용보험료, 노인장기요양보험료 : 전액공제 • 주택임차차입금원리금상환액소득공제 : 연 300만원 한도 • 장기주택저당차입금 이자상환액소득공제 : 연 300만원(최대 1,800만원) 한도
	그밖의 소득공제 (조특법)	• 개인연금저축 납입액 소득공제(40%) : 연 72만원 한도 • 중소기업창업투자조합 출자 등에 따른 소득공제 (10%, 30%, 50%, 100%) : 소득금액의 50% 한도	• 개인연금저축 납입액 소득공제(40%) : 연 72만원 한도 • 중소기업창업투자조합 출자 등에 따른 소득공제 (10%, 30%, 50%, 100%) : 소득금액의 50% 한도 • 주택마련저축공제 납입액 소득공제(40%) : 연 300만원 한도 • 신용카드 등 사용금액 소득공제 등
과세표준		기타소득금액 소득공제 합계액 =과세표준	근로소득금액 소득공제 합계액 =과세표준

<table>
<tr><th colspan="2">구 분</th><th>기타소득</th><th>근로소득</th></tr>
<tr><td colspan="2">세율(8～42%)</td><td colspan="2"><table>
<tr><th>과세표준 구간</th><th>적용 세율</th></tr>
<tr><td>1,200만원 이하</td><td>6%</td></tr>
<tr><td>1,200만원 초과
4,600만원 이하</td><td>72만원+(1,200만원을 초과하는 금액의 15%)</td></tr>
<tr><td>4,600만원 초과
8,800만원 이하</td><td>582만원+(4,600만원을 초과하는 금액의 24%)</td></tr>
<tr><td>8,800만원 초과
1억5천만원 이하</td><td>1,560만원+(8,800만원을 초과하는 금액의 35%)</td></tr>
<tr><td>1억5천만원 초과
3억원 이하</td><td>3,760만원+(1억5천만원을 초과하는 금액의 38%)</td></tr>
<tr><td>3억원 초과
5억원 이하</td><td>9,460만원+(3억원을 초과하는 금액의 40%)</td></tr>
<tr><td>5억원 초과</td><td>1억7,460만원+(5억원을 초과하는 금액의 42%)</td></tr>
</table></td></tr>
<tr><td colspan="2">산출세액</td><td colspan="2">과세표준×세율(8～42%)</td></tr>
<tr><td rowspan="4">세액공제</td><td>근로소득</td><td>×</td><td>○(50～74만원 한도 적용)</td></tr>
<tr><td>외국납부</td><td colspan="2">국외원천소득 관련 외국에 납부한 세액에 대해 국외원천소득비율을 한도 적용</td></tr>
<tr><td>자녀</td><td colspan="2">• 기본공제대상자 자녀 1명 15만원, 2명 30만원, 3명 이상 (30만원+2명 초과 1명당 30만원)
• 출생 · 입양 : 첫째 30만원, 둘째 50만원, 셋째 이상 70만원</td></tr>
<tr><td>연금계좌</td><td colspan="2"><table>
<tr><th>총급여</th><th>한도 합계</th><th>연금저축 계좌</th><th>퇴직연금 계좌</th></tr>
<tr><td>5천5백만원 이하(15%)</td><td>700만원</td><td rowspan="2">～
400만원</td><td rowspan="2">～
700만원</td></tr>
<tr><td>1억2천만원 이하(12%)</td><td>700만원</td></tr>
</table></td></tr>
</table>

<table>
<tr><th colspan="3">구 분</th><th>기타소득</th><th>근로소득</th></tr>
<tr><td colspan="3"></td><td colspan="2"><table><tr><td>1억2천만원 초과(12%)</td><td>700만원</td><td>~
300만원</td><td>~
700만원</td></tr></table></td></tr>
<tr><td></td><td rowspan="3">특별세액공제</td><td>보험료</td><td>×</td><td>○
• 일반보장성보험료(100만원) : 12%
• 장애인전용보장성보험료(100만원) : 15%</td></tr>
<tr><td></td><td>의료비</td><td>×</td><td>○
• 최저사용금액(총급여의 3%)을 초과하는 의료비 지출액에 대해 15%(난임시술비의 경우 20%)
• 최저사용금액을 초과하는 본인·65세·장애인을 위해 지출한 의료비, 난임시술비는 지출액에 한도 없이 세액공제
• 그 외 지출한 의료비는 700만원 한도 적용</td></tr>
<tr><td></td><td>교육비</td><td>×</td><td>• 교육비 지출액의 15%<table><tr><th colspan="2">구 분</th><th>한도</th></tr><tr><td rowspan="3">부양가족</td><td>초·중·고</td><td>1명당 300만원</td></tr><tr><td>대학생</td><td>1명당 900만원</td></tr><tr><td>장애인</td><td>특수교육비 한도 없음</td></tr><tr><td colspan="2">본인*</td><td>한도 없음</td></tr></table></td></tr>
</table>

구 분	기타소득	근로소득
		* 대학원, 학자금원리금상환액
기부금	(아래 표 참조)	

종류	공제한도	세액공제율
①정치자금 기부금	근로소득금액의 100%	• 10만원 이하 : 100/110 • 10만원 초과 : 15%(3천만원 초과분은 25%)
②법정기부금	(근로소득금액－①)×100%	법정기부금＋우리사주조합기부금＋지정기부금 : 15%(2천만원 초과분 30%)
③우리사주조합 기부금	(근로소득금액－①－②)×30%	
④지정기부금 (종교단체 외)	(근로소득금액－①－②－③)×30%	
⑤종교단체지정 기부금	(근로소득금액－①－②－③)×10%	

구 분	기타소득	근로소득
표준세액공제	7만원	특별소득공제 및 특별세액공제를 신청하지 아니한 경우 : 13만원
월세액	×	무주택세대주로서 총급여액이 7천만원 이하인 경우 월세액(연 750만원 이내)을 지급하는 경우 그 금액의 100분의 10[해당 과세기간의 총급여액이 5천500만원 이하인 경우에는 100분의 12]

구 분	기타소득	근로소득
결정세액	산출세액 세액공제 =결정세액	
기납부세액	매월 지급시 기타소득 간이세액표 등에 따라 원천징수한 소득세 합계액	매월 지급시 근로소득 간이세액표 등에 따라 원천징수한 소득세 합계액
차가감 세액	결정세액 기납부세액 =추가납부 또는 환급할 세액	

3 기타소득 연말정산

1 연말정산 개요

종교인소득을 지급하고 그 소득세를 원천징수하는 자는 해당 과세기간의 다음 연도 2월분의 종교인소득을 지급할 때(2월분의 종교인소득을 2월 말일까지 지급하지 아니하거나 2월분의 종교인소득이 없는 경우에는 2월 말일로 함) 또는 해당 종교관련종사자와의 소속관계가 종료되는 달의 종교인소득을 지급할 때 해당 과세기간의 종교인소득에 대하여 세액정산을 위해 연말정산 절차를 거쳐 계산한 금액을 원천징수한다.

연말정산	구분	시기
연말정산	계속 소속관계가 유지되는 경우	다음 연도 2월분소득을 지급할 때
	중도에 소속관계가 종료된 경우	소속 관계가 종료되는 달의 소득을 지급할 때

이 경우 종교관련종사자가 해당 과세기간에 받은 금액에서 「소득세법 시행령」 제87조 제3호에 따른 필요경비를 공제하고 「소득세법」 제145조의 3 제2항 및 같은 법 제144조의 3에 따라 신고한 종합소득공제를 적용한 금액을 종합소득과세표준으로 하여 종합소득산출세액을 계산하고, 그 종합소득산출세액에서 「소득세법」 및 「조세특례제한법」에 따른 세액공제를 적용한 후 해당 과세기간에 이미 원천징수하여 납부한 소득세를 공제하고 남은 금액을 말한다.

① 기타소득금액 계산

기타소득금액＝총수입금액－필요경비

구 분		내 용
	종교인소득 총수입금액	비과세소득 제외 －종교 관련 본인의 학자금 －월 10만원 이내의 식사비 또는 현물식사 －종교활동비 등 실비변상적 급여 －6세 이하 보육수당 －사택제공이익 등

<table>
<tr><th colspan="2">구 분</th><th>내 용</th></tr>
<tr><td>－</td><td>필요경비</td><td>「소득세법 시행령」 제87조 제3호
<table><tr><th>과세소득</th><th>필요경비율</th></tr><tr><td>2천만원 이하</td><td>80%</td></tr><tr><td>4천만원 이하</td><td>50%</td></tr><tr><td>6천만원 이하</td><td>30%</td></tr><tr><td>6천만원 초과</td><td>20%</td></tr></table></td></tr>
<tr><td>＝</td><td>종교인소득금액</td><td>총수입금액－필요경비</td></tr>
</table>

② 과세표준 계산

과세표준＝기타소득금액－인적공제－연금보험료공제－특별소득공제－그밖의 소득공제＋소득공제등 종합한도 초과액

<table>
<tr><th colspan="2">구 분</th><th>내 용</th></tr>
<tr><td colspan="2">종교인
소득금액</td><td>총수입금액－필요경비</td></tr>
<tr><td>－</td><td>인적공제</td><td>본인, 공제요건을 충족한 기본공제대상자인 배우자 및 부양가족에 대한 기본공제, 추가공제
① 기본공제
본인, 배우자 및 생계를 같이하는 부양가족(연간 소득금액 100만원 이하, 근로소득만 있는 경우 총급여 500만원 이하)에 대해 1인당 연 150만원 공제
• 나이요건(장애인은 나이요건 제한 없음)
<table><tr><th>부양
가족</th><th>직계
존속</th><th>직계
비속</th><th>형제
자매</th><th>위탁
아동</th><th>수급자</th></tr><tr><td>나이
요건</td><td>60세
이상</td><td>20세
이하</td><td>20세 이하
60세 이상</td><td>18세
미만</td><td>제한
없음</td></tr></table></td></tr>
</table>

<table>
<tr><th colspan="2">구 분</th><th>내 용</th></tr>
<tr><td></td><td></td><td>② 추가공제
기본공제대상자가 다음에 해당하는 경우 추가공제
<table>
<tr><th>공제대상</th><th>경로우대
(70세 이상)</th><th>장애인</th><th>부녀자
(부양/기혼)</th><th>한부모*</th></tr>
<tr><td>공제금액</td><td>100만원</td><td>200만원</td><td>50만원</td><td>100만원</td></tr>
</table>
* 한부모 공제와 부녀자공제는 중복 적용배제(중복 시 한부모 공제 적용</td></tr>
<tr><td>–</td><td>연금보험료
공제</td><td>공적연금(국민연금, 공무원연금 등)의 본인 부담금 : 전액 공제
<table>
<tr><th>국민연금</th><th>연금보험료(전체)</th><th>근로자</th><th>사업주</th></tr>
<tr><td>기준 소득월액</td><td>9%</td><td>4.5%</td><td>4.5%</td></tr>
</table>
총액＝기준소득월액×9%(연금보험율)
(예) 기준소득월액은 최저 29만원에서 최고금액은 449만원까지의 범위로 결정하게 된다.
따라서 신고한 소득월액이 29만원보다 적으면 29만원을 기준소득월액으로 하고, 449만원보다 많으면 449만원을 기준소득월액으로 한다(2017.7.1. 기준).</td></tr>
<tr><td>–</td><td>기부금
(이월분)
소득공제</td><td>기부금 이월분(2013년 이전분)
이월된 법정기부금, 지정기부금 중 공제한도 내 금액</td></tr>
<tr><td>–</td><td>조특법에
따른
소득공제</td><td>개인연금 저축소득공제, 투자조합 출자등 소득공제
－개인연금저축 소득공제(2000.12.31. 이전 가입)
개인연금저축 납입액의 40% 공제(연 72만원 한도)
－중소기업창업투자조합 출자 등 소득공제
중소기업창업투자조합, 벤처기업 등에 투자시 출자·투자 후 2년이 되는 날이 속하는 과세연도까지 1과세연도를 선택하여 공제</td></tr>
</table>

<table>
<tr><th colspan="2">구 분</th><th>내 용</th></tr>
<tr><td></td><td></td><td>
<table>
<tr><th>구 분</th><th>소득공제액</th><th>공제한도액</th></tr>
<tr><td>2016년 이후
출자 · 투자분</td><td>출자금액의 10%
(100%, 50%, 30%)*</td><td>해당 과세연도
종합(근로)소득
금액의 50%</td></tr>
</table>
* 벤처기업 등에 직접투자하는 경우 1,500만원 이하 100%, 5천만원 이하 50%, 5천만원 초과 30%
</td></tr>
<tr><td>+</td><td>소득공제등
종합한도
초과액</td><td>종합한도 대상 소득공제*가 2,500만원을 초과하는 경우 초과금액을 과세표준에 합산
* 종합한도 대상 소득공제 : 소기업 · 소상공인 공제부금, 우리사주조합출연금, 투자조합 등 출자(공제율 30 · 50 · 100% 적용분 제외)</td></tr>
<tr><td>=</td><td>과세표준</td><td>소득금액 − 인적공제 − 기부금(이월분) 소득공제 − 조특법에 따른 소득공제 + 소득공제등 종합한도초과액</td></tr>
</table>

③ 산출세액 계산

과세표준 구간별로 기본세율을 적용하여 산출세액 계산

<table>
<tr><th colspan="2">구 분</th><th>내 용</th></tr>
<tr><td colspan="2">과세표준</td><td>소득금액 − 인적공제 − 기부금(이월분) 소득공제 − 조특법에 따른 소득공제 + 소득공제등 종합한도초과액</td></tr>
<tr><td>×</td><td>기본세율</td><td>과세표준 구간에 따라 6~42% 적용
<table>
<tr><th>과 세 표 준</th><th>세율</th><th>산출세액 계산</th></tr>
<tr><td>1,200만원 이하</td><td>6%</td><td>과세표준의 6%</td></tr>
<tr><td>1,200만원 초과
4,600만원 이하</td><td>15%</td><td>72만원 + 1,200만원
초과금액의 15%</td></tr>
</table>
</td></tr>
</table>

구 분		내 용		
		4,600만원 초과 8,800만원 이하	24%	582만원+4,600만원 초과금액의 24%
		8,800만원 초과 1억5천만원 이하	35%	1,590만원+8,800만원 초과금액의 35%
		1억5천만원 초과 3억원 이하	38%	3,760만원+1억5천만원 초과금액의 38%
		3억원 초과 5억원 이하	40%	9,460만원+3억원을 초과하는 금액의 40%
		5억원 초과	42%	17,460만원 +5억원 초과금액의 42%
=	산출세액	과세표준에 기본세율을 적용		

④ 결정세액 계산

결정세액=산출세액−세액공제

구 분		내 용
산출세액		과세표준에 기본세율을 적용
−	자녀세액 공제	• 기본공제대상 자녀(입양자, 위탁아동 포함) 1명 15만원, 2명 30만원, 3명 이상은 30만원+2명 초과 1명당 30만원 자녀수 | 1명 | 2명 | 3명 세액공제 | 15만원 | 30만원 | 60만원 • 출생 · 입양 : 출생한 연도 또는 입양한 연도에 적용 첫째 30만원, 둘째 50만원, 셋째 이상 70만원

<table>
<tr><th colspan="2">구 분</th><th>내 용</th></tr>
<tr><td></td><td></td><td>
<table>
<tr><th>구 분</th><th>첫째</th><th>둘째</th><th>셋째</th></tr>
<tr><td>세액공제</td><td>30만원</td><td>50만원</td><td>70만원</td></tr>
</table>
</td></tr>
<tr><td>–</td><td>연금계좌
세액공제</td><td>
연금계좌* 납입액(연 400만원, 종합소득금액 1억원 초과자는 연 300만원, 퇴직연금계좌 납입액과 합하여 연 700만원 한도)의 12%(종합소득금액 4,000만원 이하 15%) 세액공제
* 연금계좌 : 연금저축계좌, 퇴직연금계좌(「근로자퇴직급여 보장법」에 따른 확정기여형퇴직연금(DC형) · 개인형퇴직연금(IRP), 과학기술인공제회법에 따른 퇴직연금)
<table>
<tr><th>종합소득금액</th><th>한도합계</th><th>연금저축
계좌</th><th>퇴직연금
계좌</th></tr>
<tr><td>4천만원 이하(15%)</td><td>700만원</td><td rowspan="2">~400만원</td><td rowspan="2">~700만원</td></tr>
<tr><td>1억원 이하(12%)</td><td>700만원</td></tr>
<tr><td>1억원 초과(12%)</td><td>700만원</td><td>~300만원</td><td>~700만원</td></tr>
</table>
</td></tr>
<tr><td>–</td><td>기부금
세액공제</td><td>
유형별 공제한도 이내에서 기본공제대상자(나이제한 없음)인 배우자, 직계존속, 직계비속, 형제자매 등의 기부금액 합계 공제대상(단, 정치자금기부금과 우리사주조합기부금은 본인 지출분만 공제 가능)
• 정치자금기부금 : 10만원 이하 100/110 세액공제, 10만원 초과 3천만원 이하분 15%, 3천만원 초과분 25% 세액공제
• 법정기부금, 우리사주조합기부금, 지정기부금 공제대상을 합하여 2천만원 이하분 15%, 2천만원 초과분 30% 세액공제
• 이월공제 허용 : 법정기부금(5년), 지정기부금(5년)
</td></tr>
<tr><td>–</td><td>표준세액
공제</td><td>7만원</td></tr>
</table>

구 분		내 용
−	외국납부세액공제	외국납부세액을 종합소득 산출세액에서 공제
=	결정세액	산출세액－세액공제

⑤ 차감납부세액 계산

차감납부세액＝결정세액－기납부세액

구 분		내 용
결정세액		산출세액－세액공제
−	기납부세액	종교단체가 소득 지급시 원천징수한 소득세
=	차감납부세액	＝결정세액－기납부세액 결정세액 ＞ 기납부세액 : 차액을 납부 결정세액 ＜ 기납부세액 : 차액을 환급

2 연말정산 절차

1) 종교단체의 종교인소득세액연말정산신청서 제출 등

종교인소득의 원천징수의무자가 「소득세법」 제145조의 3 제1항에 따른 연말정산을 하려는 경우에는 최초로 연말정산을 하려는 해당 과세기간의 종료일까지 종교인소득세액연말정산신청서를 사업장 관할 세무서장에게 제출하여야 한다.

> 예를 들어 2018년 시행되는 종교인소득에 대해 연말정산을 하려는 종교단체는 2018.12.31.까지 '종교인소득세액연말정산신청서'를 세무서에 제출하여야 한다.

종교인소득세액연말정산신청서를 제출한 원천징수의무자가 연말정산을 하지 아니하려는 경우에는 해당 과세기간의 종료일까지 종교인소득세액연말정산포기서를 사업장 관할 세무서장에게 제출하여야 한다.

신청(포기)서는 최초로 종교인소득세액 연말정산을 하려는(연말정산을 하지 아니하려는) 해당 과세기간의 종료일까지 제출하여야 한다.

[별지 제25호의 3 서식] (2017. 3. 10. 신설)

종교인소득세액연말정산신청(포기)서

(앞쪽)

접수번호	접수일자	처리기간 즉시

원천 징수 의무자	① 종교단체명	② 사업자등록번호(고유번호)
	③ 대표자(성명)	④ 주민(법인)등록번호
	⑤ 주소 (전화번호 :)	
	⑥ 종교단체 소재지 (전화번호 :)	

신청(포기)내용								
⑨ 연말정산을 하고자 하는 종교인소득분	년도 소득분부터							
⑩ 연말정산을 하지 않고자 하는 종교인소득분	년도 소득분부터			최초로 연말정산한 과세기간			년도	
세무대리인	성명			전화번호				
	관리번호		–					

「소득세법 시행령」 제202조의 4 제2항에 따라 종교인소득세액 연말정산 신청(포기)서를 제출합니다.

년 월 일

신청인 (서명 또는 인)

세무대리인 (서명 또는 인)

세 무 서 장 귀하

2) 종교인소득원천징수부

원천징수의무자는 종교인소득원천징수부를 갖추어 매월 기록하여야 한다.

이 경우 종교인소득원천징수부를 전산처리된 테이프 또는 디스크 등으로 수록 · 보관하여 항상 출력이 가능한 상태에 둔 때에는 종교인소득원천징수부를 갖추어 기록한 것으로 본다.

일정	구 분	내 용
2019년 2월분 소득 지급시	종교인	다음에 해당하는 서류를 종교단체에 제출 • 소득 · 세액공제신고서 작성 • 소득 · 세액공제 관련 증빙 영수증
	종교단체	종교인으로부터 제출받은 소득 · 세액공제신청내역과 관련 증빙영수증을 검토
연말정산	종교단체	연말정산 세액을 계산하고 종교인에게 연말정산 결과 안내 • 원천징수영수증 발급 • 연말정산 결과에 따라 종교인에게 환급(또는 추가 납부)
2019년 3월 10일까지	종교단체	연말정산 결과를 다음에 해당하는 서류에 작성하여 세무서에 제출 • 지급명세서 • 원천징수이행상황신고서

〈종교단체〉	〈종교단체 →세무서〉	〈종교인〉	〈종교단체〉	〈종교단체 →세무서〉
원천징수 및 종교인소득 원천징수부 비치 · 기록	연말정산 신청서 제출	소득 · 세액공제신고서 작성 및 영수증 제출	종교인이 제출한 신고서 및 영수증 검토, 세액계산	지급명세서와 원천징수이행 상황신고서 제출

3) 종교관련종사자 소득 · 세액 공제신고서 제출

연말정산을 할 때 해당 종교관련종사자가 종합소득공제, 자녀세액공제, 연금계좌세액공제 및 특별세액공제를 적용받으려는 경우에는 해당 과세기간의 다음 연도 2월분의 종교인소득을 받기 전(해당 원천징수의무자와의 소속관계를 종료한 경우에는 종료한 달의 종교인소득을 받기 전을 말함)에 원천징수의무자에게 연말정산 종교관련종사자 소득 · 세액 공제신고서를 제출하여야 한다(소득세법 제145조의 3 제2항).

4) 연말정산 세액계산

종교관련종사자가 해당 과세기간에 받은 금액에서 「소득세법 시행령」 제87조 제3호에 따른 필요경비를 공제하고 「소득세법」 제145조의 3 제2항 및 「소득세법」 제144조의 3에 따라 신고한 종합소득공제를 적용한 금액을 종합소득과세표준으로 하여 종합소득산출세액을 계산하고, 그 종합소득산출세액에서 「소득세법」 및 「조세특례제한법」

에 따른 세액공제를 적용한 후 해당 과세기간에 이미 원천징수하여 납부한 소득세를 공제하고 남은 금액을 말한다.

(1) 인적공제

종교인 본인 및 배우자, 생계를 같이하는 부양가족에 대해 기본공제 및 추가공제 제도를 두고 있으며 이를 총괄하여 '인적공제'라고 한다.

기본공제는 종교인 본인 및 부양가족 각각에 대해 150만원의 공제가 가능하다.

부양가족의 경우 생계요건, 나이요건, 소득요건을 충족한 경우에만 기본공제가 가능하다.

<table>
<tr><th colspan="2">구 분</th><th>공제금액</th><th colspan="3">공 제 요 건</th></tr>
<tr><td colspan="2" rowspan="8">기본공제</td><td rowspan="8">1명당
150만원</td><td>구분</td><td>소득요건*1</td><td>나이요건*2</td></tr>
<tr><td>본인</td><td>×</td><td>×</td></tr>
<tr><td>배우자</td><td>○</td><td>×</td></tr>
<tr><td>직계존속</td><td>○</td><td>만 60세 이상</td></tr>
<tr><td>형제자매</td><td>○</td><td>만 20세 이하
만 60세 이상</td></tr>
<tr><td>직계비속
(입양자 포함)</td><td>○</td><td>만 20세 이하</td></tr>
<tr><td>위탁아동</td><td>○</td><td>만 18세 미만</td></tr>
<tr><td>수급자 등</td><td>○</td><td>×</td></tr>
<tr><td rowspan="2"></td><td>경로우대</td><td>1명당 100만원</td><td colspan="3">기본공제대상자 중 만 70세 이상</td></tr>
<tr><td>장애인</td><td>1명당 200만원</td><td colspan="3">기본공제대상자 중 장애인</td></tr>
</table>

구 분		공제금액	공 제 요 건
추가공제	부녀자	50만원	근로소득금액이 3천만원 이하자인 근로자가 다음 어느 하나에 해당하는 경우 • 배우자가 있는 여성 근로자 • 기본공제대상자가 있는 여성 근로자로서 세대주
	한부모	100만원	배우자가 없는 자로서 기본공제대상인 직계비속 또는 입양자가 있는 경우 (부녀자 공제와 중복적용 배제)

*1 연간소득금액 합계액 100만원 이하(근로소득만 있는 자는 총급여액 500만원 이하)

*2 장애인의 경우 나이요건 적용하지 않음.

① 기본공제

기본공제대상자 1명당 연 150만원을 종교인소득금액에서 공제한다.

■ 기본공제대상자

㉮ 본인

㉯ 본인의 배우자

㉰ 본인(배우자 포함)과 생계를 같이하는 부양가족

- 본인(또는 배우자)의 직계존속 · 직계비속 · 형제자매
- 「국민기초생활보장법」에 의한 수급자
- 해당 과세연도에 6개월 이상 위탁하여 양육한 위탁아동

■ 공제대상 판정 시기

구　분	판정 시기
일반적인 경우	과세기간 종료일(12월 31일)의 상황에 의함
과세기간 종료일 전에 사망 또는 장애가 치유된 경우	사망일 전일 또는 치유일 전일의 상황에 의함

■ 기본공제대상자의 요건

기본공제대상자가 되기 위해서는 아래의 요건을 충족하여야 한다.

<table>
<tr><th rowspan="3">기본공제 대상자</th><th colspan="4">공 제 요 건</th><th rowspan="3">비고</th></tr>
<tr><th rowspan="2">나이요건*</th><th rowspan="2">소득요건
(100만원 이하)</th><th colspan="2">동거 요건</th></tr>
<tr><th>주민등록 동거</th><th>일시퇴거 허용</th></tr>
<tr><td>본인</td><td>×</td><td>×</td><td>×</td><td></td><td></td></tr>
<tr><td>배우자</td><td>×</td><td>○</td><td>×</td><td></td><td></td></tr>
<tr><td>직계존속</td><td>만 60세 이상</td><td>○</td><td>△
(주거형편상 별거 허용)</td><td></td><td></td></tr>
<tr><td>직계비속,
동거입양자</td><td>만 20세 이하</td><td>○</td><td>×</td><td></td><td></td></tr>
<tr><td>장애인
직계비속의
장애인 배우자</td><td>×</td><td>○</td><td>×</td><td></td><td></td></tr>
<tr><td>형제자매</td><td>만 60세 이상
만 20세 이하</td><td>○</td><td>○</td><td>○</td><td></td></tr>
<tr><td>「국민기초생활 보장법」에 의한 수급자</td><td>×</td><td>○</td><td>○</td><td>○</td><td></td></tr>
</table>

<table>
<tr><th rowspan="3">기본공제 대상자</th><th colspan="4">공 제 요 건</th><th rowspan="3">비고</th></tr>
<tr><th rowspan="2">나이요건*</th><th rowspan="2">소득요건
(100만원
이하)</th><th colspan="2">동거 요건</th></tr>
<tr><th>주민등록
동거</th><th>일시퇴거
허용</th></tr>
<tr><td>위탁아동</td><td>만 18세 미만</td><td>○</td><td></td><td></td><td></td></tr>
</table>

* 장애인의 경우 나이요건을 적용하지 아니한다.

* 나이요건은 당해 과세기간 중 해당하는 날이 있는 경우에는 해당 요건을 충족한 것으로 본다.

■ 소득금액 요건

㉮ 부양가족의 연간 소득금액 합계액이 100만원(근로소득만 있는 자는 총급여액 500만원) 이하여야 한다.

㉯ 이 경우 연간 소득금액 합계액은 종합소득, 퇴직소득, 양도소득의 소득금액을 합하여 계산한다.

㉰ 비과세소득이나 분리과세소득이 있는 경우 다음과 같이 소득금액을 계산한다.

소득금액＝소득총액－비과세소득－분리과세소득－필요경비

㉱ 퇴직금의 경우 그 자체가 퇴직소득금액이 되므로, 부양가족의 퇴직금이 100만원을 초과하면 당해 부양가족은 소득요건을 충족하지 아니하여 공제대상에 해당하지 아니한다.

② 추가공제

기본공제대상자가 다음에 해당하는 경우 종교인의 당해 연도 종교인소득금액에서 추가로 공제한다.

추가공제 구분	공제요건	공제금액
경로우대자	기본공제대상자가 만 70세 이상	1명당 연 100만원
장애인	기본공제대상자가 장애인	1명당 연 200만원
부녀자	종교인소득금액이 3천만원 이하자인 종교인이 다음 어느 하나에 해당하는 경우 • 배우자가 있는 여성 종교인 • 배우자가 없는 여성 종교인이 기본공제대상 부양가족이 있는 세대주	1명당 연 50만원
한부모	배우자가 없는 자로서 기본공제대상인 직계비속 또는 입양자가 있는 경우*	연 100만원

* 부녀자 공제와 중복적용이 되지 아니하므로 중복시 한부모 추가공제만을 적용한다.

(2) 연금보험료 공제

종교인이 국민연금 등 법령에 따른 공제연금에 대해 본인 명의의 연금보험료 부담분을 납입한 경우, 해당 연도의 종교인소득금액에서 공제 납부한 연금보험료를 공제한다(한도 없음).

종교인 본인의 부담금만 공제 가능하며, 「국민연금법」의 규정에 따라 지역가입자로서 당해 연도에 납부한 국민연금보험료 등이 공제대상에 해당한다.

아울러, 연금보험료 납부의 예외 규정에 따라 국민연금보험료를 납부하지 않던 자가 연금보험료의 추가 납부 규정에 따라 추가 납부하는 보험료는 납부한 연도에 소득공제 가능하다.

(3) 개인연금 저축소득공제(연간납입액의 40%, 연 72만원 한도)

종교인이 개인연금저축에 본인 명의로 가입하여 해당 연도에 납입한 금액에 대해 종교인소득금액에서 공제한다.

구 분	내 용
가입기간	2000.12.31. 이전 가입
가입대상	만 20세 이상
불입금액	분기마다 300만원 이내
불입기간	10년 이상
만 기 후 지급조건	계약기간 만료 후 만 55세 이후부터 5년 이상 연금으로 지급받는 저축
공제비율	연간 납입액의 40%
공제금액 한도	연 72만원
연금수령시 과세 방법	과세하지 않음
중도 해지시 원천징수	• 이자소득으로 과세 • 5년 이내 해지시 해지추징세액 Min (㉮, ㉯, ㉰) ㉮ 저축불입액의 4% ㉯ 연간 72천원 ㉰ 환급금

(4) 자녀세액공제

종교인의 자녀(입양자 및 위탁아동 포함)에 대해서 산출세액에서 공제한다.

이 경우 손자·손녀는 자녀세액대상에 해당하지 아니한다.

구 분	세액공제금액
기본공제대상자녀	1명 15만원, 2명 30만원, 3명 이상 30만원+2명 초과 1명당 30만원(3명 60만원, 4명 90만원)
출생·입양	첫째 자녀 : 연 30만원 둘째 자녀 : 연 50만원 셋째 자녀 : 연 70만원

다만, 자녀장려금은 「소득세법」 제59조의 2에 따른 자녀세액공제와 중복하여 적용할 수 없으므로 자녀장려금 수급자는 자녀세액공제 중복적용을 배제한다.

(5) 연금계좌세액공제

연금저축계좌나 퇴직연금 납입액의 12%(종교인소득금액 4천만원 이하 15%)에 해당하는 금액을 해당 과세기간의 산출세액에서 공제한다.

구 분	내 용	공제액
퇴직연금	근로자 납입액	연금계좌 납입액(연 700만원 한도, 연금저축은 400만원*)×12%(종합소득금액 4천만원 이하는 15%)
연금저축	연금저축계좌 근로자 납입액	

* 종합소득금액 1억원 초과자는 300만원

5) 공제관련 증빙서류

구 분	공제항목
연금보험료공제	연금보험료(공적연금 관련법에 따른 기여금 또는 개인부담금)
소득공제	기부금(이월분), 개인연금저축(2000년 이전 가입), 투자조합출자 등
세액공제	연금계좌, 기부금, 외국납부세액

「소득세법」 제145조의 3에 따라 종합소득공제, 자녀세액공제, 연금계좌세액공제 및 특별세액공제를 적용받으려는 종교관련종사자는 소득·세액 공제신고서에 「소득세법」 제167조 제1항에 따른 주민등록표 등본 등을 첨부하여 원천징수의무자에게 제출하여야 한다.

① 인적공제 관련 증빙서류

공제항목		첨부서류	발급처	비고
인적공제	부양가족 증명	주민등록표등본	시·군·구청 또는 읍·면·동주민센터	
		가족관계증명서(주민등록표로 가족관계 확인 어려운 경우)		
	일시퇴거자	일시퇴거자 동거가족 상황표	본인 작성	
		재학증명서(취학의 경우)	학교	
		요양증명서(요양의 경우)	요양기관	
		재직증명서(재직의 경우)	직장	

공제항목			첨부서류	발급처	비고
			사업자등록증 사본(사업상 형편)	본인 보관	
	입양자		입양사실확인서 또는 입양증명서	시·군·구청 또는 입양기관	
	수급자		수급자증명서	읍·면·동주민센터	
	위탁아동		가정위탁보호확인서	시·군·구청	
인적공제	장애인	장애인 복지법	장애인증명서·장애인등록증(복지카드) 사본	읍·면·동주민센터	
		상이자	상이자증명서 사본	국가보훈처	
		그 외	장애인증명서(소득세법 시행규칙 서식)	의료기관	

② 소득공제 및 세액공제 증빙서류

공제항목		첨부서류	발급처	비 고
개인연금저축		개인연금저축납입증명서 또는 통장사본	금융회사 등 또는 본인 보관	국세청
연금보험료	퇴직연금계좌	연금납입확인서	연금계좌취급자	국세청
	연금저축계좌	연금납입확인서	연금계좌취급자	국세청

'비고'란에 '국세청'으로 표시된 항목은 국세청 홈택스(www.hometax.go.kr) 연말정산간소화에서 제공하며, 영수증 발급기관에서 국세청에 자료를 제출하지 않은 경우에는 조회가 불가능하며, 이 경우 영수증 발급기관에서 직접 수집해야 한다.

소득·세액공제 항목에 따라 필요한 '주민등록표등본'은 1장만 제출하며, 동일한 원천징수의무자에게 제출한 증명서류에 변동이 없는 경우 다음 연도부터는 제출하지 아니할 수 있다.

인터넷을 이용한 첨부서류 발급

주민등록표등본 → 정부민원포털 민원24(www.minwon.go.kr)
가족관계등록부 → 대법원 전자가족관계등록시스템(efamily.scourt.go.kr)

6) 원천징수의무자가 제출할 서류

(1) 원천징수이행상황신고서

원천징수의무자는 연말정산을 거쳐 원천징수한 소득세를 다음 달 10일까지 납부서와 함께 금융기관 등에 납부하고 원천징수이행상황신고서를 관할세무서장에게 제출하여야 한다.

이 경우 과세미달 등 원천징수할 세액이 없는 자에 대한 지급액도 신고서에 포함하여야 하며, 연말정산에 따른 소득세뿐만 아니라 2월 지급분 종교인소득에 대한 세액을 해당란에 구분 표기하여야 한다.

〈종교인소득〉

매월징수(A43)	종교인소득 매월 지급액 및 원천징수한 내역을 기재
연말정산(A44)	연도말까지 종사한 종교인에 대한 연말정산한 내역을 기재

① 간이세액(A43)

종교단체가 종교인에게 지급하는 매월 지급액에 대해서는 기타소득 간이세액표에 따른 소득세를 원천징수하여 간이세액(A43)란에 인원, 총지급액, 원천징수세액을 기재한다.

② 연말정산(A44)

종교단체가 기타소득으로 신고하던 종교인에 대해 연말정산을 하는 경우 해당연도 1월 1일부터 12월 31일까지의 종교인소득에 대해 연말정산을 하여 연말정산(A44)란에 해당되는 인원, 총지급액, 원천징수세액을 기재한다.

이 경우 총지급액은 해당연도 1월 1일부터 12월 31일까지 급여의 합계액을, 원천징수세액은 연말정산 결과 결정세액에서 이미 납부한 세액을 차감한 차감납부세액 또는 환급세액을 기재한다.

사례

종교인 3명, 지급액 12,000,000원, 원천징수세액 550,000원
소속직원 7명, 지급액 15,000,000원, 원천징수세액 650,000원

〈연말정산 결과〉
종교인 지급액 144,000,000원, 연말정산 결과 1,000,000원
소속직원 지급액 180,000,000원, 연말정산 결과 1,200,000원

<table>
<tr><th colspan="2" rowspan="3">소득자 소득구분</th><th rowspan="3">코드</th><th colspan="5">원천징수명세</th></tr>
<tr><th colspan="2">소득지급
(과세 미달, 일부 비과세 포함)</th><th colspan="3">징수세액</th></tr>
<tr><th>④ 인원</th><th>⑤ 총지급액</th><th>⑥ 소득세 등</th><th>⑦ 농어촌 특별세</th><th>⑧ 가산세</th></tr>
<tr><td></td><td>간이세액</td><td>A01</td><td>7</td><td>15,000,000</td><td>650,000</td><td></td><td></td></tr>
</table>

근로소득	중도퇴사		A02					
	일용근로		A03					
	연말정산	합계	A04	7	180,000,000	1,000,000		
		분납신청	A05					
		납부금액	A06			1,000,000		
	가감계		A10	7	198,000,000	1,650,000		
기타소득	연금계좌		A41					
	종교인소득	매월징수	A43	3	12,000,000	550,000		
		연말정산	A44	3	144,000,000	1,200,000		
	그 외		A42					
	가감계		A40	3	156,000,000	1,750,000		

7) 종교인소득 지급명세서

① 제출의무자

소득세 납세의무가 있는 개인에게 근로소득을 국내에서 지급하는 자는 근로소득 지급명세서를 제출한다.

이 경우 소득세 납세의무가 있는 개인에게 근로소득을 지급하는 자에는 개인(비사업자 포함), 법인, 「소득세법」 제127조 제2항에 따라 소득의 지급을 대리하거나 그 지급 권한을 위임 또는 위탁받은 자 및 제150조에 따른 납세조합, 「소득세법」 제7조 또는 「법인세법」 제9조에 따라 원천징수세액의 납세지를 본점 또는 주사무소의 소재지로 하는 자와 「부가가치세법」 제8조 제3항 및 제4항에 따른 사업자단위과세사업자를 포함한다.

② 제출기한

종교인소득지급명세서를 그 지급일이 속하는 과세기간의 다음 연도 3월 10일까지 원천징수 관할세무서장에게 제출한다.

다만, 원천징수의무자가 휴업 또는 폐업한 경우에는 근로소득지급명세서를 휴업일 또는 폐업일이 속하는 달의 다음다음 달 말일까지 제출하여야 한다.

또한 종교인소득 연말정산 결과 기부금 세액공제금액이 있는 경우 기부금 명세서를 근로소득지급명세서에 포함하여 원천징수 관할세무서에 다음 연도 3월 10일까지 제출하여야 한다.

8) 환급방법

해당 과세기간에 이미 원천징수하여 납부한 소득세가 해당 산출세액에서 세액공제를 한 금액을 초과할 때에는 그 초과액은 해당 종교관련종사자에게 환급하여야 한다.

이 경우 종교인소득세액에 대한 연말정산을 하는 경우에 원천징수의무자가 이미 원천징수하여 납부한 소득세에 과오납이 있어 종교관련종사자에게 환급하는 때에는 그 환급액은 원천징수의무자가 원천징수하여 납부할 소득세에서 조정하여 환급한다.

원천징수의무자가 환급할 소득세가 연말정산하는 달에 원천징수하여 납부할 소득세를 초과하는 경우에는 다음 달 이후에 원천징수하여 납부할 소득세에서 조정하여 환급한다.

다만, 당해 원천징수의무자의 환급신청이 있는 경우에는 원천징수 관할세무서장이 그 초과액을 환급한다.

소득세의 환급을 받고자 하는 원천징수의무자는 원천징수세액환급신청서를 원천징수 관할세무서장에게 제출하여야 한다.

4 근로소득 연말정산

종교단체는 종교인소득에 대해 원천징수 및 연말정산 이행을 선택할 수 있으며 원천징수 및 연말정산을 이행하는 경우에도 기타소득 또는 근로소득 중 선택할 수 있다.

1) 근로소득 원천징수부 비치 · 기록 의무

종교단체는 소속 종교인(근로소득으로 원천징수하는 경우에 한함)과 일반 직원에게 매월분의 근로소득을 지급하는 경우 근로소득원천징수부(소득세법 시행규칙 별지 제25호 서식)를 비치 · 기록하여야 한다.

이 경우 근로소득원천징수부를 전산처리된 테이프 또는 디스크 등으로 수록 · 보관하여 항시 출력이 가능한 상태에 둔 때에는 근로소득원천징수부를 비치 · 기록한 것으로 본다.

2) 원천징수 절차 개요

〈종교인소득에 대해 근로소득 연말정산하는 경우〉

〈종교단체〉	〈종교단체 →세무서〉	〈종교인〉	〈종교단체〉	〈종교단체 →세무서〉
원천징수 및 근로소득 원천징수부 비치·기록	연말정산 신청서 제출	소득·세액공제신고서 작성 및 영수증 제출	종교인이 제출한 신고서 및 영수증 검토, 세액계산	지급명세서와 원천징수이행상황신고서 제출

〈일반 소속 직원에 대한 연말정산을 하는 경우〉

〈종교단체〉	〈소속 직원〉	〈종교단체〉	〈종교단체 →세무서〉
원천징수 및 종교인소득 원천징수부 비치·기록	소득·세액공제 신고서 작성 및 영수증 제출	종교인이 제출한 신고서 및 영수증 검토, 세액계산	지급명세서와 원천징수이행상황신고서 제출

3) 연말정산 시기 및 절차

근로소득 연말정산은 매월 근로소득을 지급시 간이세액표에 따라 원천징수한 소득세에 대해 법령에서 정한 소득·세액공제 등을 반영하여 최종적으로 정확한 세액을 계산한 후 이미 납부한 세액과 정산하는 절차이다.

(1) 연말정산 시기

근로소득 연말정산 시기는 연도 중에 퇴직하는 경우 퇴직하는 달의 급여를 지급하는 때, 계속 근로자의 경우에는 다음 해 2월분 급여를 지급하는 때이다.

* 회사는 퇴직 근로자에 대해 연말정산을 하고 원천징수영수증을 교부하여야 함.

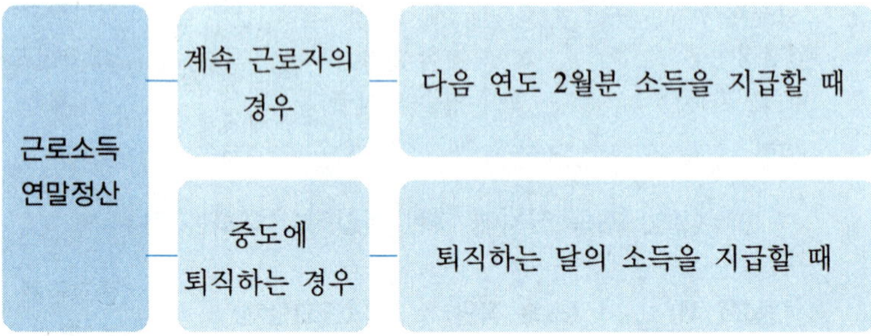

① 계속 근로자의 경우

근로소득을 지급하는 자(원천징수의무자)가 해당 과세기간의 다음 연도 2월분의 근로소득을 지급한 때(2월분 근로소득을 2월 말일까지 지급하지 아니하거나 2월분의 근로소득이 없는 경우에는 2월 말일)에 연말정산을 하여야 한다.

② 연중에 퇴직하는 근로자의 경우

근로자가 중도에 퇴직하는 경우 퇴직하는 달의 근로소득을 지급하는 때에 연말정산을 하여야 한다.

중도 퇴직하는 근로자의 경우 퇴직하는 달의 급여를 받기 전에 원천징수의무자에게 근로소득자 소득·세액공제신고서와 해당 근무기간 동안 지출한 소득·세액공제 영수증을 제출하여야 한다.

이 경우 원천징수의무자는 퇴사한 근로자의 연말정산 세액을 원천징수이행상황신고서중도퇴사(A02)란에 기재하여야 한다.

③ 연말정산 이후 근로소득을 추가 지급하는 경우

원천징수의무자가 근로소득에 대한 연말정산을 한 후 해당 과세기간의 근로소득을 추가로 지급하는 때에는 추가로 지급하는 때에 근로소득 연말정산을 다시 하여야 한다(소득세법 기본통칙 137－0…1).

예를 들어 법원판결에 의해 근로소득을 추가 지급하는 경우 해당 소득은 당초에 근로를 제공한 날에 귀속되며, 판결일의 다음 달 말일까지(다음 달 말일 이전에 지급하는 경우에는 지급하는 때까지) 소득세를 원천징수하여 그 다음 달 10일까지 납부하여야 한다.

이 경우 다음 달 10일까지 납부하였다면 기한 내에 납부한 것으로 보아 원천징수납부불성실가산세를 적용하지 아니한다(소득세법 기본통칙 20－38…3).

(2) 연말정산 절차

구 분	시 기	내 용
소득·세액공제 증명자료 수집 및 제출	1~2월	• 연말정산간소화서비스 이용(www.hometax.go.kr → 조회/발급 → 연말정산간소화)
	근로자 ⇨ 회사	• 연말정산간소화서비스에서 제공하지 않는 공제 영수증은 근로자가 직접 수집 • 소득·세액공제신고서와 공제 증명자료를

구 분	시 기	내 용
		함께 제출 • 추가 작성 서류 –기부금공제 ⇨ 기부금명세서 –의료비공제 ⇨ 의료비지급명세서 –신용카드공제 ⇨ 신용카드 등 소득공제 신청서
공제서류 검토 및 '원천징수 영수증' 발급	~2월 말 회사 ⇨ 근로자	• 회사 –근로자가 제출한 소득 · 세액공제신고서와 증명서류, 공제요건 등 검토 –근로자는 누락한 소득 · 세액공제 증명서류 등 회사에 추가 제출 –연말정산 세액계산을 완료하고 원천징수영수증을 근로자에게 발급 • 근로자 원천징수영수증 기재 내용 확인
원천징수 이행상황 신고서 및 지급명세서 제출	~3.10. 회사 ⇨ 국세청	• 회사 : 근로소득 지급명세서를 3.10.까지 홈택스(www.hometax.go.kr) 또는 관할세무서에 제출 이 경우 기부금명세서와 의료비지급명세서를 홈택스 전자신고시 함께 제출 * 기한 내 미제출시 미제출금액의 1%(0.5%) 가산세 부담, 근로자의 금융기관 이용시 불이익이 발생 • 회사 : 환급발생시 조정환급과 환급신청 중 선택 –환급신청의 경우 2018년 2월분 원천징수이행상황신고서 제출(~3.10.)시 연말정산 환급도 함께 신청

구 분	시 기	내 용
		-환급신청 후 국세청은 30일 이내 근로소득세 환급

(3) 세액 계산

회사 및 단체는 근로소득원천징수부에 따라 해당 과세기간에 지급한 소득자별 근로소득의 합계액에서 「소득세법」 및 「조세특례제한법」에 따른 소득공제를 한 금액을 과세표준으로 하여 기본세율을 적용하여 종합소득산출세액을 계산한다.

소득·세액공제신고서를 제출하지 아니한 경우

「소득세법」 제140조에 따른 근로소득자 소득·세액공제 신고를 하지 아니한 경우 연말정산할 때에는 기본공제 중 해당 소득자 본인에 대한 분과 표준세액공제(13만원)만을 적용한다.

① 근로소득금액 계산

근로소득금액=연간 근로소득 합계액-비과세소득-근로소득공제

구 분	내 용
연간 근로소득	근로 제공 대가
비과세소득	• 실비변상적 성질의 급여 법령·조례에 의한 보수를 받지 않는 위원 등이 받는 수당, 「선원법」에 의한 식료품, 일·숙직비 등,

<table>
<tr><th>구 분</th><th>내 용</th></tr>
<tr><td></td><td>월 20만원 이내의 자기차량운전보조금, 제복·제모·제화, 특수분야 종사자의 수당, 천재지변으로 받은 급여 등
• 국외근로소득
• 생산직근로자가 받는 야간근로수당 등
• 연 300만원 이하의 직무발명보상금
• 그 밖의 비과세 소득</td></tr>
<tr><td>총급여액</td><td>(= 연간 근로소득－비과세소득)
※의료비·연금계좌·월세액 세액공제, 신용카드 소득공제 적용시 활용</td></tr>
<tr><td>(－)
근로소득공제</td><td>
<table>
<tr><th>총급여액</th><th>근로소득공제금액</th></tr>
<tr><td>500만원 이하</td><td>총급여액의 70%</td></tr>
<tr><td>500만원 초과
1,500만원 이하</td><td>350만원＋500만원 초과액의 40%</td></tr>
<tr><td>1,500만원 초과
4,500만원 이하</td><td>750만원＋1,500만원 초과액의 15%</td></tr>
<tr><td>4,500만원 초과
1억원 이하</td><td>1,200만원＋4,500만원 초과액의 5%</td></tr>
<tr><td>1억원 초과</td><td>1,475만원＋1억원 초과액의 2%</td></tr>
</table>
</td></tr>
<tr><td>근로소득금액</td><td>＝ 총급여액－근로소득공제
* 기부금, 중소기업창업투자조합·소기업소상공인 소득공제 한도 적용시 활용</td></tr>
</table>

② 과세표준 계산

과세표준＝근로소득금액－인적공제－연금보험료공제－특별소득공제－그밖의 소득공제＋소득공제 종합한도 초과액

<table>
<tr><th>구 분</th><th>내 용</th></tr>
<tr><td>근로소득금액</td><td>=총급여액-근로소득공제</td></tr>
<tr><td>(-)
인적공제</td><td>
• 기본공제
본인, 배우자 및 생계를 같이하는 부양가족(연간 소득금액 100만원 이하, 근로소득만 있는 경우 총급여 500만원 이하)에 대해 1인당 연 150만원 공제
-나이요건(장애인은 나이요건 제한 없음)
<table>
<tr><th>부양가족</th><th>직계존속</th><th>직계비속</th><th>형제자매</th><th>위탁아동</th><th>수급자</th></tr>
<tr><td>요건</td><td>60세 이상</td><td>20세 이하</td><td>20세 이하
60세 이상</td><td>18세 미만</td><td>제한 없음</td></tr>
</table>
• 추가공제 : 기본공제대상자가 다음에 해당하는 경우 추가공제
<table>
<tr><th>공제대상</th><th>경로우대
(70세 이상)</th><th>장애인</th><th>부녀자
(부양/기혼)</th><th>한부모*</th></tr>
<tr><td>공제금액</td><td>100만원</td><td>200만원</td><td>50만원</td><td>100만원</td></tr>
</table>
* 한부모 공제와 부녀자공제는 중복 적용배제(중복시 한부모 공제 적용)
</td></tr>
<tr><td>(-)
연금보험료
공제</td><td>
• 공적연금(국민연금, 공무원연금 등)의 본인 부담금 : 전액 공제
<table>
<tr><th>국민연금</th><th>연금보험료(전체)</th><th>근로자</th><th>사업주</th></tr>
<tr><td>기준 소득월액</td><td>9%</td><td>4.5%</td><td>4.5%</td></tr>
</table>
총액=기준소득월액×9%(연금보험율)
(예) 기준소득월액은 최저 29만원에서 최고금액은 449만원까지의 범위로 결정하게 된다.
따라서, 신고한 소득월액이 29만원보다 적으면 29만원을 기준소득월액으로 하고, 449만원보다 많
</td></tr>
</table>

구 분	내 용
	으면 449만원을 기준소득월액으로 한다.(2017.7.1. 기준) • 연금보험료 공제순서(소법 §51의 3 ③) 아래에 해당하는 공제를 모두 합한 금액이 종합소득금액을 초과하는 경우 그 초과하는 금액을 한도로 연금보험료 공제를 받지 아니한 것으로 본다. –「소득세법」 제51조 제3항에 따른 인적공제 –연금보험료공제 –「소득세법」 제51조의 4에 따른 주택담보노후연금 이자비용공제 –「소득세법」 제52조에 따른 특별소득공제 –「조세특례제한법」에 따른 소득공제
(–)특별소득공제	(1) 보험료공제 국민건강보험료·고용보험료·노인장기요양보험료 : 전액 ① 국민건강보험료·노인장기요양보험료

구분	기준액	보험료율	근로자	사업주
건강보험료	보수월액	6.24%	3.12%	3.12%
장기요양보험료	건강보험료	7.38%	가입자 부담 50%	사업주 부담 50%

(예) 보수월액이 1,000,000원일 때 계산방법

건강보험료 : 1,000,000(보수월액)×6.24%(건강보험료율)=가입자 부담금 31,200원, 사업주 부담금 31,200원

장기요양보험료 : 62,400원(건강보험료)×7.38%(장기요양보험료율)=가입자 부담금 2,000원,

구 분	내 용

사업자 부담금 2,000원

② 고용보험료

구분		근로자	사업자
실업급여 (2013.7.1 기준)		0.65%	0.65%
고용안정, 직업능력개발사업	150인 미만 기업	–	0.25%
	150인 이상 (우선지원대상기업)	–	0.45%
	150인 이상 1,000인 미만 기업	–	0.65%
	1,000인 이상 기업, 국가 지방자치단체	–	0.85%

(2) 주택자금공제

① 주택임차차입금 원리금상환액 공제(연 300만원 한도)
무주택 세대의 세대주(세대주가 공제받지 않는 경우 세대원 포함)인 근로자가 국민주택규모의 주택(주거용 오피스텔 포함 : 2013.8.13. 이후 지급분부터)을 임차하기 위해 차입한 금액의 원리금상환액 40% 공제

② 주택마련저축공제 : 납입액의 40% 공제
청약저축, 주택청약종합저축(연 납입액 240만원 이하)
근로자주택마련저축(월 납입액 15만원 이하)

③ 장기주택저당차입금 이자상환액공제

<table>
<tr><th>공제종류</th><th colspan="3">공제금액(한도액)</th></tr>
<tr><td>㉠장기주택저당차입금이자상환액</td><td colspan="2">이자상환액 전액</td><td rowspan="2">※전체 (㉠+㉡+㉢) 한도액
㉠이 2015.1.1. 이후 차입·상환기간 연장인 경우
−상환기간 15년 이상+(고정 and 비거치) : 1,800만원</td></tr>
<tr><td>㉡주택임차차입금원리금상환액</td><td>원리금상환액×40%</td><td>공제한도 : Min(①, ②)
① ㉡+㉢
② 연 300만원</td></tr>
</table>

<table>
<tr><th>구 분</th><th>내 용</th></tr>
<tr><td></td><td>
<table>
<tr><td>ⓒ주택마련저축납입액</td><td>저축
납입액
×40%</td><td></td><td>-상환기간 15년 이상+(고정 or 비거치) : 1,500만원
-상환기간 15년 이상+기타방식 : 500만원
-상환기간 10년 이상+(고정 or 비거치) : 300만원</td></tr>
</table>
* 장기주택마련저축은 2013년부터 소득공제 대상 아님

(3) 기부금
기부금 이월분(2013년 이전분) 법정기부금, 지정기부금 중 공제한도 내 금액
</td></tr>
<tr><td>(ㅡ)
그 밖의
소득공제</td><td>
• 개인연금저축 소득공제(2000.12.31. 이전 가입)
개인연금저축 납입액의 40% 공제(연 72만원 한도)
• 소기업 · 소상공인 공제부금 소득공제 (중소기업중앙회에서 운영하는 노란우산공제)
<table>
<tr><th>근로(사업)소득 금액</th><th>공제한도</th></tr>
<tr><td>4천만원 이하</td><td>500만원</td></tr>
<tr><td>4천만원~1억원</td><td>300만원</td></tr>
<tr><td>1억원 초과</td><td>200만원</td></tr>
</table>
2016년 이후 가입분부터 총급여액 7천만원 이하인 법인대표자의 경우 소득공제 가능
• 중소기업창업투자조합 출자 등 소득공제
중소기업창업투자조합, 벤처기업 등에 투자시 출자 · 투자 후 2년이 되는 날이 속하는 과세연도까지 1과세연도를 선택하여 공제
</td></tr>
</table>

구 분	내 용

구 분	소득공제액	공제한도액
2015년 이후 출자 · 투자분	출자금액의 10% (100%, 50%, 30%)*	해당 과세연도 종합(근로)소득 금액의 50%

* 벤처기업 등에 직접투자하는 경우 1,500만원 이하 100%, 5천만원 이하 50%, 5천만원 초과 30%

- 신용카드 등 사용금액 소득공제
  - 공제액 : 총급여액의 25%를 초과하는 금액의 15% (전통시장사용분, 대중교통이용분 40%, 현금영수증, 직불 · 선불카드는 30%) 공제
  - 공제한도 : 총급여액에 따라 한도 적용+전통시장 · 대중교통이용분 각각 100만원 추가=최대 500만원

총급여액	공제한도
7천만원 이하	300만원과 총급여액의 20% 중 적은 금액
7천만원~1억2천만원	300만원 (2018.1.1. 이후 250만원)
1억2천만원 초과	200만원

- 우리사주조합출연금 소득공제(연 400만원 한도)
  우리사주조합원이 우리사주를 취득하기 위하여 우리사주조합에 출연한 금액
- 고용유지 중소기업 근로자 소득공제(연 1,000만원 한도)
  2018.12.31.까지 임금삭감액(직전 과세연도 연간 임금총액－해당 과세연도 연간 임금총액)의 50% 공제
- 장기집합투자증권저축 소득공제(최대 240만원 공제)
  - 장기집합투자증권저축 납입액(연 600만원 한도)의 40% 공제

구 분	내 용
	－해당 과세기간 총급여액 8천만원 초과자 공제 배제
(+) 소득공제 종합한도 초과액	종합한도 대상 소득공제*가 2,500만원을 초과하는 경우 초과금액을 과세표준에 합산 * 종합한도 대상 소득공제 : 주택자금, 소기업·소상공인 공제부금, 청약저축 등, 우리사주조합출연금, 신용카드, 투자조합 등 출자(공제율 30·50·100% 적용분 제외), 장기집합투자증권저축
과세표준	(=근로소득금액－인적공제－연금보험료공제－특별소득공제－그밖의 소득공제+소득공제 종합한도 초과액)

③ 산출세액 계산

과세표준 구간에 맞추어 기본세율 적용하여 산출세액 계산

<table>
<tr><th>구 분</th><th colspan="3">내 용</th></tr>
<tr><td>과세표준</td><td colspan="3">(=근로소득금액－인적공제－연금보험료공제－특별소득공제－그밖의 소득공제+소득공제 종합한도 초과액)</td></tr>
<tr><td rowspan="6">(×)
기본세율</td><td colspan="3">과세표준 구간에 따라 6~42% 적용</td></tr>
<tr><td>과세표준</td><td>세율</td><td>산출세액 계산</td></tr>
<tr><td>1,200만원 이하</td><td>6%</td><td>과세표준의 6%</td></tr>
<tr><td>1,200만원 초과
4,600만원 이하</td><td>15%</td><td>72만원+1,200만원 초과금액의 15%</td></tr>
<tr><td>4,600만원 초과
8,800만원 이하</td><td>24%</td><td>582만원+4,600만원 초과금액의 24%</td></tr>
<tr><td>8,800만원 초과
1억5천만원 이하</td><td>35%</td><td>1,590만원+8,800만원 초과금액의 35%</td></tr>
</table>

구 분	내 용		
	1억5천만원 초과 3억원 이하	38%	3,760만원+1억5천만원 초과 금액의 38%
	3억원 초과 5억원 이하	40%	9,460만원+3억원을 초과하는 금액의 40%
	5억원 초과	42%	17,460만원+5억원 초과금액의 42%
산출세액	과세표준에 기본세율을 적용하여 계산		

④ 결정세액 계산

결정세액=산출세액－세액감면－세액공제

구 분	내 용
산출세액	과세표준에 기본세율을 적용하여 계산
(－) 세액감면 세액공제	① 중소기업 취업자 소득세 감면 15세 이상 29세 이하 청년, 60세 이상, 장애인, 경력단절 여성이 감면대상 중소기업에 2018.12.31.까지 취업시 3년(병역 이행 후 1년 내에 복직하는 경우 복직한 날부터 2년이 되는 날, 복직한 날이 최초 취업일부터 3년이 지나지 아니한 경우 최초 취업일부터 5년이 되는 날)간 70%(150만원 한도) 감면 (2012년~2013년 취업 청년이 해당 중소기업에 계속 근무시 100% 감면) (2014년~2015년 취업자가 해당 중소기업에 계속 근무시 50% 감면)

<table>
<tr><th>구 분</th><th>내 용</th></tr>
<tr><td></td><td>
② 「소득세법」상 감면 : 정부간 협약에 따라 파견된 외국인
③ 외국인 기술자 감면 : 최초 근로제공일부터 2년간 50% 감면
④ 조세조약에 따른 감면 : 조세조약의 교직자 조항에 따라 교사, 교수에 대한 감면
⑤ 근로소득세액공제
<table>
<tr><th>산 출 세 액</th><th>세액공제 금액</th></tr>
<tr><td>130만원 이하</td><td>산출세액의 55/100</td></tr>
<tr><td>130만원 초과</td><td>71만5천원+130만원 초과분×30/100</td></tr>
</table>
중소기업 취업자에 대한 소득세 감면시 근로소득세액공제는 다음과 같이 적용한다.
근로소득세액공제액×(1−중소기업 취업자 소득세 감면액÷산출세액)
<table>
<tr><th>총 급 여 액</th><th>한 도 액</th></tr>
<tr><td>3,300만원 이하</td><td>74만원</td></tr>
<tr><td>3,300만원 초과
7,000만원 이하</td><td>Max(①, ②)
① 74만원−{(총급여액−3,300만원)×8/1,000}
② 66만원</td></tr>
<tr><td>7,000만원 초과</td><td>Max(①, ②)
① 66만원−{(총급여액−7,000만원)×1/2}
② 50만원</td></tr>
</table>
⑥ 자녀세액공제
기본공제대상 자녀(입양자, 위탁아동 포함) 1명 15만원, 2명 30만원, 3명 이상은 30만원+2명 초과 1명당 30만원
</td></tr>
</table>

구 분	내 용

자녀수	1명	2명	3명
세액공제	15만원	30만원	60만원

출생·입양 : 출생한 연도 또는 입양한 연도에 적용
첫째 30만원, 둘째 50만원, 셋째 이상 70만원

구 분	첫째	둘째	셋째
세액공제	30만원	50만원	70만원

⑦ 연금계좌세액공제

연금계좌* 납입액(연 400만원, 총급여 1억2천만원 초과자는 연 300만원, 퇴직연금계좌 납입액과 합하여 연 700만원 한도)의 12%(총급여 5,500만원 이하 15%) 세액공제

* 연금계좌 : 연금저축계좌, 퇴직연금계좌(「근로자퇴직급여 보장법」에 따른 확정기여형퇴직연금(DC형)·개인형퇴직연금(IRP), 「과학기술인공제회법」에 따른 퇴직연금)

⑧ 특별세액공제

－보험료 세액공제(12%, 장애인전용 15%)
보장성보험료 : 공제대상금액 연 100만원 한도
장애인전용보장성보험료 : 공제대상금액 연 100만원 한도

－의료비 세액공제(15%, 난임시술비는 20%) : 총급여액의 3% 초과액이 공제대상
부양가족(소득 및 나이 제한 없음) : 연 700만원 한도
본인, 65세 이상자, 장애인, 난임시술비 : 공제대상 한도 없음

－교육비 세액공제(15%)

구 분	대상 및 한도
본 인	대학원 등에 지출한 교육비(학자금대출 원리금상환액 포함) 전액 공

구 분	내 용

	제대상
부양가족 (나이 제한 없음)	• 취학 전 아동 및 초·중·고생 1인당 연 300만원(초·중·고생 체험학습비 1인당 30만원) • 대학생 1인당 연 900만원 공제대상 한도
장애인(소득 및 나이 제한 없음)	전액 공제대상 * 장애아동 발달재활서비스 제공기관 비용은 만 18세 미만인 경우

⑨ 기부금 세액공제

공제한도 이내에서 기본공제대상자(나이제한 없음)인 배우자, 직계존속, 직계비속, 형제자매 등의 기부금액 합계 공제대상(단, 정치자금기부금과 우리사주조합기부금은 본인 지출분만 공제 가능)

구 분	세액공제 적용
정치자금기부금	10만원 이하 100/110 세액공제, 10만원 초과 3천만원 이하분 15%, 3천만원 초과분 25% 세액공제
법정기부금, 우리사주조합기부금, 지정기부금	공제대상을 합하여 2천만원 이하분 15%, 2천만원 초과분 30% 세액공제

* 이월공제 허용 : 법정기부금(5년), 지정기부금(5년)

※ 표준세액공제 : 특별소득공제, 특별세액공제, 월세액 세액공제 미신청 근로자에 적용(연 13만원)

* 정치자금, 우리사주 기부금 세액공제와는 중복적용 가능

⑩ 납세조합공제

해당 납세조합에 의하여 원천징수된 근로소득에 대한

구 분	내 용
	종합소득 산출세액의 10%를 세액공제 ⑪ 주택자금차입금이자세액공제 1995.11.1.~1997.12.31. 취득하고 요건을 충족한 주택자금차입금에 대한 이자상환액의 30% 세액공제 → 농어촌특별세 과세대상 ⑫ 외국납부세액공제 외국납부세액을 종합소득 산출세액에서 공제 ⑬ 월세액 세액공제 총급여액 7천만원 이하의 무주택 세대의 세대주(일정요건을 충족하는 세대원 가능)인 근로자가 국민주택규모 주택(오피스텔, 고시원 포함)을 임차하기 위해 지급하는 월세액(연 750만원 한도)의 10% 세액공제
결정세액	(=산출세액-세액감면·세액공제) * 외국인근로자 중 단일세율 적용신청자=(총급여액+비과세 소득)×19% • 단일세율적용 신청자는 비과세, 공제·감면을 적용할 수 없음 • 외국인근로자는 **대한민국** 국적을 가지지 아니한 근로자를 말함

⑤ 차감징수세액 및 환급세액

차감징수세액=결정세액-기납부세액

구 분	내 용
결정세액	= 산출세액-세액감면·세액공제
(-)	주(현)근무지의 기납부세액과 종(전)근무지의 결정세액

구 분	내 용
기납부세액	의 합계액
차감징수세액	=결정세액−기납부세액 결정세액 > 기납부세액 : 차액을 납부 결정세액 < 기납부세액 : 차액을 환급

(4) 특별소득공제 및 그밖의 소득공제

「소득세법」 제52조에 따른 특별소득공제를 적용받으려는 근로소득를 지급받은 사람은 「소득세법 시행규칙」 제58조에 따른 소득 · 세액공제 증명서류를 해당 과세기간의 다음 연도 2월분의 급여를 받는 날(퇴직한 경우에는 퇴직한 날이 속하는 달의 급여를 받는 날)까지 원천징수의무자에게 제출하여야 한다.

이 경우 소득 · 세액공제 증명서류는 국세청의 연말정산간소화 서비스에서 발급하는 서류로 제출이 가능하다.

다만, 「소득세법」 제52조 제1항 제1호에 따른 보험료(「국민건강보험법」, 「고용보험법」 또는 「노인장기요양보험법」에 따라 근로자가 부담하는 보험료)와 원천징수의무자가 급여액에서 일괄공제하는 기부금에 대해서는 관련 소득 · 세액공제 증명서류를 제출하지 아니할 수 있다.

소득공제		공제항목	공제한도액
보험료	건강보험, 고용보험, 노인장기요양보험	본인부담 보험료	전 액

소득공제		공제항목	공제한도액
주택자금	① 주택마련저축	청약저축 · 주택청약종합저축(납입액 240만원 한도), 근로자주택마련저축 납입액(180만원 한도)의 40%	연 300만원 [①+②]
	② 주택임차 차입금 원리금 상환액	무주택 세대의 세대주(세대원 포함)가 국민주택규모의 주택을 임차하기 위한 차입금의 원리금 상환액의 40%	
	③ 장기주택 저당 차입금 이자 상환액	무주택 또는 1주택 보유세대의 세대주(세대원 포함)인 근로자가 기준시가 4억원 이하인 주택을 구입하기 위한 차입금의 이자상환액 공제	연 300만원~1,800만원 [①+②+③]
기부금	이월분	2013.12.31. 이전 지정기부금 지출액	공제한도 내 이월 기부금
개인연금저축	납입액	2000.12.31. 이전 가입(납입액의 40%)	연 72만원
투자조합 출자 등 공제	2020년까지 투자	투자금액의 10%[개인이 벤처기업 · 벤처조합에 투자하는 경우 100%, 50%, 30% (2014년 50%, 30%)]	종합소득금액의 50%
신용카드 등 사용액 공제	신용카드, 현금 영수증 직불카드, 선불카드	신용카드 등 사용금액(중고차 구입금액의 10% 포함)이 총급여액의 25%를 초과한 사용액의 15%(현금영수증 · 직불카드 · 선불카드 : 30%,	총급여액 7천만원 이하 : (연 300만원, 총급여액 20%) 중 적은 금액[7천만원 ~1.2억원 : 250만원, 1.2억원

소득공제		공제항목	공제한도액
		전통시장사용분 · 대중교통 이용분 : 40%)	초과 : 200만원] + 전통시장 사용분 100만원+대중교통 이용분 100만원 추가(최대 500만원)
소기업 · 소상공인 공제	공제부금	총급여액 7천만원 이하 법인 대표자가 노란우산공제에 납입한 금액	근로소득금액별 차등 4천만원 이하 500만원, 4천~1억원 300만원
우리사주 조합 출연금	출연금	우리사주 취득을 위해 우리사주조합에 출연한 출연금	연 400만원
고용유지 중소기업 근로자 공제	임금 삭감액	(직전 과세연도의 해당 근로자 연간 임금총액－해당 과세연도의 해당 근로자 연간 임금총액)×100분의 50	연 1,000만원
장기집합 투자증권 저축공제	장기집합 투자증권 저축 납입액	가입시 직전 과세기간의 총급여액 5천만원 이하(해당 과세기간 8천만원 이하) 근로자가 장기집합투자증권저축에 납입한 금액(연 600만원 한도)의 40%	연 240만원

(5) 소득공제 종합한도

거주자의 종합소득에 대한 소득세를 계산할 때 다음 중 어느 하나에 해당하는 공제금액의 합계액이 2,500만원을 초과하는 경우에는 그 초과하는 금액은 없는 것으로 한다.

- 「소득세법」 제52조에 따른 특별소득공제
  다만, 건강보험료, 고용보험료, 노인장기요양보험료는 포함하지 아니함
- 중소기업창업투자조합 출자 등에 대한 소득공제(조특법 §16 ①)
  다만, 2015년 이후 투자분 중 공제율 30% · 50% · 100% 적용분은 종합한도 적용에서 제외함
- 소기업 · 소상공인 공제부금에 대한 소득공제(조특법 §86의 3)
- 청약저축 · 주택청약종합저축에 대한 소득공제(조특법 §87)
- 우리사주조합 출자에 대한 소득공제(조특법 §88의 4 ①)
- 장기집합투자증권저축에 대한 소득공제(조특법 §91의 16)
- 신용카드 등 사용금액에 대한 소득공제(조특법 §126의 2)

(6) 연금계좌세액공제

종합소득이 있는 거주자가 연금계좌에 납입한 금액[연금계좌 납입액 : 연 700만원(연금저축계좌는 근로소득만 있는 경우 총급여 1억2천만원 또는 종합소득금액 1억원 이하자 400만원, 초과자는 300만원) 한도]의 12% [종합소득금액 4천만원 이하(근로소득만 있는 경우는 총급여액 5천5백만원 이하)인 거주자는 15%]에 해당하는 금액을 해당 과세기간의 종합소득 산출세액에서 공제한다.

다만, 세액감면액과 세액공제액의 합계액이 해당 과세기간의 종합소득산출세액을 초과하는 경우, 그 초과하는 공제액을 한도로 연금계좌세액공제를 받지 않은 것으로 한다.

연금계좌 가입자가 이전 과세기간에 연금계좌에 납입한 연금보험료 중 연금계좌세액공제(연금보험료 공제 등 포함)를 받지 아니한 금액이 있는 경우로서 그 금액의 전부 또는 일부를 해당 과세기간에 연금

계좌에 납입한 연금보험료로 전환하여 줄 것을 연금계좌취급자에게 신청한 경우에는 그 전환 신청한 금액을 연금계좌에서 가장 먼저 인출하여 그 신청한 날에 다시 해당 연금계좌에 납입한 연금보험료로 본다(2014.5.1. 이후 신청하는 분부터 적용).

(7) 특별세액공제

근로소득이 있는 거주자(일용근로자 제외)는 근로소득 연말정산 세액계산시 「소득세법」 제59조의 4에 따른 특별세액 공제(보장성보험료 · 의료비 · 교육비 · 기부금) 적용이 가능하다.

「소득세법」 제59조의 4에 따른 특별세액공제를 적용받으려는 사람은 「소득세법 시행규칙」 제58조에 따른 세액공제 증명서류를 해당 과세기간의 다음 연도 2월분의 급여를 받는 날(퇴직한 경우에는 퇴직한 날이 속하는 달의 급여를 받는 날)까지 원천징수의무자에게 제출하여야 한다.

이 경우 세액공제 증명서류는 국세청 홈택스의 연말정산간소화에서 발급하는 서류로 제출이 가능하다.

다만, 원천징수의무자가 급여액에서 일괄공제하는 기부금에 대해서는 세액공제 증명서류(기부금명세서, 기부금영수증)를 제출하지 아니할 수 있다.

보장성보험료, 의료비, 교육비 세액공제를 적용할 때, 과세기간 종료일 이전에 혼인 · 이혼 · 별거 · 취업 등의 사유로 기본공제대상자에 해당되지 아니하게 되는 종전의 배우자 · 부양가족 · 장애인 또는 과세기간 종료일 현재 65세 이상인 사람을 위하여 이미 지급한 금액이 있는 경우에는 그 사유가 발생한 날까지 지급한 금액을 해당 과세기간의 종합소득산출세액에서 공제한다(소득세법 제59조의 4 제5항).

다만, 기부금과 신용카드 등 사용금액은 위의 규정 적용대상이 아니므로 세액공제 대상에 해당하지 않음에 유의하여야 한다.

근로소득자로서 특별소득공제, 특별세액공제 및 월세액 세액공제를 신청하지 아니한 사람에 대해서는 연 13만원을 종합소득산출세액에서 공제한다.

이 경우 정치자금기부금, 우리사주조합기부금 세액공제는 표준세액공제와 별도로 적용된다.

<table>
<tr><th colspan="2">세 액 공 제</th><th>내 용</th><th>세액공제
대상금액 한도</th><th>공제율</th></tr>
<tr><td rowspan="2">보험료</td><td>보장성보험</td><td>생명보험, 상해보험 등의 보장성보험료</td><td>연 100만원</td><td>12%</td></tr>
<tr><td>장애인전용
보장성보험</td><td>장애인을 피보험자 또는 수익자로 하는 장애인전용보장성보험료</td><td>연 100만원</td><td>15%</td></tr>
<tr><td rowspan="2">의료비</td><td>㉮ 본인·장애인·만 65세 이상자, 중증환자 등, 난임시술비</td><td rowspan="2">의료비, 의약품, 안경 구입비(50만원 이내) 등
다만, 미용·성형수술을 위한 비용 및 건강증진을 위한 의약품 구입비용 제외</td><td rowspan="2">총급여 3% 초과분 공제대상
㉮ 한도 제한 없음
㉯ 연 700만원 한도</td><td rowspan="2">15%
(난임시술비는 20%)</td></tr>
<tr><td>㉯ 그 외 부양가족</td></tr>
<tr><td rowspan="2">교육비</td><td>본 인</td><td>대학원, 대학, 시간제과정, 직업능력개발훈련시설, 학자금대출 상환액 등</td><td>전 액</td><td rowspan="2">15%</td></tr>
<tr><td>취학전 아동</td><td>어린이집·유치원·학원·체육시설 수업료,</td><td>1명당 연 300만원</td></tr>
</table>

<table>
<tr><th colspan="3">세 액 공 제</th><th>내 용</th><th>세액공제
대상금액 한도</th><th>공제율</th></tr>
<tr><td rowspan="4"></td><td colspan="2"></td><td>급식비, 방과후과정 수업료(도서구입비 포함)</td><td></td><td rowspan="4"></td></tr>
<tr><td colspan="2">초·중·고등학생</td><td>등록금, 입학금, 급식비, 교과서대금, 방과후학교 수업료, 체험학습비(연 30만원), 교복구입비(중·고등학생 연 50만원)</td><td>1명당 연 300만원</td></tr>
<tr><td colspan="2">대학생</td><td>등록금, 입학금</td><td>1명당 연 900만원</td></tr>
<tr><td colspan="2">장애인</td><td>장애인 재활교육비</td><td>전 액</td></tr>
<tr><td rowspan="5">기부금</td><td colspan="2">정치자금 기부금</td><td>정당기부 등</td><td>근로소득금액 전액</td><td>10만원 이하(100/110)
10만원 초과(15%, 25%)</td></tr>
<tr><td colspan="2">법정기부금</td><td>국방헌금, 위문금품 등</td><td>근로소득금액 전액</td><td rowspan="4">법정 + 우리사주 + 지정 15%(30%)</td></tr>
<tr><td colspan="2">우리사주조합 기부금</td><td>우리사주조합원이 아닌 사람이 우리사주조합에 지출하는 기부금</td><td>근로소득금액의 30%</td></tr>
<tr><td rowspan="2">지정기부금</td><td>종교단체 외</td><td>지정된 사회·복지·문화·예술단체</td><td>근로소득금액의 30%</td></tr>
<tr><td>종교단체</td><td>주무관청에 등록된 종교단체</td><td>근로소득금액의 10%</td></tr>
</table>

(8) 기부금영수증 관련 제도 이해

① 기부금영수증 발급명세 작성 · 보관 · 제출의무

구 분	내 용
작성의무자	기부금영수증을 발급하는 기부금단체
기부금영수증 발급명세 작성 내용 및 대상	기부하는 자에 대한 기부금영수증 발급 내역[(소칙 별지 제29호의 7 서식(1)) ※2010.1.1.부터는 기부금액에 관계없이 기부금을 기부하는 자
필수 기재사항	• 기부자의 성명, 주민등록번호 및 주소 • 기부금액, 기부일자, 기부금영수증 발급일자 등
기부자별 발급명세 의무 보관기간	기부금영수증 발급일로부터 5년간 보관
기부자별 발급명세 제출	국세청장 · 지방국세청장 또는 관할세무서장이 요청하는 경우 제출
기부금영수증 발급명세서 제출	기부금영수증을 발급하는 자는 해당 과세기간의 기부금영수증 총 발급 건수 및 금액 등을 기재한 기부금영수증 발급명세서[소칙 별지 제29호의 7 서식(2)]를 해당 과세기간의 다음 연도 6월 30일까지 해당 기부금단체의 소재지 관할 세무서장에게 제출

② 기부금영수증 허위발급 등에 대한 가산세

기부금영수증을 발급하는 자가 기부금영수증을 사실과 다르게 기재하거나 기부자별 발급명세서를 작성 · 보관하지 아니한 경우에는 기부금영수증불성실가산세를 결정세액에 가산하며, 이 경우 산출세액이 없는 경우에도 적용한다.

구 분	가 산 세
기부금영수증	① 기부금액이 사실과 다르게 발급된 경우 사실과 다르게 발급된 금액(영수증에 실제 기재된 금액과 건별로 발급하여야 할 금액과의 차액을 말함)의 100분의 2에 상당하는 금액 ② 기부자의 인적사항 등을 사실과 다르게 적어 발급(기부금액 또는 기부자의 인적사항 등 주요사항을 적지 아니하고 발급하는 경우 포함)되는 등 '①' 외의 경우 영수증에 기재된 금액의 100분의 2에 상당하는 금액
기부자별 발급명세서	그 작성·보관하지 아니한 금액의 1천분의 2에 해당하는 금액

(9) 징수 및 환급

원천징수의무자는 연말정산 결과 추가 납부세액이 발생한 근로소득이 있는 자에게 소득세를 징수하여야 한다.

따라서 종합소득산출세액에서 다음의 금액을 공제한 금액을 소득세로 징수한다. 다만, 다음 금액의 합계액이 종합소득산출세액을 초과하는 경우에 그 초과하는 부분은 이를 근로자에게 환급하여야 한다.

- 「소득세법」 제134조 제1항에 따라 이미 원천징수한 세액(가산세액 제외)
- 「소득세법」(외국납부세액공제, 근로소득세액공제, 자녀세액공제, 연금계좌세액공제 및 특별세액공제)에 따른 공제세액
- 「조세특례제한법」에 따른 세액감면·세액공제 등

(10) 환급세액 지급방법

① 조정환급

원천징수의무자는 환급세액이 발생한 경우 환급할 소득세가 연말정산하는 달에 원천징수하여 납부할 소득세를 초과하는 경우에는 다음 달 이후에 원천징수하여 납부할 소득세에서 조정하여 근로자에게 환급세액을 지급할 수 있다.

② 환급신청

회사 전체적으로 환급세액이 많아 회사에서 근로자에게 환급금을 즉시 지급하기가 어려운 경우 회사가 세무서에 환급신청을 할 수 있다.

이 경우 원천징수의무자는 원천징수이행상황신고서의 '원천징수세액환급신청서'에 "☑" 표시하고 '㉑ 환급신청액'란에 환급신청액을 기재(원천징수세액환급신청서 부표, 기납부세액 명세서, 전월미환급세액 조정명세서 반드시 작성)하여 원천징수 관할세무서장에게 신청함으로써 환급신청을 할 수 있다.

연말정산 환급신청시 제출서류

- 원천징수세액 환급신청서
- 원천징수세액 환급신청서 부표
- 기납부세액 명세서
- 전월미환급세액 조정명세서(환급신청시 전월미환급세액이 있는 경우에만 작성)

③ 원천징수의무자의 소재 불명시 근로소득세 과오납금 환급방법

원천징수의무자가 원천징수 관할세무서장에게 환급신청을 한 후 폐업 등으로 소재불명됨에 따라 당해 환급세액을 원천징수의무자를 통하여 근로자에게 환급되도록 하는 것이 사실상 불가능한 경우에는 원천징수 관할세무서장이 당해 환급세액을 근로자에게 직접 지급할 수 있다(소득세법 기본통칙 137-201…1).

(11) 연말정산 세액 분납

연말정산 결과 근로자의 추가 납부세액이 10만원을 초과하는 경우 원천징수의무자는 해당 과세기간의 다음 연도 2월분부터 4월분의 근로소득을 지급할 때까지 추가 납부세액을 나누어 원천징수할 수 있다.

(12) 원천징수의무자가 제출할 서류

① 원천징수이행상황신고서

원천징수의무자는 연말정산을 거쳐 원천징수한 소득세를 다음 달 10일까지 납부서와 함께 금융기관 등에 납부하고 원천징수이행상황신고서를 관할세무서장에게 제출하여야 한다.

이 경우 과세미달 등 원천징수할 세액이 없는 자에 대한 지급액도 신고서에 포함하여야 하며, 연말정산에 따른 소득세뿐만 아니라 2월 지급분 근로소득에 대한 세액을 해당란에 구분 표기하여야 한다.

근로소득으로 신고하는 경우 다음과 같이 구분하여 원천징수이행상황신고서를 작성하여야 한다.

간이세액(A01)	매월 급여 지급액 및 원천징수한 내역을 기재
중도퇴직(A02)	연도 중 중도퇴사자의 연말정산 내역을 기재
일용근로(A03)	일용근로자에게 지급한 일당 및 원천징수 내역을 기재
연말정산(A04)	연도말까지 계속 근로자에 대한 연말정산한 내역을 기재

■ 간이세액(A01)

종교단체가 종교인 및 소속 직원에게 지급하는 매월 급여에 대해서는 근로소득 간이세액표에 따른 소득세를 원천징수하여 간이세액(A01)란에 인원, 총지급액, 원천징수세액을 기재한다.

■ 중도퇴직(A02)

종교단체가 근로소득으로 신고하던 종교인 및 소속 직원 중 연도 중에 퇴직하는 경우 해당연도 1월 1일부터 퇴직일까지의 급여소득에 대해 연말정산을 하여 중도퇴직(A02)란에 해당되는 인원, 총지급액, 원천징수세액을 기재한다.

이 경우 총지급액은 해당연도 1월 1일부터 퇴직일까지 급여의 합계액을, 원천징수세액은 연말정산 결과 결정세액에서 이미 납부한 세액을 차감한 차감납부세액 또는 환급세액을 기재한다.

■ 연말정산(A04)

종교단체가 근로소득으로 신고하던 종교인 및 소속 직원에 대해 연말정산을 하는 경우 해당연도 1월 1일부터 12월 31일까지의 급여소득에 대해 연말정산을 하여 연말정산(A04)란에 해당되는 인원, 총지급액, 원천징수세액을 기재한다.

이 경우 총지급액은 해당연도 1월 1일부터 12월 31일까지 급여의 합계액을, 원천징수세액은 연말정산 결과 결정세액에서 이미 납부한 세액을 차감한 차감납부세액 또는 환급세액을 기재한다.

사례

종교인 3명, 지급액 12,000,000원, 원천징수세액 550,000원
소속직원 7명, 지급액 15,000,000원, 원천징수세액 650,000원
종교인과 소속직원에 대한 근로소득 연말정산 결과
지급액 336,000,000원, 연말정산 세액 1,500,000원

<table>
<tr><th colspan="3" rowspan="3">소득자 소득구분</th><th rowspan="3">코드</th><th colspan="5">원천징수명세</th></tr>
<tr><th colspan="2">소득지급
(과세 미달, 일부 비과세 포함)</th><th colspan="3">징수세액</th></tr>
<tr><th>④ 인원</th><th>⑤ 총지급액</th><th>⑥ 소득세 등</th><th>⑦ 농어촌 특별세</th><th>⑧ 가산세</th></tr>
<tr><td rowspan="7">근로
소득</td><td colspan="2">간이세액</td><td>A01</td><td>10</td><td>28,000,000</td><td>1,200,000</td><td></td><td></td></tr>
<tr><td colspan="2">중도퇴사</td><td>A02</td><td></td><td></td><td></td><td></td><td></td></tr>
<tr><td colspan="2">일용근로</td><td>A03</td><td></td><td></td><td></td><td></td><td></td></tr>
<tr><td rowspan="3">연말
정산</td><td>합계</td><td>A04</td><td>10</td><td>336,000,000</td><td>1,500,000</td><td></td><td></td></tr>
<tr><td>분납신청</td><td>A05</td><td></td><td></td><td></td><td></td><td></td></tr>
<tr><td>납부금액</td><td>A06</td><td></td><td></td><td>1,500,000</td><td></td><td></td></tr>
<tr><td colspan="2">가감계</td><td>A10</td><td>10</td><td>364,000,000</td><td>2,700,000</td><td></td><td></td></tr>
</table>

② 근로소득 지급명세서

■ 제출의무자

소득세 납세의무가 있는 개인에게 근로소득을 국내에서 지급하는 자는 근로소득 지급명세서를 제출한다.

이 경우 소득세 납세의무가 있는 개인에게 근로소득을 지급하는 자에는 개인(비사업자 포함), 법인, 「소득세법」 제127조 제2항에 따라 소득의 지급을 대리하거나 그 지급 권한을 위임 또는 위탁받은 자 및 제150조에 따른 납세조합, 「소득세법」 제7조 또는 「법인세법」 제9조

에 따라 원천징수세액의 납세지를 본점 또는 주사무소의 소재지로 하는 자와 「부가가치세법」 제8조 제3항 및 제4항에 따른 사업자단위과세사업자를 포함한다.

■ 제출기한

근로소득지급명세서를 그 지급일이 속하는 과세기간의 다음 연도 3월 10일까지 원천징수 관할세무서장에게 제출한다.

다만, 원천징수의무자가 휴업 또는 폐업한 경우에는 근로소득지급명세서를 휴업일 또는 폐업일이 속하는 달의 다음다음 달 말일까지 제출하여야 한다.

다음에 해당하는 경우에도 다음 연도 3월 10일까지 지급명세서를 제출하여야 한다.

- 원천징수의무자가 12월분의 근로소득을 다음 연도 2월 말일까지 지급하지 아니한 경우
- 법인이 이익 또는 잉여금의 처분에 따라 지급하여야 할 상여로서 그 처분이 11월 1일부터 12월 31일까지의 사이에 결정되어 다음 연도 2월 말일까지 그 상여를 지급하지 아니한 경우

또한, 근로소득 연말정산 결과 기부금 세액공제금액과 의료비 세액공제금액이 있는 경우 기부금명세서, 의료비지급명세서를 근로소득지급명세서와 함께 원천징수 관할세무서에 다음 연도 3월 10일까지 제출하여야 한다.

(13) 근로소득 경정청구

근로소득 지급명세서를 기한 내에 제출한 자가 공제사항을 누락하

여 과세표준 및 납부할 세액을 과다신고하거나 환급세액을 과소신고한 경우 근로소득세액의 납부기한 경과 후 5년 이내에 경정을 청구할 수 있다.

경정청구자	원천징수의무자	근로소득자
관할세무서	원천징수 관할 세무서	주소지 관할 세무서(개인납세과)
제출서류	• 과세표준 및 세액의 결정(경정)청구서 • 수정 원천징수이행상황신고서 • 근로소득지급명세서(정정분) • 소득 · 세액공제신고서(정정분) • 관련증명서류	• 과세표준 및 세액의 결정(경정)청구서 • 근로소득원천징수영수증(정정분) • 소득 · 세액공제신고서(정정분) • 관련증명서류

Chapter 08

지급명세서 작성 및 제출

「소득세법」에 따라 소득세 납세의무가 있는 개인에게 종교인소득에 해당하는 소득을 국내에서 지급하는 자는 지급명세서를 제출하여야 한다.

종교인소득에 대한 연말정산 여부와 관계없이 종교단체는 법령에서 정해진 기한까지 지급명세서를 제출하므로 설령 종교단체가 종교인소득에 대해 연말정산을 하지 아니한 경우에도 지급명세서를 제출하여야 함을 유의하여야 한다.

종교인소득을 지급한 종교단체는 그 지급일이 속하는 과세기간의 다음 연도 3월 10일까지 지급명세서를 제출하여야 하고, 종교단체가 휴업 또는 해산한 경우에는 휴업일, 폐업일 또는 해산일이 속하는 달의 다음다음 달 말일까지 제출해야 한다.

1 지급명세서 제출

원천징수는 그 소득이 발생되는 원천에서 세액을 징수하는 제도이므로, 이를 통하여 소득자의 인적사항 및 그 소득의 크기(과세표준) 등의 과세정보를 가장 정확하고 용이하게 파악할 수 있다.

따라서 그 대상소득에 대해서는 조세의 누락이 사실상 불가능하며, 조세행정면에서는 수집된 과세자료를 토대로 근거과세 실현이 가능하다.

원천징수 대상을 정함에 있어서도 이러한 기능에 포커스를 두고 있으며, 과세자료의 파악을 위해서 원천징수의무자는 원천징수세액의 납부와 함께 그 소득 및 원천징수 내역에 대해 지급명세서 제출의무를 「소득세법」 및 「법인세법」에서 규정하고 있다.

(1) 관련 법령

구 분	내 용	법 령
기타소득 근로소득	소득세 납세의무가 있는 개인에게 종교인소득을 국내에서 지급하는 자는 지급명세서를 그 지급일이 속하는 과세기간의 다음 연도 3월 10일, 휴업, 폐업 또는 해산한 경우에는 휴업일, 폐업일 또는 해산일이 속하는 달의 다음다음 달 말일까지 원천징수 관할 세무서장, 지방국세청장 또는 국세청장에게 제출	소법 §164
지급명세서 제출 제외	「소득세법」 제12조 제5호의 규정에 따라 비과세되는 기타소득은 지급명세서 제출을 면제 다만, 「소득세법 시행령」 제19조 제3항 제3호에 따른 금액 및 물품(종교활동비)은 지급명세서를 작성하여 제출한다.	소령 §214

(2) 제출의무자

「소득세법」 제2조에 따라 소득세 납세의무가 있는 개인에게 종교인소득에 해당하는 소득을 국내에서 지급하는 자는 지급명세서를 그 지급일이 속하는 과세기간의 다음 연도 3월 10일까지 원천징수 관할 세무서장, 지방국세청장 또는 국세청장에게 제출하여야 한다.

지급명세서 제출 대상에는 법인, 「소득세법」 제127조 제5항에 따라 소득의 지급을 대리하거나 그 지급 권한을 위임 또는 위탁받은 자 및 「소득세법」 제150조에 따른 납세조합, 「소득세법」 제7조 또는 「법인세법」 제9조에 따라 원천징수세액의 납세지를 본점 또는 주사무소의 소재지로 하는 자와 「부가가치세법」 제8조 제3항 후단에 따른 사업자 단위 과세 사업자를 포함한다.

원천징수의 위임 또는 대리(소득세법 제127조 제5항)

외국법인이 발행한 채권 또는 증권에서 발생하는 제1항 제1호 및 제2호의 소득을 거주자에게 지급하는 경우에는 국내에서 그 지급을 대리하거나 그 지급 권한을 위임 또는 위탁받은 자가 그 소득에 대한 소득세를 원천징수하여야 한다(소득세법 제127조 제5항).
「소득세법」 제127조 제1항부터 제6항까지의 규정에 따라 원천징수를 하여야 할 자를 '원천징수의무자'라 한다(소득세법 제127조 제5항).
→ 2010.10.27. 이전은 「소득세법」 제127조 제5항

(3) 소득별 제출시기

구 분	제출 시기
이자소득, 배당소득, 기타소득, 연금소득	다음 연도 2월 말일

구 분	제출 시기
근로소득, 퇴직소득, 연금계좌, 사업소득, 기타소득 중 종교인소득	다음 연도 3월 10일

다만, 원천징수의무자가 휴업, 폐업 또는 해산한 경우에는 휴업일, 폐업일 또는 해산일이 속하는 달의 다음다음 달 말일까지 지급명세서를 제출하여야 한다.

(4) 지급명세서 제출 방법

지급명세서는 그 지급을 받는 소득자별로 지급명세서에 의하여 원천징수 관할세무서장 · 관할지방국세청장 또는 국세청장에게 제출하여야 한다.

지급명세서를 제출하여야 하는 자는 지급명세서의 기재 사항을 「국세기본법」 제2조 제18호에 따른 정보통신망에 의하여 제출하거나 디스켓 등 전자적 정보저장매체로 제출하여야 한다.

다만, 국세청장은 직전 과세기간에 제출한 지급명세서의 매수가 50매 미만인 자 또는 상시 근무하는 근로자의 수(매월 말일의 현황에 따른 평균인원 수)가 10명 이하인 자에게는 지급명세서를 문서로 제출하게 할 수 있다.

다음의 어느 하나에 해당하는 자는 지급명세서의 기재 사항을 「국세기본법」 제2조 제18호에 따른 정보통신망에 의하여 제출하거나 디스켓 등 전자적 정보저장매체로 제출하여야 한다.

- 한국표준산업분류상의 금융보험업자
- 국가 · 지방자치단체 또는 지방자치단체조합

- 법인
- 복식부기의무자

(5) 지급명세서 제출 특례

원천징수의무자가 원천징수를 하여 제출한 원천징수 관련 서류 중 지급명세서에 해당하는 것이 있으면 그 제출한 부분에 대하여 지급명세서를 제출한 것으로 본다.

지급명세서를 제출하여야 하는 자가 「고용보험법 시행령」 제7조 제1항 후단에 따라 근로내용 확인신고서를 고용노동부장관에게 제출한 경우에는 일용근로자의 근로소득을 그 지급일이 속하는 분기의 마지막 달의 다음 달 말일(4분기에 지급한 근로소득은 다음 과세기간 2월 말일)까지 지급명세서를 제출한 것으로 본다.

아울러 「소득세법」 제163조 제5항에 따라 사업장 소재지 관할 세무서장에게 제출한 매출·매입처별 계산서합계표(「소득세법」 제163조 제8항 또는 제9항에 따라 전자계산서 발급명세를 국세청장에게 전송한 경우를 포함)와 「부가가치세법」에 따라 사업장 소재지 관할 세무서장에게 제출한 매출·매입처별 세금계산서합계표(「부가가치세법」 제32조 제3항 또는 제5항에 따라 전자세금계산서 발급명세를 국세청장에게 전송한 경우를 포함) 중 지급명세서에 해당하는 것이 있으면 그 제출한 부분에 대하여 지급명세서를 제출한 것으로 본다.

(6) 과세관청의 지급명세서 제출 요구

원천징수 관할 세무서장, 지방국세청장 또는 국세청장은 필요하다고 인정할 때에는 지급명세서의 제출을 요구할 수 있다.

(7) 지급명세서 제출의 면제 등

다음의 어느 하나에 해당하는 소득에 대하여는 「소득세법」 제164조 제1항을 적용하지 아니하므로 지급명세서를 작성하여 제출할 대상에 해당하지 아니한다.

① 「소득세법」 제12조 제5호의 규정에 따라 비과세되는 기타소득. 다만, 「소득세법」 제19조 제3항 제3호에 따른 금액 및 물품은 지급명세서에 기재하여 제출하여야 한다.
여기에서 「소득세법」 제19조 제3항 제3호에 따른 금액 및 물품은 종교관련종사자가 소속 종교단체의 규약 또는 소속 종교단체의 의결기구의 의결·승인 등을 통하여 결정된 지급 기준에 따라 종교 활동을 위하여 통상적으로 사용할 목적으로 지급받은 금액 및 물품을 말한다.

② 「소득세법」 제21조 제1항 제2호(복권, 경품권, 그 밖의 추첨권에 당첨되어 받는 금품)에 해당하는 기타소득으로서 1건당 당첨금품의 가액이 10만원 이하인 경우

③ 「소득세법」 제12조 제3호 가목부터 사목까지, 카목, 타목, 하목, 너목, 러목 및 버목의 소득, 「소득세법 시행령」 제12조 제2호부터 제4호까지 및 제8호의 소득
위 내용을 정리하면 다음과 같이 근로소득 비과세 소득 중 지급

명세서 제출 여부에 대한 내용은 다음과 같다.

법조문	코드	기재란	비과세항목	지급명세서 작성 여부
소법 §12 3 가	A01		복무 중인 병(兵)이 받는 급여	×
소법 §12 3 나	B01		법률에 따라 동원 직장에서 받는 급여	×
소법 §12 3 다	C01		「산업재해보상보험법」에 따라 지급받는 요양급여 등	×
소법 §12 3 라	D01		「근로기준법」 등에 따라 지급받는 요양보상금 등	×
소법 §12 3 마	E01		「고용보험법」 등에 따라 받는 육아휴직급여 등	×
	E02		「국가공무원법」 등에 따라 받는 육아휴직수당 등	×
소법 §12 3 바	E10		「국민연금법」에 따라 받는 반환일시금(사망으로 받는 것에 한함) 및 사망일시금	×
소법 §12 3 사	F01		「공무원연금법」 등에 따라 받는 요양비 등	×
소법 §12 3 아	G01	⑱-5	비과세 학자금(소령 §11)	○
소법 §12 3 자	H01	⑱-9	소령 §12 1(법령 · 조례에 따른 보수를 받지 않는 위원 등이 받는 수당)	○
	H02		소령 §12 2~3(일직료 · 숙직료 등)	×
	H03		소령 §12 3(자가운전보조금)	×
	H04		소령 §12 4 · 8(법령에 따라 착용하는 제복 등)	×
	H05	⑱-18	소령 §12 9~11(경호수당, 승선	○

법조문	코드	기재란	비과세항목	지급명세서 작성 여부
			수당 등)	
	H06	⑱−4	소령 §12 12 가(연구보조비 등) −「유아교육법」, 「초·중등교육법」	○
	H07	⑱−4	소령 §12 12 가(연구보조비 등) −「고등교육법」	○
	H08	⑱−4	소령 §12 12 가(연구보조비 등) −특별법에 따른 교육기관	○
	H09	⑱−4	소령 §12 12 나(연구보조비 등)	○
	H10	⑱−4	소령 §12 12 다(연구보조비 등)	○
	H14	⑱−22	소령 §12 13 가(보육교사 근무환경개선비)−「영유아보육법 시행령」	○
	H15	⑱−23	소령 §12 13 나(사립유치원 수석교사·교사의 인건비)−「유아교육법 시행령」	○
	H11	⑱−6	소령 §12 14 (취재수당)	○
	H12	⑱−7	소령 §12 15 (벽지수당)	○
	H13	⑱−8	소령 §12 16 (천재·지변 등 재해로 받는 급여)	○
	H16	⑱−24	소령 §12 17 (정부·공공기관 중 지방이전기관 종사자 이전지원금)	○
			소령 §12 18 (종교활동비)	○
소법 §12 3 차	I01	⑱−19	외국정부 또는 국제기관에 근무하는 사람에 대한 비과세	○
소법 §12 3 카	J01		「국가유공자 등 예우 및 지원에 관한 법률」에 따라 받는 보훈급	×

법조문	코드	기재란	비과세항목	지급명세서 작성 여부
			여금 및 학습보조비	
소법 §12 3 타	J10		「전직대통령 예우에 관한 법률」에 따라 받는 연금	×
소법 §12 3 파	K01	⑱－10	작전임무 수행을 위해 외국에 주둔하는 군인 등이 받는 급여	○
소법 §12 3 하	L01		종군한 군인 등이 전사한 경우 해당 과세기간의 급여	×
소법 §12 3 거	M01	⑱	소령 §16 ① 1(국외 등에서 근로에 대한 보수) 100만원	○
	M02	⑱	소령 §16 ① 1(국외 등에서 근로에 대한 보수) 300만원	○
	M03	⑱	소령 §16 ① 2(국외근로)	○
소법 §12 3 너	N01		「국민건강보험법」 등에 따라 사용자 등이 부담하는 보험료	×
소법 §12 3 더	O01	⑱－1	생산직 등에 종사하는 근로자의 야간수당 등	○
소법 §12 3 러	P01		비과세 식사대(월 10만원 이하)	×
	P02		현물 급식	×
소법 §12 3 머	Q01	⑱－2	출산, 6세 이하의 자녀의 보육 관련 비과세 급여(월 10만원 이내)	○
소법 §12 3 버	R01		국군포로가 지급받는 보수 등	×
소법 §12 3 서	R10	⑱－21	「교육기본법」 제28조 제1항에 따라 받는 장학금	○
소법 §12 3 어	R11	⑱－29	소령 §17의 3 비과세 직무발명 보상금	○
구 조특법 §15	S01	⑱－11	주식매수선택권 비과세	○

법조문	코드	기재란	비과세항목	지급명세서 작성 여부
조특법 §88의 4 ⑥	Y02	⑱-14	우리사주조합 인출금 비과세 (50%)	○
	Y03	⑱-15	우리사주조합 인출금 비과세 (75%)	○
	Y04	⑱-16	우리사주조합 인출금 비과세 (100%)	○
소법 §12 3 자	Y22	⑲	소령 §12 13 다(전공의 수련보조수당)	○

④ 그 밖에 기획재정부령으로 정하는 소득

- 「소득세법」 제21조 제1항 제4호에 해당하는 기타소득으로서 1건당 환급금이 500만원 미만(체육진흥투표권의 경우 10만원 이하)인 경우
- 「소득세법」 제84조에 따라 소득세가 과세되지 아니하는 기타소득 다만, 「소득세법」 제21조 제1항 제15호 및 제19호에 따른 기타소득을 제외한다.
- 「소득세법 시행령」 제184조의 2 제1호의 2의 규정에 의한 안마시술소에서 제공하는 용역에 대한 소득으로서 안마시술소가 소득세를 원천징수하는 소득

(8) 지급명세서 제출의 특례

① 지급명세서의 제출 갈음시 그 원천징수영수증 부본 제출 의무

원천징수의무자는 「소득세법」 제164조 제5항*에 따라 원천징수에 관한 명세서, 그 밖의 관계서류를 제출함으로써 지급명세서의 제출에

갈음하려고 할 때에는 그 원천징수영수증 부본을 「소득세법」 제164조에 따른 기한까지 원천징수 관할세무서장에게 제출하여야 한다.

* 원천징수의무자가 원천징수를 하여 제출한 원천징수 관련 서류 중 지급명세서에 해당하는 것이 있으면 그 제출한 부분에 대하여 지급명세서를 제출한 것으로 본다.

② 총급여액이 일정금액 이하인 경우

총급여액이 근로소득공제액 및 본인에 대한 기본공제액의 합계액 이하인 거주자에 대하여는 「소득세법」 제164조에 따른 지급명세서에 갈음하여 국세청장이 정하는 근로소득지급명세서를 제출할 수 있다.

다만, 종된 근무지가 없는 거주자만 해당하며 과세기간 중에 취직 또는 퇴직한 자에 대하여는 연으로 환산한 총급여액을 기준으로 적용한다.

(9) 지급명세서 제출기한의 연장

① 천재 · 지변 기타 특수한 사유가 발생한 경우

천재 · 지변 기타 특수한 사유가 발생한 경우에 당해 원천징수 관할세무서장 · 관할지방국세청장 또는 국세청장은 「소득세법」 제164조의 규정에 의한 지급명세서의 제출을 다음의 규정에 의하여 면제하거나 그 제출기한을 연장할 수 있다.

■ 면제

천재 · 지변등 불가항력인 사유로 인하여 장부 기타 증빙서류가 멸실된 경우에는 그 사유가 발생한 달의 전월분부터 당해 사업이 원상으로 회복된 달의 전월분까지 지급명세서의 제출을 면제할 수 있다.

이 경우 지급명세서를 제출하여야 하는 자가 지급명세서의 기재 사항을 「국세기본법」 제2조 제18호에 따른 정보통신망에 의하여 제출하거나 디스켓 등 전자적 정보저장매체로 제출하여야 하는 경우 전산시스템의 유지·관리 및 입력·출력상태 등을 감안하여 국세청장이 정하는 기간분까지 지급명세서의 제출을 면제할 수 있다.

■ 연장

권한있는 기관에 장부 기타 증빙서류가 압수 또는 영치된 경우에는 그 사유가 발생한 당월분과 그 전월분에 대하여 지급명세서를 제출할 수 있는 상태로 된 날이 속하는 달의 다음 달 말일까지 제출기한을 연장할 수 있다.

이 경우 지급명세서를 제출하여야 하는 자가 지급명세서의 기재 사항을 「국세기본법」 제2조 제18호에 따른 정보통신망에 의하여 제출하거나 디스켓 등 전자적 정보저장매체로 제출하여야 하는 경우 전산시스템의 유지·관리 및 입력·출력상태 등을 감안하여 국세청장이 정하는 기간분에 대하여 지급명세서를 제출할 수 있는 상태로 된 날이 속하는 달의 다음 달 말일까지 제출기한을 연장할 수 있다.

② 면제 또는 연장 신청사유

지급명세서 제출을 면제 또는 연장받고자 하는 자는 「소득세법」 제164조의 규정에 의한 기한 내에 당해 원천징수 관할세무서장·관할지방국세청장 또는 국세청장에게 신청하여야 한다.

구 분	제출 기한
이자소득, 배당소득, 기타소득, 연금소득	다음 연도 2월 말일
근로소득, 퇴직소득, 연금계좌, 사업소득, 기타소득 중 종교인소득	다음 연도 3월 10일

(10) 지급명세서 제출 관련 가산세

지급명세서를 제출하여야 할 자가 당해 지급명세서를 그 기한 내에 제출하지 아니하였거나 제출된 지급명세서가 불분명한 경우에는 그 제출하지 아니한 분의 지급금액 또는 불분명한 분의 지급금액의 1%에 상당하는 금액을 결정세액에 가산한다.

다만, 제출기한 경과 후 3개월 이내에 제출하는 경우에는 지급금액의 0.5%에 상당하는 금액을 결정세액에 가산한다.

여기서 가산세가 적용되는 '지급명세서가 불분명한 경우'는 다음과 같다.

① 제출된 지급명세서에 지급자 또는 소득자의 주소 · 성명 · 납세번호(주민등록번호로 갈음하는 경우에는 주민등록번호)나 사업자등록번호 · 소득의 종류 · 소득의 귀속연도 또는 지급액을 기재하지 아니하였거나 잘못 기재하여 지급사실을 확인할 수 없는 경우

② 제출된 지급명세서 및 이자 · 배당소득 지급명세서에 유가증권 표준코드를 적지 아니하였거나 잘못 적어 유가증권의 발행자를 확인할 수 없는 경우

③ 제출된 지급명세서에 이연퇴직소득세를 적지 아니하였거나 잘못 적은 경우

다만, 지급 후에 그 지급받은 자의 소재가 불명된 것이 확인된 금액은 불분명한 금액에 포함하지 아니하는 것으로 한다.

사 유 \ 원천징수의무자		개인 (소법 §81 ①)	법인 (법법 §76 ⑦)
미 제 출		제출하지 아니한 분의 지급금액의 100분의 1	
제출	불분명한 경우와 사실과 다른 제출	불분명 또는 사실과 다른 금액의 100분의 1	
지연제출		3개월 이내에 제출하는 경우 지급금액의 100분의 0.5	

이 경우 가산세는 5천만원(중소기업이 아닌 기업 1억원) 한도로 한다.

다만, 고의적으로 위반한 경우에는 가산세 한도 규정을 적용하지 아니한다.

2 연말정산과 지급명세서 제출 서식

종교인소득은 근로소득 또는 기타소득으로 적용 여부 및 종교단체의 연말정산 이행 여부에 따라 작성 및 제출하여야 하는 지급명세서 서식이 달라짐에 유의하여야 한다.

(1) 근로소득으로 신고하는 경우

종교단체는 「소득세법 시행규칙」 별지 제24호 서식(1)에 따른 근로소득 지급명세서를 작성하여 제출하여야 한다.

(2) 기타소득으로 신고하는 경우

① 연말정산을 이행한 경우

종교단체는 「소득세법 시행규칙」 별지 제23호 서식(6)에 따른 종교인소득지급명세서(연말정산용)를 작성하여 제출하여야 한다.

② 연말정산을 이행하지 않은 경우

종교단체는 종교인소득에 대한 연간 지급내역을 「소득세법 시행규칙」 별지 제23호 서식(4)에 따른 기타소득 지급명세서(연간집계표)에 기재하여 제출하여야 한다.

3 근로소득 지급명세서 작성시 유의사항

근로소득을 지급하는 원천징수의무자가 해당 과세기간의 다음 연도 3월 10일까지 원천징수 관할세무서장에게 근로자의 근로소득 및 원천징수세액 등을 기재하여 제출하는 서류로 현행 근로소득원천징수영수증과 근로소득지급명세서는 동일 서식이다.

근로소득 연말정산 결과를 수록한 근로소득 지급명세서, 기부금명세서, 의료비지급명세서 전산 파일을 3월 10일까지 제출하여야 한다.

구 분	내용
기부금명세서	기부금세액공제를 적용받는 근로자에 대해서는 기부금명세서를 근로소득지급명세서와 함께 작성・제출

구 분	내용
의료비지급명세서	의료비세액공제를 적용받는 근로자에 대해서는 의료비지급명세서를 전산매체로 작성·제출

근로소득 지급명세서 작성시 비과세소득은 해당 항목별로 작성 대상이 다르므로 유의해야 한다.

1) 산업재해보상보험법에 따라 수급권자가 받는 요양급여 등

「산업재해보상보험법」에 따라 수급권자가 받는 요양급여, 휴업급여, 장해급여, 간병급여, 유족급여, 유족특별급여, 장해특별급여, 장의비 또는 근로의 제공으로 인한 부상·질병·사망과 관련하여 근로자나 그 유족이 받는 배상·보상 또는 위자(慰藉)의 성질이 있는 급여는 원천징수 대상 및 지급명세서 작성대상에 해당하지 아니한다.

법조문	코드	기재란	비과세항목	지급명세서 작성 여부
소법 §12 3 다	C01		「산업재해보상보험법」에 따라 지급받는 요양급여 등	×

2) 근로기준법 또는 선원법에 따라 근로자·선원 및 그 유족이 받는 요양보상금 등

「근로기준법」 또는 「선원법」에 따라 근로자·선원 및 그 유족이 받는 요양보상금, 휴업보상금, 상병보상금(傷病補償金), 일시보상금, 장해보상금, 유족보상금, 행방불명보상금, 소지품 유실보상금, 장의비 및 장제비는 원천징수 대상 및 지급명세서 작성대상에 해당하지 아니한다.

법조문	코드	기재란	비과세항목	지급명세서 작성 여부
소법 §12 3 라	D01		「근로기준법」등에 따라 지급받는 요양보상금 등	×

3) 고용보험법에 따라 받는 육아휴직 급여 등

「고용보험법」에 따라 받는 실업급여, 육아휴직 급여, 육아기 근로시간 단축 급여, 출산전후휴가 급여등, 「제대군인 지원에 관한 법률」에 따라 받는 전직지원금, 「국가공무원법」·「지방공무원법」에 따른 공무원 또는 「사립학교교직원 연금법」·「별정우체국법」을 적용받는 사람이 관련 법령에 따라 받는 육아휴직수당은 원천징수 대상 및 지급명세서 작성대상에 해당하지 아니한다.

법조문	코드	기재란	비과세항목	지급명세서 작성 여부
소법 §12 3 마	E01		「고용보험법」 등에 따라 받는 육아휴직급여 등	×
	E02		「국가공무원법」 등에 따라 받는 육아휴직수당 등	×

* 「고용보험법」에 따른 비과세 대상과 「국가공무원법」 등에 따른 비과세대상이 달라 별도 코드를 사용하고 있다.

4) 비과세 대상 학자금

비과세 대상 학자금은 원천징수 대상에 해당하지 아니하나 지급명세서 작성대상으로 ⑱－5란에 기재하여야 한다.

5) 실비변상적(實費辨償的) 성질의 급여

(1) 일직료 · 숙직료 또는 여비로서 실비변상정도의 금액

일직료 · 숙직료 또는 여비로서 실비변상정도의 금액은 비과세소득으로 원천징수 대상 및 지급명세서 작성대상에 해당하지 아니한다.

법조문	코드	기재란	비과세항목	지급명세서 작성 여부
소법 §12 3 자	H02		소령 §12 2~3(일직료 · 숙직료 등)	×
소법 §12 3 자	H03		소령 §12 3(자가운전보조금)	×

(2) 법령 · 조례에 의하여 제복을 착용하여야 하는 자가 받는 제복 · 제모 및 제화 등

법령 · 조례에 의하여 제복을 착용하여야 하는 자가 받는 제복 · 제모 및 제화, 병원 · 시험실 · 금융회사 등 · 공장 · 광산에서 근무하는 사람 또는 특수한 작업이나 역무에 종사하는 사람이 받는 작업복이나 그 직장에서만 착용하는 피복(被服)은 비과세소득으로 원천징수 대상 및 지급명세서 작성대상에 해당하지 아니한다.

법조문	코드	기재란	비과세항목	지급명세서 작성 여부
소법 §12 3 자	H04		소령 §12 4·8(법령에 따라 착용하는 제복 등)	×

(3) 벽지수당

근로자가 벽지에 근무함으로 인하여 받는 월 20만원 이내의 벽지수당은 비과세소득으로 원천징수 대상에 해당하지 아니하나 지급명세서 작성대상으로 다음과 같이 구분하여 비과세 금액을 기재한다.

코드	기재란	비과세항목	지급명세서 작성 여부
H12	⑱-7	소령 §12 15 (벽지수당)	○

(4) 근로자가 천재·지변 기타 재해로 인하여 받는 급여

근로자가 천재·지변 기타 재해로 인하여 받는 급여는 비과세소득으로 원천징수 대상에 해당하지 아니하나 지급명세서 작성대상으로 다음과 같이 구분하여 비과세 금액을 기재한다.

코드	기재란	비과세항목	지급명세서 작성 여부
H13	⑱-8	소령 §12 16(천재·지변 등 재해로 받는 급여)	○

(5) 종교활동비

종교관련종사자가 소속 종교단체로부터 소속 종교단체의 규약 또는 소속 종교단체의 의결기구의 의결·승인 등을 통하여 결정된 지급 기준에 따라 종교 활동을 위하여 통상적으로 사용할 목적으로 지급받은 금액 및 물품은 비과세소득으로 원천징수 대상에 해당하지 아니하나 지급명세서 작성대상으로 다음과 같이 구분하여 비과세 금액을 기재한다.

코드	기재란	비과세항목	지급명세서 작성 여부
		소령 §12 18 (종교활동비)	○

6) 국외근로소득

국외 또는 「남북교류협력에 관한 법률」에 따른 북한지역에서 근로를 제공하고 받는 다음의 급여는 비과세소득으로 원천징수 대상에 해당하지 아니하며 지급명세서 작성대상에 해당하며 다음과 같이 구분하여 비과세 금액을 기재한다.

코드	기재란	비과세항목	지급명세서 작성 여부
M01	⑱	소령 §16 ① 1(국외 등에서 근로에 대한 보수) 100만원	○
M02	⑱	소령 §16 ① 1(국외 등에서 근로에 대한 보수) 300만원	○
M03	⑱	소령 §16 ① 2(국외근로)	○

4 기타소득 지급명세서 작성시 유의사항

종교단체가 종교인소득을 기타소득으로 신고하는 경우 종교단체는 원천징수 및 연말정산 여부에 따라 다음과 같이 구분하여 제출하여야 한다.

종교인소득에 대해 연말정산을 한 경우에는 「소득세법 시행규칙」 별지 제23호 서식(6) '종교인소득지급명세서'를 제출하여야 하고, 종교인소득을 기타소득으로 분류하였으나, 종교인소득에 대해 연말정산을 하지 않은 경우에는 「소득세법 시행규칙」 별지 제23호 서식(4) '거주자의 기타소득 지급명세서'를 제출하여야 한다.

이 경우에도 종교관련종사자가 소속 종교단체의 규약 또는 소속 종교단체의 의결기구의 의결·승인 등을 통하여 결정된 지급 기준에 따라 종교 활동을 위하여 통상적으로 사용할 목적으로 지급받은 금액 및 물품으로 비과세되는 종교활동비는 지급명세서 작성대상에 포함되어야 하며, 종교활동비 내역을 기재할 수 있도록 '종교인소득지급명세서'와 '거주자의 기타소득 지급명세서' 개정이 필요할 것으로 보인다.

종교단체에서 연말정산을 하지 않은 종교인소득을 제출하기 위해서는 소득구분코드란에 '77(종교인소득)'로 기재하여야 한다.

5 지급명세서 제출과 경정청구

(1) 개념

이미 신고·결정 또는 경정결정된 과세표준 및 세액이 세법에 의하여 신고하여야 할 과세표준 및 세액을 초과하는 경우에 납세의무자가 과세관청에게 이를 바로잡아 결정 또는 경정하여 줄 것을 청구하는 것을 말한다.

(2) 경정청구 대상자 및 요건

과세표준확정신고가 면제되는 다음에 해당하는 자 또는 그 원천징수의무자에게 경정청구를 허용하여 연말정산 등으로 납세의무가 종결된 자에 대하여도 경정청구권을 인정하고 있다.

- 근로소득만 있는 자
- 퇴직소득만 있는 자
- 공적 연금소득만 있는 자
- 원천징수되는 사업소득만 있는 자 등

이 경우 근로소득자 또는 원천징수의무자는 신고제출하는 것이 없으므로 다음의 납부일까지 납부하고 지급명세서를 제출한 경우 경정청구를 인정한다.

구 분	납부일
근로·연금·사업소득세액	법령에서 정한 연말정산 납부일

구 분	납부일
	(다음 연도 3월 10일)
퇴직소득	원천징수납부일 (퇴직금 지급일의 익월 10일)

(3) 경정청구 사유

경정청구는 다음의 사유에 해당하는 경우 납부일 이후 5년 이내에 청구할 수 있다.

① 원천징수영수증에 기재된 과세표준 및 세액(각 세법에 따라 결정 또는 경정이 있는 경우에는 해당 결정 또는 경정 후의 과세표준 및 세액)이 세법에 따라 신고하여야 할 과세표준 및 세액을 초과할 때

② 원천징수영수증에 기재된 환급세액(각 세법에 따라 결정 또는 경정이 있는 경우에는 해당 결정 또는 경정 후의 환급세액)이 세법에 따라 신고하여야 할 환급세액에 미치지 못할 때

③ 후발적 경정청구의 사유가 발생한 때

(4) 경정 등의 청구에 대한 결과통지

결정 또는 경정의 청구를 받은 세무서장은 그 청구를 받은 날부터 2개월 이내에 과세표준 및 세액을 결정 또는 경정하거나 결정 또는 경정하여야 할 이유가 없다는 뜻을 그 청구를 한 자에게 통지하여야 한다.

다만, 청구를 한 자가 2개월 이내에 아무런 통지를 받지 못한 경우에는 통지를 받기 전이라도 그 2개월이 되는 날의 다음 날부터 「국세

기본법」에 따른 이의신청, 심사청구, 심판청구 또는 「감사원법」에 따른 심사청구를 할 수 있다.

(5) 경정 등의 청구의 효력

경정 등의 청구는 그 청구의 내용대로 과세표준 및 세액을 감액시키는 효력은 없다.

다만, 과세관청으로 하여금 일정기간 내에 그 청구의 내용에 대하여 조사·확인하여 그에 따른 결정 또는 경정을 하여야 할 법률상의 의무를 지우는 데 그친다.

그러나 그 경정 등의 청구에 대하여 과세관청이 필요한 처분을 하지 아니하거나 또는 그 경정 등의 청구에 대한 과세관청의 처분에 만족하지 않는 경우에는 그에 대하여 불복청구를 할 수 있게 된다.

09
Chapter

종합소득세 과세표준 확정신고 및 퇴직소득 원천징수

1 종교인소득과 수입시기

세법은 과세기간에 따라 세금을 계산하는데 과세기간별로 소득금액을 계산하기 위하여 계속적으로 발생하는 수입금액을 해당 과세기간에 배분하기 위한 기준으로서, 세법에서는 거래 등의 종류나 형태에 따라 일정한 조건이나 요건이 성립하는 때에 수입금액으로 계상하도록 규정하고 있다.

종교인소득은 종교단체 또는 종교인이 근로소득 또는 기타소득 중 선택하여 신고할 수 있어 정확한 소득금액 계산을 위해서는 근로소득과 기타소득에 대한 수입시기를 명확히 이해하여야 한다.

(1) 근로소득 수입시기

근로소득의 귀속연도는 근로소득의 수입시기에 해당하는 날이 속하는 과세연도를 말하며, 수입시기에 따라 해당 연도의 연말정산 대상 근로소득 금액이 정해진다.

근로소득의 수입시기는 다음의 근로소득 유형에 따라 다음에 해당하는 날로 한다.

예를 들어, 「고용보험법」에 따라 산전후휴가 급여를 사업자가 근로자에게 미리 지급하고 대위신청한 금액은 회사가 지급한 시점과 산전후휴가일 중 어느 시기를 수입시기를 해야 하는지 아리송한데 이 경우 「고용보험법」에 따라 산전후휴가 급여를 사업자가 근로자에게 미리 지급하고 대위신청한 금액은 비과세 소득에 해당하며 산전후휴가일이 수입시기이다(원천－695, 2010.9.6.).

구 분	수 입 시 기
급여	근로를 제공한 날
「소득세법」 제22조 제3항에 따라 근로소득으로 보는 임원 퇴직소득금액 한도초과액	지급받거나 지급받기로 한 날
부당해고기간 급여	법원의 판결·화해 등에 의하여 부당해고기간의 급여를 일시에 지급받는 경우에는 해고기간에 근로를 제공하고 지급받는 것으로 봄
급여를 소급인상하고 이미 지급된 금액과의 차액을 추가로 지급하는 경우	근로제공일이 속하는 연·월
성과급 상여	• 자산수익률·매출액 등 계량적 요소에 따라 성과급상여를 지급하기로 한 경우 당해 성과급상여의 귀속시기는 계량적 요소가 확정되는 날이 속하는 연도

구 분	수 입 시 기
	• 계량적 · 비계량적 요소를 평가하여 그 결과에 따라 차등 지급하는 경우 당해 성과급상여의 귀속시기는 개인별 지급액이 확정되는 연도
사이닝보너스(기업이 우수한 인재를 스카우트하기 위해 연봉 외에 지급)	근로계약 체결시 일시에 선지급(계약기간 내 퇴사시 일정금액 반환 조건)하는 경우 당해 선지급 사이닝보너스를 계약조건에 따른 근로기간 동안 안분
도급 기타 이와 유사한 계약에 의하여 급여를 받는 경우에 당해 과세기간의 과세표준 확정 신고기간 개시일 전에 당해 급여가 확정되지 아니한 때	그 확정된 날에 수입한 것으로 봄(다만, 그 확정된 날 전에 실제로 받은 금액은 그 받은 날로 함)

(2) 기타소득 수입시기

기타소득의 수입시기는 다음과 같이 규정하고 있다(소득세법 시행령 제50조 제1항).

구 분	수 입 시 기
「소득세법」 제21조 제1항 제7호[*1]에 따른 기타소득(자산 또는 권리를 대여한 경우의 기타소득은 제외)	그 대금을 청산한 날, 자산을 인도한 날 또는 사용 · 수익일 중 빠른 날을 수입시기로 한다. 다만, 대금을 청산하기 전에 자산을 인도 또는 사용 · 수익하였으나 대금이 확정되지 아니한 경우에는 그 대금 지급일로 한다.

구 분	수 입 시 기
「소득세법」 제21조 제1항 제10호[*2]에 따른 소득 중 계약금이 위약금·배상금으로 대체되는 경우의 기타소득	계약의 위약 또는 해약이 확정된 날을 수입시기로 한다.
「소득세법」 제21조 제1항 제20호에 따른 기타소득[*3]	그 법인의 해당 사업연도의 결산확정일을 수입시기로 한다.
「소득세법」 제21조 제1항 제21호에 따른 기타소득[*4]	연금외수령한 날을 수입시기로 한다.
그 밖의 기타소득	그 지급을 받은 날을 수입시기로 한다.

*1 광업권·어업권·산업재산권·산업정보, 산업상 비밀, 상표권·영업권(「소득세법 시행령」 제41조 제4항 점포 임차권을 포함), 토사석(土砂石)의 채취허가에 따른 권리, 지하수의 개발·이용권, 그 밖에 이와 유사한 자산이나 권리를 양도하거나 대여하고 그 대가로 받는 금품

*2 계약의 위약 또는 해약으로 인하여 받은 소득으로서 위약금, 배상금, 부당이득 반환시 지급받는 이자

*3 「법인세법」 제67조에 따라 기타소득으로 처분된 소득

*4 「소득세법」 제59조의 3 제1항에 따라 세액공제를 받은 연금계좌 납입액 및 연금계좌의 운용실적에 따라 증가된 금액을 그 소득의 성격에도 불구하고 연금외수령한 소득

따라서 종교인소득을 기타소득으로 신고하는 경우 그 지급을 받은 날을 수입시기로 하면 된다.

2 종교인소득과 지급시기

지급시기 또는 원천징수시기는 원천징수 대상 소득을 지급하는 자가 그 소득을 지급받는 자에게 소득세를 원천징수하는 시기이며, 종교인소득은 종교단체 또는 종교인이 근로소득 또는 기타소득 중 선택하여 신고할 수 있어 정확한 원천징수를 위해서는 근로소득과 기타소득에 대한 지급시기 또는 원천징수 시기를 명확히 이해하여야 한다.

(1) 근로소득으로 원천징수하는 경우

근로소득을 지급하는 원천징수의무자는 지급하는 때에 근로소득세를 원천징수하여야 한다.

다만, 근로소득을 지급하여야 할 원천징수의무자가 일정 기한까지 지급하지 아니한 경우에는 법령에서 정한 날에 지급하는 것으로 보아 근로소득세를 원천징수하여야 한다.

구 분	원천징수시기
매월분의 근로소득	근로소득을 지급할 때 근로소득 간이세액표에 따라 원천징수
연말정산(2인 이상으로부터 받는 경우 재취직 포함)	해당 과세기간의 다음 연도 2월분 근로소득을 지급할 때(2월분의 근로소득을 2월 말일까지 지급하지 아니하거나 2월분의 근로소득이 없는 경우 2월 말일)
근로소득을 지급하여야 할 원천징수의무자가 1월부터 11월까지	그 급여액을 12월 31일에 지급한 것으로 봄

구 분	원천징수시기
의 급여액을 해당 과세기간 12월 31일까지 지급하지 아니한 경우	
원천징수의무자가 12월분 급여액을 다음 연도 2월 말일까지 지급하지 아니한 경우	그 급여액을 2월 말일에 지급한 것으로 봄

(2) 기타소득으로 원천징수하는 경우

원천징수의무자가 기타소득을 지급할 때에는 그 기타소득금액에 원천징수세율을 적용하여 계산한 소득세를 원천징수한다.

다만, 기타소득을 지급하여야 할 원천징수의무자가 일정 기한까지 지급하지 아니한 경우에는 법령에서 정한 날에 지급하는 것으로 보아 기타소득세를 원천징수하여야 한다.

구 분	원천징수시기
기타소득	기타소득을 지급할 때 • 원천징수세율을 적용하여 원천징수 • 종교인소득은 종교인소득 간이세액표를 적용하여 원천징수
「법인세법」 제67조에 따라 처분되는 기타소득	• 법인세 과세표준을 결정 또는 경정하는 경우 : 소득금액변동통지서를 받은 날 • 법인세 과세표준을 신고하는 경우 : 그 신고일 또는 수정신고일

3 원천징수영수증 발급

원천징수영수증은 원천징수대상 소득을 지급하는 원천징수의무자가 해당 과세기간의 법령에서 정한 기간까지 소득자에게 원천징수 대상 소득 및 원천징수세액 등을 기재하여 원천징수하였음을 증명하기 위하여 발급하는 서류이다.

(1) 근로소득에 대한 원천징수영수증의 발급

종교인소득을 근로소득으로 연말정산하는 경우 원천징수의무자는 해당 과세기간의 다음 연도 2월 말일까지 그 근로소득의 금액과 그 밖에 필요한 사항을 적은 원천징수영수증을 근로소득자에게 발급하여야 한다.

다만, 해당 과세기간 중도에 퇴직한 사람에게는 퇴직한 날이 속하는 달의 근로소득의 지급일이 속하는 달의 다음 달 말일까지 발급하여야 한다.

일용근로자에 대하여는 근로소득의 지급일이 속하는 분기의 마지막 달의 다음 달 말일(4분기에 지급한 근로소득의 경우에는 다음 연도 2월 말일을 말함)까지 발급하여야 한다.

2인 이상으로부터 근로소득을 받는 사람(일용근로자는 제외)이 「소득세법」 제137조의 2에 따른 연말정산을 적용받기 위하여 원천징수영수증의 발급을 종된 근무지의 원천징수의무자에게 요청한 경우 그 종된 근무지의 원천징수의무자는 이를 지체 없이 발급하여야 한다.

(2) 기타소득에 대한 원천징수영수증 발급

종교인소득을 기타소득으로 연말정산하는 경우 원천징수의무자는 연말정산일이 속하는 달의 다음 달 말일까지 그 기타소득의 금액과 그 밖에 필요한 사항을 적은 원천징수영수증을 해당 사업자에게 발급하여야 한다.

4 종합소득세 과세표준 확정신고

(1) 신고 대상

① 종교인소득만 있는 경우

종교인소득을 지급하는 종교단체가 종교인소득에 대해 소득세의 원천징수 또는 연말정산을 하지 아니한 경우에는 종교인소득을 지급받은 종교인은 종합소득 과세표준 확정신고를 하여야 한다.

이 경우 원천징수를 이행하지 않았기 때문에 기납부세액이 없어 결정세액에 대해 기납부세액 차감 없이 소득세를 납부하여야 한다.

종교단체가 소속종교인의 종교인소득을 지급하면서 원천징수 및 연말정산을 이행하는 경우 종교인소득에 대해 연말정산에 따라 소득세를 납부함으로써 종합소득세 확정신고납부를 할 세액이 없는 경우에 해당되어 종합소득세 과세표준 확정신고를 할 필요가 없다.

구분	종합소득 과세표준 확정신고 대상
종교인소득(기타소득)	원천징수의무자가 원천징수를 하지 아니하거나, 종교인소득 연말정산을 하지 아니한 경우
근로소득	원천징수의무자가 원천징수(연말정산)를 하지 아니한 경우

② 종교인소득 이외 다른 소득이 있는 경우

종교인소득을 지급받는 자가 종교인소득 이외에 종합소득세 확정신고 대상인 이자소득금액·배당소득금액·사업소득금액·근로소득금액·연금소득금액·기타소득금액이 있는 경우에는 종교인소득의 원천징수 및 연말정산과 관계없이 타소득과 합산하여 종합소득 과세표준 확정신고를 하여야 한다.

(2) 신고 기간

해당 과세기간의 종교인소득에 대해서는 다음 연도 5월 1일부터 5월 31일까지 종합소득세 신고를 하여야 한다.

구분	과세 기간	신고 기간
일반적인 경우	1.1.~12.31.	다음 연도 5.1.~5.31.
성실신고확인 대상자로서 성실신고확인서를 제출하는 경우	1.1.~12.31.	다음 연도 5.1.~6.30.
과세기간 중 사망(출국)시	1.1.~사망(출국)일	상속 개시일이 속하는 달의 말일부터 6개월이 되는 날(또는 출국일 전날)
다음 연도 1.1.~5.31. 중 사망(출국)시	1.1.~12.31. 다음 연도 1.1.~	

구분	과세 기간	신고 기간
	사망(출국)일	까지

(3) 신고서 작성

종교인소득만 있는 자로서 원천징수의무자가 원천징수를 하지 아니하였거나, 종교인소득 연말정산을 하지 아니한 경우에는 '단일소득–종교인소득자용 종합소득세 과세표준확정신고서'(소득세법 시행규칙 별지 제40호 서식(5))를 작성하여야 한다.

(4) 분납

거주자로서 종합소득세 과세표준 확정신고에 따라 납부할 세액이 각각 1천만원을 초과하는 자는 다음과 같이 그 납부할 세액의 일부를 납부기한이 지난 후 2개월 이내에 분할납부할 수 있다.

- 납부할 세액이 2천만원 이하인 때에는 1천만원을 초과하는 금액
- 납부할 세액이 2천만원을 초과하는 때에는 그 세액의 100분의 50이하의 금액

(5) 중간예납

이자소득 · 배당소득 · 근로소득 · 연금소득 또는 기타소득에 대해서는 중간예납 신고 및 납부 규정을 적용하지 아니한다.

5 종교인과 퇴직소득

(1) 퇴직소득의 범위

종교관련종사자가 현실적인 퇴직을 원인으로 종교단체로부터 지급받는 소득은 퇴직소득으로 보아 소득세를 과세한다.

다만, 종교관련종사자가 그 활동과 관련하여 현실적인 퇴직 이후에 종교단체로부터 정기적 또는 부정기적으로 지급받는 소득으로서 「소득세법 시행령」 제42조의 2 제4항 제4호에 따라 현실적인 퇴직을 원인으로 종교단체로부터 지급받는 소득에 해당하지 아니하는 소득은 기타소득인 종교인소득에 해당한다.

(2) 퇴직소득의 수입시기

퇴직소득의 수입시기는 퇴직한 날로 한다.

(3) 퇴직소득금액

퇴직소득금액은 퇴직소득의 합계액으로 하며 비과세소득금액은 제외한다.

(4) 퇴직소득공제

퇴직소득과세표준을 산출하기 위해 퇴직소득금액에서 퇴직소득공제금액을 차감한다.

2015년까지는 퇴직소득금액에서 일정금액을 일률적으로 공제하는 정률공제 방식을 적용하였으나, 2016년부터는 환산급여액에 따라 공제율이 변동하는 차등공제 방식을 적용하여 소득 수준별로 차등과세하여 과세형평성을 제고하였다.

〈퇴직소득 과세방식 개요〉

2015년 이전 방식	2016년 방식
퇴직소득 과세방식(①→④ 순서로 계산) ① 퇴직소득－근속공제－정률공제(40%) ② (연분) ①÷근속연수×5(연분연승 적용비율) ③ ②×기본세율(6～40%) ④ (연승) ③÷5×근속연수	퇴직소득 과세방식 개선 ① 퇴직소득－근속공제 * 정률공제(40%) 폐지 ② (환산급여) ①÷근속연수×12 ③ (②－환산급여공제)×기본세율(6～40%) ④ (연승) ③÷12×근속연수

① 2015년 이전 방식 적용

퇴직소득이 있는 거주자에 대해서는 해당 과세기간의 퇴직소득금액에서 퇴직소득금액에 일정비율을 적용한 금액(정률공제)과 근속연수에 따른 일정금액(근속연수공제)을 순서대로 공제한다. 만약, 해당 과세기간의 퇴직소득금액이 공제금액에 미달하는 경우에는 그 퇴직소득금액을 공제액으로 한다.

■ 정률공제

퇴직소득금액에 연도별로 정한 일정비율을 적용한다.

과세기간	2011년~2015년	2006년~2010년	2002년~2005년
공 제 율	40%	45%	50%

■ 근속연수공제

근속연수에 따라 정한 아래의 금액을 공제한다.

근속연수	공 제 액
5년 이하	30만원×근속연수
5년 초과 10년 이하	150만원+50만원×(근속연수−5년)
10년 초과 20년 이하	400만원+80만원×(근속연수−10년)
20년 초과	1천200만원+120만원×(근속연수−20년)

② 2016년 이후 방식 적용

퇴직소득이 있는 거주자에 대해서 퇴직소득금액에 근속연수공제 등을 적용하여 환산급여를 산출하고 환산급여에서 환산급여공제(차등공제)를 적용한다.

해당 과세기간의 퇴직소득금액이 근속연수공제 금액에 미달하는 경우에는 그 퇴직소득금액을 공제액으로 한다.

근속연수공제 금액 산출시 근속연수는 1년 미만의 기간이 있는 경우에는 1년으로 보며, 공적연금 관련법에 따라 받는 일시금의 경우에는 '나. 근속연수 계산'에 따라 계산한 연수를 근속연수로 한다.

■ 근속연수공제

근속연수	공 제 액
5년 이하	30만원×근속연수

근속연수	공 제 액
5년 초과 10년 이하	150만원+50만원×(근속연수−5년)
10년 초과 20년 이하	400만원+80만원×(근속연수−10년)
20년 초과	1천200만원+120만원×(근속연수−20년)

■ 환산급여

(퇴직소득금액−근속연수공제)÷근속연수×12

■ 환산급여공제

환산급여	공 제 액
8백만원 이하	전액 공제
8백만원 초과 7천만원 이하	800만원+(환산급여−8백만원)×60%
7천만원 초과 1억원 이하	4천 520만원+(환산급여−7천만원)×55%
1억원 초과 3억원 이하	6천 170만원+(환산급여−1억원)×45%
3억원 초과	1억 5천 170만원+(환산급여−3억원)×35%

③ 근속연수 계산

퇴직소득공제(소득세법 제48조 제1항 제2호) 및 세율(소득세법 제55조 제2항)을 적용할 때 근속연수는 근로를 제공하기 시작한 날부터 퇴직한 날까지로 한다.

다만, 퇴직급여를 산정할 때 근로기간에 포함되지 아니한 기간은 근속연수에서 제외한다.

(5) 과세표준

퇴직소득과세표준은 퇴직소득금액에 퇴직소득공제를 적용한 금액으로 한다.

2015년까지는 퇴직소득금액에서 정률공제와 근속연수공제를 적용한 금액이며, 2016년 이후부터는 정률공제를 폐지하고 퇴직소득금액에서 근속연수공제를 적용하여 환산급여를 산출한 후 환산급여에서 환산급여공제를 적용한 금액이다.

(6) 산출세액

① 2015년 이전 퇴직소득

거주자의 퇴직소득 산출세액은 2013.1.1. 이후 근속연수 해당분과 2012.12.31. 이전 근속연수 해당분으로 구분하여 계산하며, 2013.1.1. 이후의 근속연수는 전체 근속연수에서 2012.12.31. 이전 근속연수 해당분을 빼서 계산한다(㉮+㉯).

㉮ 2013.1.1. 이후 근속연수 해당분

$$\text{퇴직소득 산출세액} = \frac{\text{퇴직소득과세표준}}{\text{근속연수}} \times 5 \times \text{기본세율} \div 5 \times \text{근속연수}$$

㉯ 2012.12.31. 이전 근속연수 해당분

$$\text{퇴직소득 산출세액} = \frac{\text{퇴직소득과세표준}}{\text{근속연수}} \times \text{기본세율} \times \text{근속연수}$$

소득세법 부칙(11611호, 2013.1.1.) 제22조 퇴직소득에 관한 경과조치

> ① 이 법 시행 전에 퇴직한 사람의 퇴직소득이 이 법 시행 후에 발생하는 경우 해당 퇴직소득에 대해서는 제55조 제2항의 개정규정에도 불구하고 종전의 규정에 따른다.
> ② 이 법 시행 전에 근무를 시작하여 이 법 시행 후에 퇴직한 자의 경우 해당 퇴직소득과세표준에 이 법 시행 전의 근속연수 비율(2012년 12월 31일까지의 근속연수를 전체 근속연수로 나눈 비율)을 곱하여 계산한 금액에 대해서는 제55조 제2항의 개정규정에도 불구하고 종전의 규정에 따른다.

② 2016년 이후 방식 퇴직소득

거주자의 퇴직소득 산출세액은 다음의 순서에 따라 계산한 금액으로 산출한다.

■ 퇴직소득 과세표준

> 환산급여 {(퇴직소득금액－근속연수공제)÷근속연수×12}－환산급여공제

〈환산급여공제〉

환산급여	차등공제
8백만원 이하	전액공제
7천만원 이하	8백만원+(8백만원 초과분의 60%)
1억원 이하	4천520만원+(7천만원 초과분의 55%)
3억원 이하	6천170만원+(1억원 초과분의 45%)
3억원 초과	1억5천170만원+(3억원 초과분의 35%)

■ 퇴직소득 산출세액

퇴직소득 산출세액={(퇴직소득 과세표준×기본세율)÷12}×근속연수

■ 경과조치(소득세법 부칙 제12852호, 2014.12.23.)

2016.1.1.부터 2019.12.31.까지의 기간 동안 퇴직한 자에 대해서는 2015.12.31. 이전 계산방법에 의한 산출세액과 2016.1.1. 이후 계산방법에 의한 산출세액에 아래에 따른 연도별 적용비율을 적용하여 산출세액을 계산한다.

퇴직소득 산출세액=(㉮×연도별 적용비율)+(㉯×연도별 적용비율)

〈연도별 적용비율〉

구 분	2016년	2017년	2018년	2019년
㉮ 2015.12.31. 이전 계산방법	80%	60%	40%	20%
㉯ 2016. 1. 1. 이후 계산방법	20%	40%	60%	80%

(7) 적용 세율

퇴직소득은 퇴직소득과세표준에 다음의 기본세율을 적용한다.

과 세 표 준	세율	산출세액 계산
1,200만원 이하	6%	과세표준의 6%
1,200만원 초과 4,600만원 이하	15%	72만원+1,200만원 초과금액의 15%

과 세 표 준	세율	산출세액 계산
4,600만원 초과 8,800만원 이하	24%	582만원+4,600만원 초과금액의 24%
8,800만원 초과 1억5천만원 이하	35%	1,590만원+8,800만원 초과금액의 35%
1억5천만원 초과 3억원 이하	38%	3,760만원+1억5천만원 초과금액의 38%
3억원 초과 5억원 이하	40%	9,460만원+3억원을 초과하는 금액의 40%
5억원 초과	42%	17,460만원+5억원 초과금액의 42%

종전 규정 방식

• 퇴직급여액

• 퇴직소득금액
=퇴직급여액−비과세 소득

• 퇴직소득공제
−정률공제(퇴직소득금액×40%)

과세 기간	11년 ~ 15년	06년 ~ 10년	02년 ~ 05년
공제율	40%	45%	50%

−근속연수공제

근속연수	공제금액
5년 이하	근속연수×30만원
10년 이하	150만원+(근속연수−5)×50만원
20년 이하	400만원+(근속연수−10)×80만원

개정 규정 방식

• 퇴직급여액

• 퇴직소득금액(㉮)
=퇴직급여액−비과세 소득

• 근속연수공제(㉯)

근속연수	공제금액
5년 이하	근속연수×30만원
10년 이하	150만원+(근속연수−5)×50만원
20년 이하	400만원+(근속연수−10)×80만원
20년 초과	1,200만원+(근속연수−20)×120만원

* 정률공제(40%) 폐지

• 환산급여(㉰)
=(㉮−㉯)÷근속연수×12

• 퇴직소득과세표준

종전 규정 방식

구분	금액
20년 초과	1,200만원+(근속연수−20)×120만원

- 퇴직소득과세표준
  =퇴직소득금액−퇴직소득공제
- 퇴직소득산출세액(①=㉮+㉯)

* 과세표준은 근속연수로 안분

㉮ 2012년 이전분=(과세표준÷근속연수)×세율×근속연수

㉯ 2013년 이후분=(과세표준÷근속연수)×5×세율÷5×근속연수

〈기본세율〉

과세표준	세율	산출세액 계산
1,200만원 이하	6%	과세표준의 6%
1,200만원 초과 4,600만원 이하	15%	72만원+1,200만원 초과금액의 15%
4,600만원 초과 8,800만원 이하	24%	582만원+4,600만원 초과금액의 24%
8,800만원 초과 1억5천만원 이하	35%	1,590만원+8,800만원 초과금액의 35%
1억5천만원 초과 3억원 이하	38%	3,760만원+1억5천만원 초과금액의 38%
3억원 초과 5억원 이하	40%	9,460만원+3억원을 초과하는 금액의 40%
5억원 초과	42%	17,460만원+5억원 초과금액의 42%

개정 규정 방식

=환산급여−환산급여공제

〈환산급여공제〉

환산급여	공제금액
8백만원 이하	전액 공제
7천만원 이하	8백만원+(㉰−8백만원)×60%
1억원 이하	4천520만원+(㉰−7천만원)×55%
3억원 이하	6천170만원+(㉰−1억원)×45%
3억원 초과	1억5천170만원+(㉰−3억원)×35%

- 퇴직소득산출세액(②)

=(과세표준×세율)÷12×근속연수

<table>
<tr><th>종전 규정 방식</th><th>개정 규정 방식</th></tr>
<tr><td>• 경과규정에 의한 퇴직소득산출세액＝(①×적용비율)＋(②×적용비율)
① 종전규정(2015년) 방식 산출세액
② 개정규정(2016년) 방식 산출세액</td><td>〈연도별 산출세액 적용비율〉
<table>
<tr><th>구 분</th><th>2016년</th><th>2017년</th><th>2018년</th><th>2019년</th></tr>
<tr><td>종전방식 산출세액</td><td>80%</td><td>60%</td><td>40%</td><td>20%</td></tr>
<tr><td>개정방식 산출세액</td><td>20%</td><td>40%</td><td>60%</td><td>80%</td></tr>
</table></td></tr>
</table>

퇴직소득세 계산 구조(2016년 이후 적용)
종전 규정 방식
(2014.12.23. 법률 제12852호로 개정되기 전)
개정 규정 방식
(2014.12.23. 법률 제12852호로 개정된 것)
퇴직소득금액
(퇴직급여액 － 비과세 소득)
퇴직소득금액
(퇴직급여액 － 비과세 소득)
퇴직소득공제
(정률공제, 근속연수공제)
근속연수공제
퇴직소득과세표준
환산급여
(퇴직소득금액－근속연수공제)÷근속연수×12
2012년 이전분
(근속연수로 안분)
2013년 이후분
(근속연수로 안분)
환산급여공제
산출세액
(과세표준÷근속연수)×세율×근속연수
산출세액
(과세표준×5÷근속연수)×세율÷5×근속연수
퇴직소득과세표준
퇴직소득산출세액 ①
퇴직소득산출세액 ②
(과세표준×세율)÷12×근속연수
(퇴직소득산출세액 ①×40%)＋(퇴직소득산출세액 ②×60%)(2018년 기준)
• 종전 규정 방식에 의한 산출세액에 적용하는 비율은 2019년까지 매년 20%씩 감소
• 개정 규정 방식에 의한 산출세액에 적용하는 비율은 2019년까지 매년 20%씩 증가
기납부(과세이연)세액
차감원천징수세액

(8) 원천징수 시기

퇴직소득을 지급하는 때에 소득세를 원천징수하여야 한다.

다만, 다음에 해당하는 경우 퇴직소득을 지급하는 것으로 보아 다음에 해당하는 때에 소득세를 원천징수하여야 한다.

- 퇴직소득을 지급하여야 할 원천징수의무자가 1월부터 11월까지의 사이에 퇴직한 사람의 퇴직소득을 해당 과세기간의 12월 31일까지 지급하지 아니한 경우에는 그 퇴직소득을 12월 31일에 지급한 것으로 보아 소득세를 원천징수한다.
- 원천징수의무자가 12월에 퇴직한 사람의 퇴직소득을 다음 연도 2월 말일까지 지급하지 아니한 경우에는 그 퇴직소득을 다음 연도 2월 말일에 지급한 것으로 보아 소득세를 원천징수한다.

(9) 소득세 징수 이연

거주자의 퇴직소득이 다음의 어느 하나에 해당하는 경우에는 해당 퇴직소득에 대한 소득세를 연금외수령하기 전까지 원천징수하지 아니한다.

이 경우 소득세가 이미 원천징수된 경우 해당 거주자는 원천징수세액에 대한 환급을 신청할 수 있다.

- 퇴직일 현재 연금계좌에 있거나 연금계좌로 지급되는 경우
- 퇴직하여 지급받은 날부터 60일 이내에 연금계좌에 입금되는 경우

(10) 퇴직소득세 납부

국내에서 퇴직소득을 지급하는 원천징수의무자는 퇴직소득세를 원천징수하여 그 징수일이 속하는 달의 다음 달 10일까지 납부하여야 한다.

(11) 원천징수영수증 발급

퇴직소득을 지급하는 자는 그 지급일이 속하는 달의 다음 달 말일까지 그 퇴직소득의 금액과 그 밖에 필요한 사항을 적은 원천징수영수증[소득세법 시행규칙 별지 제24호 서식(2)]을 퇴직소득을 지급받는 사람에게 발급하여야 한다.

(12) 지급명세서 제출

소득세 납세의무가 있는 개인에게 퇴직소득을 국내에서 지급하는 자는 퇴직소득 지급명세서를 그 지급일이 속하는 과세기간의 다음 연도 3월 10일까지 원천징수 관할세무서장, 지방국세청장 또는 국세청장에게 제출하여야 한다.

원천징수의무자가 휴업 또는 폐업한 경우에는 휴업일 또는 폐업일이 속하는 달의 다음다음 달 말일까지 지급명세서를 제출하여야 한다.

(13) 퇴직소득 과세표준 확정신고

① 대상

해당 과세기간의 퇴직소득금액이 있는 거주자는 그 퇴직소득과세표준을 그 과세기간의 다음 연도 5월 1일부터 5월 31일까지 납세지 관할 세무서장에게 신고하여야 한다. 이 경우 해당 과세기간의 퇴직소득 과세표준이 없을 때에도 적용한다.

다만, 퇴직소득에 대한 원천징수규정에 따라 소득세를 납부한 자에 대해서는 퇴직소득 과세표준 확정신고를 하지 않아도 된다.

② 제출서류

퇴직소득과세표준 확정신고를 하려는 자는 퇴직소득과세표준 확정신고 및 납부계산서(별지 제40호의 2 서식)를 납세지 관할세무서장에게 제출하여야 한다.

10 Chapter 종교단체가 알아야 할 세무실무

1 종교단체의 세법상 지위

종교단체의 인격에 따라 「소득세법」 또는 「법인세법」을 적용하는데, 법인에 해당하는 경우 「법인세법」을 적용하나 거주자에 해당하는 경우에는 「소득세법」을 적용한다.

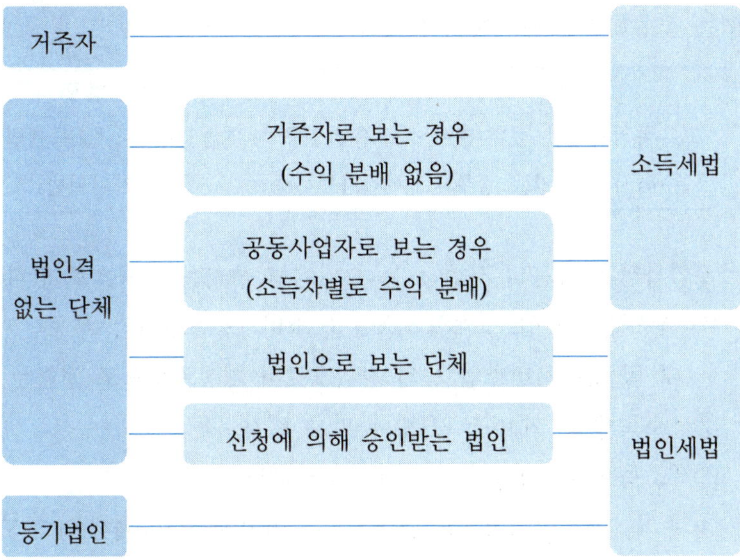

「소득세법」을 적용하고자 하는 경우 거주자(수익분배 없음)로 보아

단체 자체를 하나의 거주자로 보는 경우와 공동사업자(수익분배 있음)로 보아 소득이 배분되는 소득자별로 소득을 과세하는 경우를 구분하여야 한다.

2 고유번호와 사업자등록

「부가가치세법」 제8조 및 「법인세법」 제111조 제1항의 규정에 의하여 등록을 하고자 하는 사업자(개인) 또는 법인은 사업장마다 당해 사업의 개시일부터 20일 내에 사업자등록신청서를 납세지 관할세무서장에게 제출하여야 한다.

이 경우 국세청장은 수익사업이 없는 사업자(개인) 및 법인에 대하여는 고유번호를 부여하여야 한다.

구분	등록증	관련 법령
고유목적사업만 있는 경우	고유번호증	「법인세법」, 「소득세법」
수익사업이 있는 경우	사업자등록증	「부가가치세법」

수익사업은 다음의 사업 또는 수입에서 생기는 소득으로 한다.

① 제조업, 건설업, 도매업 · 소매업, 소비자용품수리업, 부동산 · 임대 및 사업서비스업 등의 사업으로서 대통령령으로 정하는 것

② 「소득세법」 제16조 제1항에 따른 이자소득

③ 「소득세법」 제17조 제1항에 따른 배당소득

④ 주식 · 신주인수권(新株引受權) 또는 출자지분(出資持分)의 양도로 인하여 생기는 수입

⑤ 고정자산의 처분으로 인하여 생기는 수입

해당 고정자산의 처분일 현재 3년 이상 계속하여 법령 또는 정관에 규정된 고유목적사업(수익사업은 제외)에 직접 사용한 것은 제외한다.

이 경우 해당 고정자산의 유지 · 관리 등을 위한 관람료 · 입장료수입 등 부수수익이 있는 경우에도 이를 고유목적사업에 직접 사용한 고정자산으로 본다.

⑥ 「소득세법」 제94조 제1항 제2호 및 제4호에 따른 자산의 양도로 인하여 생기는 수입

⑦ '①'부터 '⑥'까지의 규정 외에 대가(對價)를 얻는 계속적 행위로 인하여 생기는 수입으로서 대통령령으로 정하는 것

다만, 주무관청에 등록된 종교단체(그 소속단체 포함)가 공급하는 용역 중 「부가가치세법」 제26조 제1항 제18호에 따라 부가가치세가 면제되는 용역을 공급하는 사업은 수익사업에 해당하지 아니한다.

고유번호

① 납세의무자의 이동 · 변동사항을 신속 · 정확하게 파악 · 관리하기 위하여 단체 소재지 관할세무서장이 부여하는 번호이다.

② 사업장 소재지나 법인으로 보는 단체 외의 사단 · 재단 또는 그 밖의 단체의 소재지 관할세무서장은 다음 중 어느 하나에 해당하는 자에게 고유번호를 부여할 수 있다.

- 종합소득이 있는 자로서 사업자가 아닌 자
- 「비영리 민간단체 지원법」에 따라 등록된 단체 등 과세자료의 효율적 처리 및 소득공제 사후검증 등을 위하여 필요하다고 인정되는 자

③ 고유번호 신청 방법은 아래의 서류를 구비하고 세무서 민원실에 신청 또는 국세청 홈택스(인터넷)로 신청 가능하다.

- ‘법인이 아닌 단체의 고유번호 신청서’ 또는 ‘법인으로 보는 단체의 승인신청서’
- 정관, 협약 등 조직과 운영 등에 관한 규정
- 법인설립허가증(소속 단체는 소속 확인서)
- 대표자 증명서류(대표자 선임 근거서류)
- 토지, 건축물대장 또는 임대차계약서
- 단체 직인
- 접수자(대리인) 신분증, 위임장

④ 고유번호를 부여받은 경우 금융기관에 종교단체 명의로 통장을 개설, 기부금 영수증 발행시 편리하게 이용할 수 있다.

3 종교단체와 비영리법인

비영리법인이라 함은 다음의 법인과 법인(「법인세법」에 의한 내국·외국법인)이 아닌 사단, 재단, 그 밖의 단체로서 「국세기본법」 제13조 제1항 및 제2항의 규정에 의하여 법인으로 보는 단체이다.

- 「민법」 제32조의 규정에 의하여 설립된 법인
- 「사립학교법」 기타 특별법에 의하여 설립된 법인으로서 「민법」 제32조에 규정된 목적과 유사한 목적을 가진 법인

이 경우 법인이 아닌 학술, 종교, 자선, 기예, 사교 기타 영리 아닌 사업을 목적으로 하는 사단 또는 재단은 주무관청의 허가를 얻어 법인으로 할 수 있다(민법 제32조).

따라서 종교를 목적으로 하는 사단 또는 재단은 주무관청의 허가를

얻어 법인으로 할 수 있다.

종교단체는 「소득세법 시행령」 제41조 제14항에 따르면, 종교의 보급 기타 교화를 목적으로 「민법」 제32조에 따라 설립된 비영리법인, 「국세기본법」 제13조에 따른 법인으로 보는 단체, 「부동산등기법」 제49조 제1항 제3호에 따라 부동산등기용 등록번호를 부여받은 법인 아닌 사단·재단으로 그 소속단체를 포함한다.

종교의 보급 기타 교화 목적	「민법」 제32조에 따라 설립된 비영리법인	소속 단체
	「국세기본법」 제13조에 따른 법인으로 보는 단체	
	「부동산등기법」 제49조 제1항 제3호에 따라 부동산등기용 등록번호를 부여받은 법인 아닌 단체	

1) 법인 및 법인 아닌 단체

법인은 「법인세법」 제1조 제1호 및 제3호에 따른 내국법인 및 외국법인을 말한다.

내국법인 및 외국법인(법인세법 제1조 제1호 및 제3호)

① 내국법인
국내에 본점이나 주사무소 또는 사업의 실질적 관리장소를 둔 법인

② 외국법인
외국에 본점 또는 주사무소를 둔 단체*로서 다음의 어느 하나에 해당하는 기준에 해당하는 법인을 말한다.
* 국내에 사업의 실질적 관리장소가 소재하지 아니하는 경우만 해당
 -설립된 국가의 법에 따라 법인격이 부여된 단체

-구성원이 유한책임사원으로만 구성된 단체
-구성원과 독립하여 자산을 소유하거나 소송의 당사자가 되는 등 직접 권리 · 의무의 주체가 되는 단체
-그 밖에 해당 외국단체와 동종 또는 유사한 국내의 단체가 「상법」 등 국내의 법률에 따른 법인인 경우의 그 외국단체

법인이 아닌 사단, 재단, 그 밖의 단체를 '법인 아닌 단체'라 한다.

2) 법인 아닌 단체를 법인으로 보는 경우 → '법인으로 보는 단체'

- 법인으로 보는 사단, 재단, 그 밖의 단체
- 세무서장의 승인에 의해 법인으로 보는 법인 아닌 단체

(1) 법인으로 보는 사단, 재단, 그 밖의 단체

법인 아닌 단체 중 다음의 어느 하나에 해당하는 것으로서 수익을 구성원에게 분배하지 아니하는 것은 법인으로 보아 「국세기본법」과 세법을 적용한다.

① 주무관청의 허가 또는 인가를 받아 설립되거나 법령에 따라 주무관청에 등록한 사단, 재단, 그 밖의 단체로서 등기되지 아니한 것

② 공익을 목적으로 출연(出捐)된 기본재산이 있는 재단으로서 등기되지 아니한 것

(2) 그 외 법인 아닌 단체 (신청 → 승인)

① 신청대상

법인으로 보는 사단, 재단, 그 밖의 단체 외의 법인 아닌 단체 중 다음의 요건을 모두 갖춘 것으로서 대표자나 관리인이 관할 세무서장에게 신청하여 승인을 받은 것도 법인으로 보아 「국세기본법」과 세법을 적용한다(국세기본법 제13조 제2항).

이 경우 해당 사단, 재단, 그 밖의 단체의 계속성과 동질성이 유지되는 것으로 본다.

㉮ 사단, 재단, 그 밖의 단체의 조직과 운영에 관한 규정을 가지고 대표자나 관리인을 선임하고 있을 것

㉯ 사단, 재단, 그 밖의 단체 자신의 계산과 명의로 수익과 재산을 독립적으로 소유·관리할 것

㉰ 사단, 재단, 그 밖의 단체의 수익을 구성원에게 분배하지 아니할 것

세무서장의 승인에 따른 법인으로 보는 법인 아닌 단체에 대한 변경 제한

신청에 대하여 관할 세무서장의 승인을 받은 날이 속하는 과세기간과 그 과세기간이 끝난 날부터 3년이 되는 날이 속하는 과세기간까지는 「소득세법」에 따른 거주자 또는 비거주자로 변경할 수 없다.

※ 다만, ①의 ㉮, ㉯, ㉰의 요건을 갖추지 못하게 되어 승인취소를 받는 경우에는 그러하지 아니하다.

② 신청시 제출 서류

관할 세무서장에게 신청하여 승인을 받으려는 법인 아닌 단체의 대표자 또는 관리인은 다음의 사항을 적은 문서(법인으로 보는 단체의 승

인신청서, 국세기본법 시행규칙 별지 제6호 서식)를 관할 세무서장에게 제출하여야 한다.

㉮ 단체의 명칭

㉯ 주사무소의 소재지

㉰ 대표자 또는 관리인의 성명과 주소 또는 거소
대표자 또는 관리인임을 입증할 수 있는 자료 포함

㉱ 고유사업

사업내용	고유사업	
	수익사업	

㉲ 재산상황

단체의 재산상황		
구　분	소재지(발행처)	가액
부 동 산		
유가증권 및 그 밖의 재산		
합　계		

㉳ 정관 또는 조직과 운영에 관한 규정

㉴ 그 밖에 필요한 사항

③ 승인 여부 통지

관할 세무서장은 법인 아닌 단체의 대표자 또는 관리인이 제출한 문서에 대하여 그 승인 여부를 신청일부터 10일 이내에 신청인에게 통지(법인으로 보는 단체의 승인 여부 통지, 국세기본법 시행규칙 별지 제6호의 2 서식)하여야 한다.

법인으로 보는 단체의 승인 여부

법인으로 보는 단체의 승인 여부	□승　　인	□ 고유번호	
		□ 「법인세법」 제111조에 따라 사업자등록을 하여야 함.	
	□승인불가	□ 「국세기본법」 제13조 제2항 제(　)호 요건 불충족(　　　　　)	

④ 고유번호 및 사업자등록

승인을 받은 법인 아닌 단체에 대해서는 승인과 동시에 「부가가치세법 시행령」 제12조 제2항에 따른 고유번호를 부여하여야 한다.

고유번호 부여(부가가치세법 시행령 제12조 제2항)

관할 세무서장은 과세자료를 효율적으로 처리하기 위하여 「부가가치세법」 제54조 제4항 또는 제5항에 따른 자에게도 등록번호에 준하는 고유번호를 부여할 수 있다.

다만, 해당 단체가 수익사업을 하려는 경우로서 「법인세법」 제111조에 따라 사업자등록을 하여야 하는 경우에는 그러하지 아니하다.

사업자등록(법인세법 제111조)

신규로 사업을 시작하는 법인은 납세지 관할 세무서장에게 등록하여야 한다.
이 경우 등록을 하고자 하는 법인은 사업장마다 당해 사업의 개시일부터 20일 내에 사업자등록신청서를 납세지 관할 세무서장에게 제출하여야 한다.

⑤ 승인 취소

승인을 받은 법인 아닌 단체가 「국세기본법」 제13조 제2항 각 호의 요건을 갖추지 못하게 되었을 때에는 관할 세무서장은 지체 없이 그 승인을 취소하여야 한다.

법인으로 보는 단체의 승인 취소 통지(국세기본법 시행규칙 별지 제6호의 3 서식)

- 승인 취소 이유 명기
  「국세기본법」 제13조 제2항 제(   )호 요건 불충족(   )

3) 법인 아닌 단체를 법인으로 보는 경우 국세의무 이행

① 의무 이행

법인으로 보는 법인 아닌 단체(이하 "법인으로 보는 단체")의 국세에 관한 의무는 그 대표자나 관리인이 이행하여야 한다.

② 대표자나 관리인 선임 및 변경

법인으로 보는 단체는 국세에 관한 의무 이행을 위하여 대표자나 관리인을 선임하거나 변경한 경우에는 관할 세무서장에게 신고하여야 한다.

법인으로 보는 단체가 대표자 또는 관리인의 선임신고 또는 변경신고를 하려는 경우에는 대표자 또는 관리인(변경의 경우에는 변경 전 및 변경 후의 대표자 또는 관리인)의 성명과 주소 또는 거소, 그 밖에 필요한 사항을 적은 문서를 관할 세무서장에게 제출하여야 한다.

③ 대표자나 관리인 선임 등 신고를 하지 아니한 경우

법인으로 보는 단체가 대표자나 관리인 선임 및 변경 신고를 하지 아니한 경우에는 관할 세무서장은 그 단체의 구성원 또는 관계인 중 1명을 국세에 관한 의무를 이행하는 사람으로 지정할 수 있다.

법인으로 보는 단체의 국세에 관한 의무 이행자 지정 통지

(국세기본법 시행규칙 별지 제7호서식)

관할 세무서장은 국세기본법 제13조 제6항에 따라 국세에 관한 의무를 이행하는 사람을 지정하였을 때에는 다음의 사항을 적은 문서로 지체 없이 해당 법인으로 보는 단체에 통지하여야 한다.

-국세에 관한 의무를 이행하는 사람의 성명과 주소 또는 거소
-지정 연월일
-지정 사유
-그 밖에 필요한 사항

4 종교단체와 공익법인

공익법인은 불특정다수의 이익인 공익을 사업목적으로 하고 있는 법인으로 세법에 따른 공익법인은 「법인세법」에 따른 비영리법인 중 「상속세 및 증여세법 시행령」 제12조 각호에 열거된 공익사업을 영위하는 법인이다.

공익사업에는 「상속세 및 증여세법 시행령」 제12조에서 종교의 보급 기타 교화에 현저히 기여하는 사업을 열거하고 있다.

종교단체는 법인등록(주무관청) 여부와 관계없이 정관상 고유목적

사업에 따라 판단하며, 종교 활동을 위한 인적 · 물적 시설이 있어야 한다.

1) 공익법인 출연재산 등에 대한 보고서 제출의무

공익법인(종교의 보급 기타 교화에 현저히 기여하는 사업)은 출연받은 재산 및 매각재산 보고를 매년(1.1.~12.31.) 사업연도 종료일로부터 3개월 이내에 관할세무서장에게 보고하여야 한다.

공익법인등이 출연받은 재산의 가액은 증여세 과세가액에 산입하지 아니한다.

다만, 공익법인등이 내국법인의 의결권 있는 주식 또는 출자지분(이하 "주식등"이라 함)을 출연받은 경우로서 출연받은 주식등과 다음의 주식등을 합한 것이 그 내국법인의 의결권 있는 발행주식총수 또는 출자총액(자기주식과 자기출자지분은 제외함. 이하 "발행주식총수등"이라 함)의 「상속세 및 증여세법」 제16조 제2항 제2호에 따른 비율을 초과하는 경우(「상속세 및 증여세법」 제16조 제3항 각 호에 해당하는 경우는 제외)에는 그 초과하는 가액을 증여세 과세가액에 산입한다.

- 출연자가 출연할 당시 해당 공익법인등이 보유하고 있는 동일한 내국법인의 주식등
- 출연자 및 그의 특수관계인이 해당 공익법인등 외의 다른 공익법인등에 출연한 동일한 내국법인의 주식등
- 출연자 및 그의 특수관계인으로부터 재산을 출연받은 다른 공익법인등이 보유하고 있는 동일한 내국법인의 주식등

상속세 및 증여세법 제16조 제2항 제2호에 따른 비율

「상속세 및 증여세법」 제16조 제2항 제2호에 따른 비율은 100분의 5이나 성실공익법인등으로서 「독점규제 및 공정거래에 관한 법률」 제14조에 따른 상호출자제한기업집단(이하 "상호출자제한기업집단"이라 함)과 특수관계에 있지 아니한 성실공익법인등에 출연하는 경우에는 다음의 구분에 따른 비율로 한다.

구 분	비 율
다음의 요건을 모두 갖춘 성실공익법인등에 출연하는 경우 －출연받은 주식등의 의결권을 행사하지 아니할 것 －자선·장학 또는 사회복지를 목적으로 할 것	100분의 20
그 밖의 경우	100분의 10

이 경우 성실공익법인 등이라 함은 「상속세 및 증여세법」 제50조 제3항에 따른 외부감사, 제50조의 2에 따른 전용계좌의 개설 및 사용, 제50조의 3에 따른 결산서류등의 공시, 제51조에 따른 장부의 작성·비치, 그 밖에 대통령령으로 정하는 요건을 모두 갖춘 공익법인 등을 말한다.
그 내국법인의 발행주식총수등의 위의 비율을 초과하는 경우에도 그 초과하는 가액을 증여세 과세가액에 산입하지 아니한다.

－「상속세 및 증여세법」 제49조 제1항 각 호 외의 부분 단서에 해당하는 공익법인등으로서 상호출자제한기업집단과 특수관계에 있지 아니한 공익법인등에 그 공익법인등의 출연자와 특수관계에 있지 아니한 내국법인의 주식등을 출연하는 경우로서 주무관청이 공익법인등의 목적사업을 효율적으로 수행하기 위하여 필요하다고 인정하는 경우
－상호출자제한기업집단과 특수관계에 있지 아니한 성실공익법인등(공익법인등이 설립된 날부터 3개월 이내에 주식등을 출연받고, 설립된 사업연도가 끝난 날부터 2년 이내에 성실공익법인등이 되는 경우를 포함)에 발행주식총수등의 위의 비율을 초과하여 출연하는 경우로서 해당 성실공익법인등이 초과보유일부터 3년 이내에 초과하여 출연받은 부분을 매각(주식등의 출연자 또는 그의 특수관계인에게 매각하는 경우는 제외)하는 경우
－「공익법인의 설립·운영에 관한 법률」 및 그 밖의 법령에 따라 내국법인의 주식등을 출연하는 경우

2) 공익법인의 외부전문가 세무확인, 결산 서류 공시, 전용 계좌 개설 · 사용 의무

(1) 공익법인 등에 대한 외부전문가의 세무확인

공익법인등은 과세기간별 또는 사업연도별로 출연받은 재산의 공익목적사업 사용 여부 등에 대하여 법령에서 정하는 기준에 해당하는 2명 이상의 변호사, 공인회계사 또는 세무사를 선임하여 세무확인(이하 "외부전문가의 세무확인"이라 함)을 받아야 한다.

다만, 자산 규모, 사업의 특성 등을 고려하여 다음에 해당하는 공익법인등은 외부전문가의 세무확인을 받지 아니할 수 있다.

① 「상속세 및 증여세법」 제50조 제1항에 따라 외부전문가의 세무확인을 받아야 하는 과세기간 또는 사업연도의 종료일 현재 대차대조표상 총자산가액(부동산의 경우 「상속세 및 증여세법」 제60조 · 제61조 및 제66조에 따라 평가한 가액이 대차대조표상의 가액보다 큰 경우에는 그 평가한 가액을 말함)의 합계액이 5억원 미만인 공익법인등
다만, 해당 과세기간 또는 사업연도의 수입금액(해당 공익사업과 관련된 「소득세법」에 따른 수입금액 또는 「법인세법」에 따라 법인세 과세대상이 되는 수익사업과 관련된 수입금액을 말함)과 그 과세기간 또는 사업연도에 출연받은 재산가액의 합계액이 3억원 이상인 공익법인등은 제외한다.

② 불특정다수인으로부터 재산을 출연받은 공익법인등(출연자 1명과 그의 특수관계인이 출연한 출연재산가액의 합계액이 공익법인등이 출연받은 총재산가액의 100분의 5에 미달하는 경우로 한정)

③ 국가 또는 지방자치단체가 재산을 출연하여 설립한 공익법인등으로서 「감사원법」 또는 관련 법령에 따라 감사원의 회계검사를 받는 공익법인등(회계검사를 받는 연도분으로 한정)

외부전문가의 세무확인을 받은 공익법인등은 그 결과를 납세지 관할세무서장에게 보고하여야 한다.

이 경우 관할세무서장은 공익법인등의 출연재산의 공익목적사업 사용 여부 등에 관련된 외부전문가의 세무확인 결과를 일반인이 열람할 수 있게 하여야 한다.

공익법인등은 과세기간별 또는 사업연도별로 「주식회사의 외부감사에 관한 법률」 제3조에 따른 감사인에게 회계감사를 받아야 한다. 다만, 다음의 어느 하나에 해당하는 공익법인등은 그러하지 아니하다.

- 회계감사를 받아야 하는 과세기간 또는 사업연도의 직전 과세기간 또는 직전 사업연도 종료일의 대차대조표상 총자산가액(부동산인 경우 법 제60조 · 제61조 및 제66조에 따라 평가한 가액이 대차대조표상의 가액보다 크면 그 평가한 가액을 말함)의 합계액이 100억원 미만인 공익법인등
- 사업의 특성을 고려하여 종교의 보급 기타 교화에 현저히 기여하는 사업 또는 「초 · 중등교육법」 및 「고등교육법」에 의한 학교, 「유아교육법」에 따른 유치원을 설립 · 경영하는 사업

(2) 공익법인등의 전용계좌 개설 · 사용 의무

공익법인등은 해당 공익법인등의 직접 공익목적사업과 관련하여 받거나 지급하는 수입과 지출의 경우로서 다음의 어느 하나에 해당하

는 경우에는 전용계좌를 사용하여야 한다.

이 경우 종교의 보급 기타 교화에 현저히 기여하는 사업은 공익법인등의 전용계좌 개설 · 사용 의무 적용을 받지 아니한다.

① 직접 공익목적사업과 관련된 수입과 지출을 금융회사등을 통하여 결제하거나 결제받는 경우

이 경우 전용계좌를 사용하여야 하는 거래의 범위에는 금융회사등의 중개 또는 금융회사등에 대한 위탁 등을 통하여 다음의 어느 하나에 해당하는 방법으로 그 대금을 결제하는 경우를 포함한다.

- 송금 및 계좌 간 자금이체
- 「수표법」 제1조에 따른 수표로 이루어진 거래대금의 지급 및 수취
- 「어음법」 제1조 및 제75조에 따른 어음으로 이루어진 거래대금의 지급 및 수취
- 「여신전문금융업법」 또는 「전자금융거래법」에 따른 신용카드 · 선불카드(선불전자지급수단 및 전자화폐를 포함) · 직불카드(직불전자지급수단을 포함)를 통하여 이루어진 거래대금의 지급 및 수취

② 기부금, 출연금 또는 회비를 받는 경우

현금으로 직접 지급받은 기부금 · 출연금 또는 회비를 지급받는 날부터 5일(5일이 되는 날이 공휴일 · 토요일 또는 「근로자의 날 제정에 관한 법률」에 따른 근로자의 날에 해당하면 그 다음 날)까지 전용계좌에 입금하는 경우는 제외한다.

이 경우 기부금 · 출연금 또는 회비의 현금수입 명세를 작성하여 보관하여야 한다.

③ 인건비, 임차료를 지급하는 경우

④ 기부금, 장학금, 연구비 등 공익목적사업과 관련된 기부금 · 장학금 · 연구비 · 생활비 등을 직접 공익목적사업비로 지출하는 경우

100만원을 초과하는 경우로 한정한다.

⑤ 수익용 또는 수익사업용 자산의 처분대금, 그 밖의 운용소득을 고유목적사업회계에 전입(현금 등 자금의 이전이 수반되는 경우만 해당)하는 경우

(3) 공익법인 등의 결산서류 공시의무

공익법인 등은 과세기간 또는 사업연도 종료일부터 4개월 이내에 국세청 인터넷 홈페이지에 다음의 결산서류를 공시하여야 한다.

다만, 사업연도 종료일 현재 총자산가액이 5억원 또는 출연금액 3억원 미만인 공익법인과 사업의 특성을 고려하여 종교의 보급 기타 교화에 현저히 기여하는 사업은 제외한다.

① 대차대조표

② 손익계산서(손익계산서에 준하는 수지계산서 등을 포함)

③ 기부금 모집 및 지출 내용

④ 해당 공익법인 등의 대표자, 이사, 출연자, 소재지 및 목적사업에 관한 사항

⑤ 주식 보유 현황

5 종교단체와 세금

1) 종교단체의 과세대상 소득

종교단체에서 발생하는 소득 중 다음에 해당하는 것은 세금이 부담될 수 있음을 유의하여야 한다.

① 고정자산(토지, 건물) 처분시 발생하는 양도소득

② 금융회사에 예금 또는 적금을 불입하여 발생한 이자 등에 대한 금융소득

③ 종교단체가 보유한 부동산 임대 수입으로 발생한 사업소득

④ 종교단체가 운영하는 간이 식음료, 북카페 등 사업으로 발생한 사업소득

2) 소득별 세금 신고

종교단체가 법인에 해당하는 경우 매 사업연도 소득(양도, 이자, 사업)을 합산하여 법인세 신고를 하고, 법인세를 납부하여야 한다.

비영리내국법인은 「법인세법」에서 열거하는 사업 또는 수입(이하 "수익사업")에서 생긴 소득(법인세법 제3조 제3항)에 대하여만 '각 사업연도 소득에 대한 법인세'가 과세된다.

그러나 종교단체가 개인에 해당하는 경우 종합소득세와 양도소득세를 구분하여 각각 다음 연도 5월 31일까지 신고하여야 한다.

3) 고유목적사업준비금 손금 산입 및 익금 산입

(1) 손금 산입

법인으로 설립된 종교단체와 종교의 보급, 그 밖에 교화를 목적으로 「민법」 제32조에 따라 문화체육관광부장관 또는 지방자치단체의 장의 허가를 받아 설립한 비영리법인의 그 소속 단체가 법인으로 보는 단체에 해당하는 경우에는 각 사업연도에 그 법인의 고유목적사업이나 지정기부금(이하 "고유목적사업등"이라 함)에 지출하기 위하여 고유목적사업준비금을 손금으로 계상한 경우에는 다음의 금액을 합한 금액의 범위에서 그 사업연도의 소득금액을 계산할 때 이를 손금에 산입한다.

① 「소득세법」 제16조 제1항 각 호(같은 항 제11호에 따른 비영업대금의 이익은 제외)에 따른 이자소득의 금액

② 「소득세법」 제17조 제1항 각 호에 따른 배당소득의 금액
다만, 「상속세 및 증여세법」 제16조 또는 같은 법 제48조에 따라 상속세 과세가액 또는 증여세 과세가액에 산입되거나 증여세가 부과되는 주식 등으로부터 발생한 배당소득금액은 제외한다.

③ 특별법에 따라 설립된 비영리내국법인이 해당 법률에 따른 복지사업으로서 그 회원이나 조합원에게 대출한 융자금에서 발생한 이자금액

④ '①'부터 '③'까지에 규정된 것 외의 수익사업에서 발생한 소득에 100분의 50(「공익법인의 설립·운영에 관한 법률」에 따라 설립된 법인으로서 고유목적사업등에 대한 지출액 중 100분의 50 이상의 금액을 장학금으로 지출하는 법인의 경우에는 100분의 80)을 곱하여 산출

한 금액

(2) 익금 산입

손금에 산입한 고유목적사업준비금의 잔액이 있는 비영리내국법인이 다음의 어느 하나에 해당하게 된 경우 그 잔액은 해당 사유가 발생한 날이 속하는 사업연도의 소득금액을 계산할 때 익금에 산입한다.

① 해산한 경우(고유목적사업준비금을 승계한 경우는 제외)

② 고유목적사업을 전부 폐지한 경우

③ 법인으로 보는 단체가 「국세기본법」 제13조 제3항에 따라 승인 취소되거나 거주자로 변경된 경우

④ 고유목적사업준비금을 손금으로 계상한 사업연도의 종료일 이후 5년이 되는 날까지 고유목적사업등에 사용하지 아니한 경우(5년 내에 사용하지 아니한 잔액으로 한정)

⑤ 고유목적사업준비금을 손금으로 계상한 사업연도의 종료일 이후 5년 이내에 고유목적사업준비금의 잔액 중 일부를 환입하여 익금으로 계상한 경우
이 경우 익금으로 계상한 잔액으로 한정하며, 여러 사업연도에 손금으로 계상한 고유목적사업준비금의 잔액이 있는 경우에는 먼저 계상한 사업연도의 잔액부터 차례로 환입하여 익금으로 계상한 것으로 본다.

4) 비영리법인의 이자소득에 대한 법인세 신고 특례

과세특례	주요 내용
고정자산 처분수입 비과세	고정자산 처분일 현재 3년 이상 고유목적사업 계속 사용한 부동산에 대해 법인세 비과세
고유목적사업준비금 손금 산입	수익사업 등 법인세 과세소득의 50%를 손금 산입 이자소득(비영업대금의 이익은 제외) 100%
자산양도소득신고 특례	고정자산 양도에 따른 소득 신고시 다음 중 선택 ① 「소득세법」에 따른 양도소득세 ② 「법인세법」에 따른 법인세 신고방법
이자소득 신고특례	이자소득에 대한 원천징수시 법인세 신고 제외

(1) 과세표준 신고 제외

비영리내국법인은 「법인세법」 제3조 제3항 제2호에 따른 이자 · 할인액 및 이익(「소득세법」 제16조 제1항 제11호의 비영업대금의 이익은 제외하고, 투자신탁의 이익을 포함하며, 이하 "이자소득"이라 함)으로서 「법인세법」 제73조에 따라 원천징수된 이자소득에 대하여는 「법인세법」 제60조 제1항에도 불구하고 과세표준 신고를 하지 아니할 수 있다. 이 경우 과세표준 신고를 하지 아니한 이자소득은 「법인세법」 제14조에 따른 각 사업연도의 소득금액을 계산할 때 포함하지 아니한다.

(2) 이자소득만 있는 비영리법인의 법인세 신고특례

이자소득만 있는 비영리법인은 「법인세법 시행규칙」 별지 제56호 서식에 의하여 법인세신고를 할 수 있다.

이 경우 대차대조표, 손익계산서 · 이익잉여금처분계산서 · 세무조정계산서를 첨부하지 아니한다.

비영리법인은 이자소득의 분리과세 원천징수방법을 매사업연도마다 선택적용 가능하며 이자소득 중 일부에 대하여도 과세표준신고를 하지 않을 수 있다(서이 46012-10574, 2002.3.21.).

따라서 비영리법인의 이자소득은 다른 소득이 없을 경우 은행에서 원천징수로 법인세 신고의무가 종결할 수 있다.

과세표준신고를 하지 아니한 이자소득에 대하여는 수정신고, 기한후 신고 또는 경정 등에 의하여 과세표준에 포함할 수 없다.

다만, 5년 이내에 고유목적사업비에 충당하기 위한 '고유목적사업준비금'을 설정하고 「법인세법 시행규칙」 제82조 제2항 각 호에서 규정한 신고서식에 의하여 법인세 과세표준을 법정신고 기한 내에 환급신청한 경우 기 납부한(은행에서 원천징수한) 이자 법인세를 전액 환급받을 수 있다.

비영리법인이 이자소득에 대해 고유목적사업준비금을 손금 산입해 법인세 신고기한 내에 신고하지 않은 경우, 이자소득에 대한 원천징수세액은 원천징수방법으로 종결되므로 환급 대상에 해당하지 아니한다(국심 2002광580, 2002.5.22.).

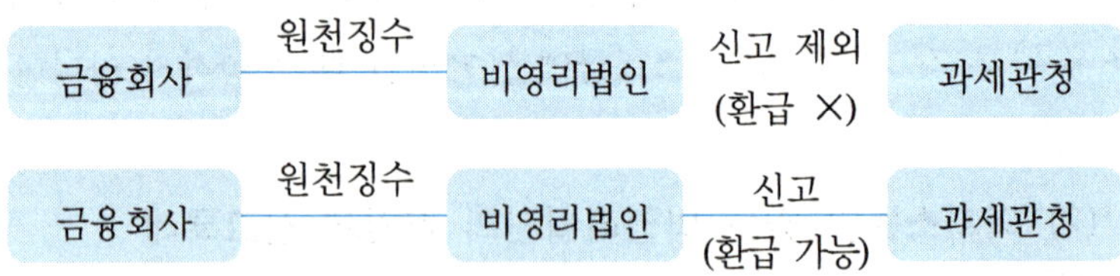

5) 고정자산 처분시 양도소득 신고 택일 특례

비영리내국법인(「법인세법」 제3조 제3항 제1호에서 규정하는 수익사업을 하는 비영리내국법인은 제외)이 「법인세법」 제3조 제3항 제4호부터 제6호까지의 수입으로서 다음의 어느 하나에 해당하는 자산의 양도로 인하여 발생하는 소득(이하 "자산양도소득"이라 함)이 있는 경우에는 「법인세법」 제60조 제1항에도 불구하고 과세표준 신고를 하지 아니할 수 있다.

이 경우 과세표준 신고를 하지 아니한 소득은 「법인세법」 제14조에 따른 각 사업연도의 소득금액을 계산할 때 포함하지 아니한다.

① 양도소득세 과세대상 주식 및 출자지분
「소득세법」 제94조 제1항 제3호에 해당하는 주식등, 「소득세법」 제94조 제1항 제4호 나목(주식등에 한함) 및 동법 시행령 제158조 제1항 제1호 · 제5호에 규정된 자산

② 토지 또는 건물(건물에 부속된 시설물과 구축물을 포함)

③ 「소득세법」 제94조 제1항 제2호(부동산에 대한 권리) 및 제4호(양도소득세 기타자산)의 자산

과세표준의 신고를 하지 아니한 자산양도소득에 대하여는 「소득세법」 제92조를 준용하여 계산한 과세표준에 같은 법 제104조 제1항 각 호의 세율을 적용하여 계산한 금액을 법인세로 납부하여야 한다.

> 양도차익=양도가액－취득가액－자본적지출액－양도비
> 과세표준=양도차익－장기보유특별공제－양도소득기본공제
> 산출세액=과세표준에 양도소득세율을 적용

이 경우 같은 「소득세법」 제104조 제4항에 따라 가중된 세율을 적용하는 경우에는 「소득세법」 제55조의 2를 적용하지 아니한다.

6) 기장의무 완화 및 무기장가산세 배제

비영리내국법인의 경우 사업소득과 채권매매익에 해당하는 수익사업을 영위하지 않은 법인은 기장의무를 지지 아니한다.

기장의무가 있는 비영리내국법인에 대해서도 무기장가산세의 규정을 적용하지 아니한다.

7) 필수적 첨부서류 제출의무의 면제

사업소득과 채권매매익에 해당하는 수익사업을 영위하지 아니하는 비영리법인이 과세표준 신고를 하는 경우 재무상태표, 손익계산서, 이익잉여금처분계산서 또는 결손금처리계산서, 세무조정계산서를 첨부하지 아니한 경우에도 적법한 신고를 한 것으로 보지 아니한다.

8) 간주익금 규정 적용 배제

비영리법인에 대해서는 임대보증금 등에 대한 간주익금에 관한 규정을 적용하지 아니한다.

9) 종교사업에 출연하는 헌금

불특정 다수인으로부터 출연받은 재산 중 출연자별로 출연받은 재산가액을 산정하기 어려운 재산으로서 종교사업에 출연하는 헌금(부동산 및 주식등으로 출연하는 경우를 제외)에 대해서는 증여세를 부과하지 아니한다.

10) 종교단체와 부가가치세

(1) 부가가치세 면세

종교단체가 그 고유의 목적을 위하여 일시적으로 공급하거나 실비 또는 무상으로 공급하는 재화 또는 용역은 부가가치세를 면세한다.

이 경우 부가가치세가 면제되는 종교단체가 그 고유의 목적을 위하여 일시적으로 공급하거나 실비 또는 무상으로 공급하는 재화 또는 용역은 다음과 같다.

- 주무관청의 허가 또는 인가를 받거나 주무관청에 등록된 단체로서 「상속세 및 증여세법 시행령」 제12조 각 호의 어느 하나에 따른 사업 또는 비영리법인의 사업으로서 종교, 자선, 학술, 구호, 사회복지, 교육, 문화, 예술 등 공익을 목적으로 하는 사업을 하는 단체가 그 고유의 사업목적을 위하여 일시적으로 공급하거나 실비(實費) 또는 무상으로 공급하는 재화 또는 용역
- 「문화재보호법」에 따른 지정문화재(지방문화재를 포함하며, 무형문화재는 제외)를 소유하거나 관리하고 있는 종교단체(주무관청에 등록된 종교단체로 한정)의 경내지(境內地) 및 경내지 안의 건물과

(2) 매입세금계산서합계표 제출

「부가가치세법」 및 「조세특례제한법」에 따라 부가가치세가 면제되는 사업을 하는 법인은 재화나 용역을 공급받고 「부가가치세법」 제32조 제1항 · 제7항 및 제35조 제1항에 따라 세금계산서를 발급받은 경우에는 매년 2월 10일까지 매입처별 세금계산서합계표(「부가가치세법」 제54조에 따른 매입처별 세금계산서합계표를 말함)를 납세지 관할 세무서장에게 제출하여야 한다.

다만, 「부가가치세법」 제54조 제5항에 따라 매입처별 세금계산서합계표를 해당 과세기간이 끝난 후 25일 이내에 납세지 관할 세무서장에게 제출한 경우에는 그러하지 아니하다.

11) 압류대상 금지 재산

제사 · 예배에 필요한 물건, 비석 및 묘지는 「국세징수법」에 따른 압류대상 금지 재산으로 체납세액을 징수하기 위하여 압류할 수 없다.

12) 종교행위 직접 사용 부동산 등에 대한 취득세 등의 면제

(1) 취득세 면제

종교단체 또는 향교가 종교행위 또는 제사를 목적으로 하는 사업에 직접 사용하기 위하여 취득하는 부동산에 대해서는 취득세를 면제한다. 다만, 다음의 어느 하나에 해당하는 경우 그 해당 부분에 대해서는 면제된 취득세를 추징한다.

① 해당 부동산을 취득한 날부터 5년 이내에 수익사업에 사용하는 경우

② 정당한 사유 없이 그 취득일부터 3년이 경과할 때까지 해당 용도로 직접 사용하지 아니하는 경우

③ 해당 용도로 직접 사용한 기간이 2년 미만인 상태에서 매각·증여하거나 다른 용도로 사용하는 경우

(2) 재산세 등 면제

종교단체 또는 향교가 과세기준일 현재 해당 사업에 직접 사용(종교단체 또는 향교가 제3자의 부동산을 무상으로 해당 사업에 사용하는 경우를 포함)하는 부동산*에 대해서는 재산세(「지방세법」 제112조에 따른 부과액을 포함) 및 「지방세법」 제146조 제2항에 따른 지역자원시설세를 각각 면제한다.

* 해당 사업에 직접 사용할 건축물을 건축 중인 경우와 건축허가 후 행정기관의 건축규제조치로 건축에 착공하지 못한 경우의 건축 예정 건축물의 부속토지를 포함한다.

다만, 수익사업에 사용하는 경우와 해당 재산이 유료로 사용되는 경우의 그 재산 및 해당 재산의 일부가 그 목적에 직접 사용되지 아니하는 경우의 그 일부 재산에 대해서는 면제하지 아니한다.

(3) 등록면허세 면제

종교단체 또는 향교가 그 사업에 직접 사용하기 위한 면허에 대해서는 등록면허세를 면제하고, 해당 단체에 대해서는 주민세 재산분 및 종업원분을 각각 면제한다.

이 경우 종교단체 또는 향교가 그 사업에 직접 사용하기 위한 면허는 종교 및 제사를 목적으로 하는 단체가 그 비영리사업의 경영을 위하여 필요한 면허 또는 그 면허로 인한 영업 설비나 행위에서 발생한 수익금의 전액을 그 비영리사업에 사용하는 경우의 면허를 말한다.

다만, 수익사업에 관계되는 수익사업에 직접 제공되고 있는 사업소와 종업원을 기준으로 부과하는 주민세 재산분과 종업원분은 면제하지 아니한다.

이 경우 면제대상 사업과 수익사업에 건축물이 겸용되거나 종업원이 겸직하는 경우에는 주된 용도 또는 직무에 따른다. 주민세 재산분 및 종업원분은 면제하지 아니한다.

(4) 종교단체 또는 향교에 생산된 전력 등을 무료로 제공하는 경우

종교단체 또는 향교에 생산된 전력 등을 무료로 제공하는 경우 그 부분에 대해서는 「지방세법」 제146조 제1항에 따른 지역자원시설세를 면제한다.

(5) 전통사찰보존지 재산세 면제

사찰림(寺刹林)과 「전통사찰의 보존 및 지원에 관한 법률」 제2조 제1호에 따른 전통사찰이 소유하고 있는 경우로서 같은 조 제3호에 따른 전통사찰보존지에 대해서는 재산세(「지방세법」 제112조에 따른 부과액을 포함)를 면제한다.

다만, 수익사업에 사용하는 경우와 해당 재산이 유료로 사용되는 경우의 그 재산 및 해당 재산의 일부가 그 목적에 직접 사용되지 아니하는 경우의 그 일부 재산에 대해서는 면제하지 아니한다.

(6) 종교의식을 행하는 교회 등에 대한 주민세 균등분 면제

법인의 사업장 중 종교의식을 행하는 교회 · 성당 · 사찰 · 불당 · 향교 등에 대해서는 주민세 균등분을 면제한다.

6 기부금과 종교단체

1) 종교단체 중 지정기부금 적용대상

종교의 보급, 그 밖에 교화를 목적으로 「민법」 제32조에 따라 문화체육관광부장관 또는 지방자치단체의 장의 허가를 받아 설립한 비영리법인(그 소속단체를 포함)은 지정기부금 대상이다.

민법 제32조

학술, 종교, 자선, 기예, 사교 기타 영리 아닌 사업을 목적으로 하는 사단 또는 재단은 주무관청의 허가를 얻어 이를 법인으로 할 수 있다.

2) 소득세법에 따른 필요경비 산입

「소득세법」 제34조의 규정에 의한 지정기부금의 필요경비 산입 한도액은 각종 준비금을 먼저 필요경비에 산입한 후의 소득금액을 기준으로 하여 계산한다.

① 종교단체에 기부한 금액이 있는 경우

(해당 과세기간의 소득금액－기부금등합계액)×10/100＋(해당 과세기간의 소득금액－기부금등합계액)×20/100과 종교단체 외에 지급한 금액 중 적은 금액]

② 종교단체 외 지정기부금단체에 기부한 금액이 있는 경우

(해당 과세기간의 소득금액－기부금등합계액)×30/100

어음 등으로 지급한 기부금의 필요경비 계상시기는 다음과 같다.
㉮ 기부금의 지급을 위하여 어음을 발행(어음의 배서를 포함)한 때에

는 그 어음이 실제로 결제된 날에 기부금이 지급된 것으로 한다.

㉯ 기부금의 지급을 위하여 수표를 발행하는 때에는 당해 수표를 교부한 날에 지급된 것으로 한다.

3) 소득세법에 따른 기부금세액공제

(1) 세액공제 대상자

거주자로 사업소득만 있는 자는 제외하나, 「소득세법」 제127조에 따라 원천징수되는 사업소득으로서 연말정산 대상 사업소득만 있는 자를 포함한다.

연말정산 대상 사업소득만 있는 자는 다음의 어느 하나에 해당하는 사업자로서 간편장부대상자는 해당 사업소득의 원천징수의무자가 연말정산을 한 것만 해당한다.

① 독립된 자격으로 보험가입자의 모집 및 이에 부수되는 용역을 제공하고 그 실적에 따라 모집수당 등을 받는 자

② 「방문판매 등에 관한 법률」에 의하여 방문판매업자를 대신하여 방문판매업무를 수행하고 그 실적에 따라 판매수당 등을 받거나 후원방문판매조직에 판매원으로 가입하여 후원방문판매업을 수행하고 후원수당 등을 받는 자

③ 독립된 자격으로 일반 소비자를 대상으로 사업장을 개설하지 않고 음료품을 배달하는 계약배달 판매 용역을 제공하고 판매실적에 따라 판매수당 등을 받는 자

(2) 세액공제대상에 포함되는 부양가족의 기부금

해당 과세기간에 지급한 기부금으로 「소득세법」 제50조 제1항 제2호 및 제3호에 해당하는 사람(나이의 제한을 받지 아니하며, 다른 거주자의 기본공제를 적용받은 사람은 제외)이 지급한 기부금을 포함한다.

(3) 세액공제금액 계산

다음의 기부금을 합한 금액에서 사업소득금액을 계산할 때 필요경비에 산입한 기부금을 뺀 금액의 100분의 15(해당 금액이 2천만원을 초과하는 경우 그 초과분에 대해서는 100분의 30)에 해당하는 금액(이하 "기부금 세액공제액"이라 함)을 해당 과세기간의 합산과세되는 종합소득산출세액(필요경비에 산입한 기부금이 있는 경우 사업소득에 대한 산출세액은 제외)에서 공제한다.

① 법정기부금

② 지정기부금

이 경우 지정기부금의 한도액은 다음의 구분에 따른다.

■ 종교단체에 기부한 금액이 있는 경우

> 한도액=[종합소득금액(「소득세법」 제62조에 따른 원천징수세율을 적용받는 이자소득 및 배당소득은 제외)에서 ①에 따른 기부금을 뺀 금액을 말하며, 이하 "소득금액"이라 함]×100분의 10+[소득금액의 100분의 20과 종교단체 외에 지급한 금액 중 적은 금액]

소득세법 제62조에 따른 원천징수세율

> 분리과세 이자, 배당소득과 종합과세기준금액인 2,000만원 이하의 경우 원천징수세율을 적용받는다.

이 경우 ①의 기부금과 ②의 기부금이 함께 있으면 ①의 기부금을 먼저 공제하되, 2013.12.31. 이전에 지급한 기부금을 2014.1.1. 이후에 개시하는 과세기간에 이월하여 소득공제하는 경우에는 해당 과세기간에 지급한 기부금보다 먼저 공제한다.

■ 종교단체 외의 지정기부금

> 한도액=소득금액의 100분의 30

(4) 기부금 세액공제액 처리절차

거주자가 지출한 기부금에 따른 기부금 세액공제액을 종합소득금액 산출세액에서 공제하는 경우에는 다음과 같이 처리한다.

① 지정기부금과 법정기부금의 세액공제한도액 초과금액

지정기부금과 법정기부금의 세액공제한도액 초과금액은 이월된 각 과세기간에 있어서 각 과세기간에 지출한 지정기부금 및 법정기부금이 세액공제한도액에 미달하는 경우에 한하여 그 미달하는 범위 안에서 이를 세액공제에 산입한다.

② 기부금을 금전 외의 자산으로 제공한 경우

거주자가 기부금을 금전 외의 자산으로 제공한 경우 해당 자산의 가액은 이를 제공한 때의 시가(시가가 장부가액보다 낮은 경우에는 장부가액을 말함)에 의한다.

다만, 법정기부금에 대해서는 장부가액으로 하고, 「박물관 및 미술관 진흥법」 제3조에 따른 국립 박물관 및 국립 미술관에 제공하는 기부금에 대해서는 기증유물의 감정평가를 위하여 문화체육관광부에 두는 위원회에서 산정한 금액으로 할 수 있다.

③ 세액공제 순서

거주자가 기부금 및 「조세특례제한법」 제76조 및 제88조의 4 제13항에 따른 기부금을 지출한 경우에는 다음의 구분에 따른 금액의 범위에서 해당 기부금을 순서대로 세액공제한다.

㉮ 「조세특례제한법」 제76조에 따른 기부금(이하 "정치자금기부금"이라 함) 또는 법정기부금의 경우에는 다음 계산식에 따라 계산한 금액

> 해당 과세기간의 소득금액(기부금을 필요경비에 산입하기 전의 소득금액을 말함)－이월결손금(「소득세법」 제45조 제3항에 따른 이월결손금의 합계액을 말함)

※ 「소득세법」 제59조의 4 제4항에 따라 세액공제를 받으려는 거주자에게 사업소득이 있는 경우 「소득세법」 제59조의 4 제4항 제2호 가목에 따른 한도액을 계산할 때 종합소득금액은 기부금을 필요경비에 산입하기 전의 소득금액을 기준으로 한다.

㉯ 「조세특례제한법」 제88조의 4 제13항에 따른 기부금(이하 "우리사주조합기부금")의 경우에는 다음 산식에 따라 계산한 금액

> (해당 과세기간의 소득금액－이월결손금－정치자금기부금－법정기부금)×30/100

㉰ 지정기부금의 경우에는 다음 '㉠' 또는 '㉡'의 계산식에 따라 계산한 금액

이 경우 해당 과세기간의 소득금액에서 이월결손금, 정치자금기부금, 법정기부금 및 우리사주조합기부금의 합계액(이하 "기부금등합계액"이라 함)을 공제하는 경우에는 이월결손금, 정치자금기부금, 법정기부금 및 우리사주조합기부금의 순서로 공제한다.

㉠ 종교단체에 기부한 금액이 있는 경우

> (해당 과세기간의 소득금액－기부금등합계액)×10/100＋(해당 과세기간의 소득금액－기부금등합계액)×20/100과 종교단체 외에 지급한 금액 중 적은 금액]

㉡ 종교단체가 아닌 지정기부금단체에 기부한 금액이 있는 경우

> (해당 과세기간의 소득금액－기부금등합계액)×30/100

④ 기부금영수증 제출

기부금세액공제에 있어서는 기부금명세서를 원천징수의무자에게 제출하여야 한다.

이 경우 기부금영수증을 첨부하되, 「정치자금에 관한 법률」 등 관련 법령에서 영수증을 별도로 정하고 있는 경우에는 해당 법령에서

정하는 바에 따르며, 원천징수의무자가 기부금을 일괄징수하는 경우에는 기부금영수증을 첨부하지 아니할 수 있다.

⑤ 기부금명세서 제출

원천징수의무자는 근로소득세액 연말정산 또는 사업소득세액의 연말정산을 할 때 기부금세액공제를 적용받은 거주자에 대해서는 지급명세서를 제출할 때에 해당 거주자의 기부금명세서가 전산처리된 테이프 또는 디스켓을 관할 세무서장에게 제출하여야 한다.

근로소득 지급명세서 작성요령에는 해당 근로소득자가 주택마련저축·장기집합투자증권저축 소득공제, 퇴직연금·연금저축·기부금세액공제를 한 경우에는 근로소득지급명세서를 원천징수 관할 세무서장에게 제출시 해당 명세서(기부금세액공제가 있는 경우에는 「소득세법 시행규칙」 별지 제45호 서식 기부금명세서)를 함께 제출하도록 규정하고 있다.

4) 법인세법에 따른 지정기부금 손금 산입

지정기부금을 지출한 법인이 손금산입을 하고자 하는 경우에는 기부금영수증을 받아서 보관하여야 한다.

내국법인이 각 사업연도에 지출한 기부금 중 지정기부금은 '①'의 금액에서 '②'의 금액을 뺀 금액에 100분의 10을 곱하여 산출한 금액(이하 "손금산입한도액")을 초과하는 금액과 지정기부금 외의 기부금은 해당 사업연도의 소득금액을 계산할 때 손금에 산입하지 아니한다.

지정기부금 손금 산입 한도=(①－②)×10%
손금산입 제외분 : 지정기부금 중 손금산입한도 초과분, 지정기부금 외의 기부금

① 해당 사업연도의 소득금액

이 경우 「법인세법」 제44조, 제46조 및 제46조의 5에 따른 양도손익은 제외하고 법정 기부금과 지정기부금을 손금에 산입하기 전의 소득금액으로 한다.

차가감소득금액－합병·분할 등에 따른 자산의 양도차익＋합병·분할 등에 따른 자산의 양도차손＋법정기부금 지출액＋지정기부금 지출액

② 손금에 산입되는 법정기부금과 「법인세법」 제13조 제1호에 따른 결손금의 합계액

손금에 산입하지 아니한 지정기부금의 손금산입한도액 초과금액은 해당 사업연도의 다음 사업연도 개시일부터 5년 이내에 끝나는 각 사업연도에 이월하여 그 초과금액을 손금에 산입한다.

5) 소득세법에 따른 기부금단체가 지켜야 할 의무

(1) 기부자별 발급명세 작성 및 보관 의무

거주자 또는 「소득세법」 제121조 제2항 및 제5항에 따른 비거주자에게 「소득세법」 제34조 또는 제59조의 4 제4항에 따라 필요경비 산

입 또는 기부금세액공제를 받거나 내국법인이 「법인세법」 제24조에 따라 손금에 산입하기 위하여 필요한 기부금영수증을 발급하는 거주자 또는 비거주자(이하 "기부금 영수증을 발급하는 자"로 함)는 기부자별 발급명세를 작성하여 발급한 날부터 5년간 보관하여야 한다.

(2) 기부자별 발급명세 요청시 제출

기부금영수증을 발급하는 자는 보관하고 있는 기부자별 발급명세를 국세청장, 지방국세청장 또는 관할 세무서장이 요청하는 경우 제출하여야 한다.

(3) 기부금영수증 발급명세서 제출의무

기부금영수증을 발급하는 자는 해당 과세기간의 기부금영수증 총 발급 건수 및 금액 등을 기재한 기부금영수증 발급명세서를 해당 과세기간의 다음 연도 6월 30일까지 「소득세법」 제168조 제5항에 따른 관할 세무서장에게 제출하여야 한다.

(4) 기부금영수증 관련 가산세

「소득세법」 제34조 및 「법인세법」 제24조에 따라 기부금을 필요경비 또는 손금에 산입하거나, 「소득세법」 제59조의 4 제4항에 따라 기부금세액공제를 받기 위하여 필요한 기부금영수증(이하 "기부금영수증"이라 함)을 발급하는 거주자 또는 비거주자가 기부금영수증을 사실과 다르게 적어 발급(기부금액 또는 기부자의 인적사항 등 주요사항을 적지 아니하고 발급하는 경우를 포함함. 이하 이 항에서 같음)하거나 기부자별 발급명세를 「소득세법」 제160조의 3 제1항에 따라 작성・보관하지 아니한 경우에는 다음의 금액을 결정세액에 더하며, 「상속세 및 증여세법」 제78조 제3항에 따라 보고서 제출의무를 이행하지 아니하거나 같은 조 제5항에 따라 출연받은 재산에 대한 장부의 작성・비치 의무를 이행하지 아니하여 가산세가 부과되는 경우 '②'를 적용하지 아니한다.

① 기부금영수증의 경우

구 분	가산세
㉮ 기부금액을 사실과 다르게 적어 발급한 경우	사실과 다르게 발급된 금액[영수증에 실제 적힌 금액(영수증에 금액이 적혀 있지 아니한 경우에는 기부금영수증을 발급받은 자가 기부금을 필요경비에 산입하거나 기부금세액공제를 받은 해당 금액으로 함)과 건별로 발급하여야 할 금액과의 차액을 말한다]의 100분의 2에 해당하는 금액
㉯ 기부자의 인적 사항 등을 사실과 다르게 적어 발급하는 등 ㉮ 외의 경우	영수증에 적힌 금액의 100분의 2에 해당하는 금액

② 기부자별 발급명세를 작성・보관하지 아니한 경우

그 작성・보관하지 아니한 금액의 1천분의 2에 해당하는 금액

6) 법인세법에 따른 기부금단체가 지켜야 할 의무

(1) 기부자별 발급명세 작성 및 보관의무

기부금영수증을 발급하는 법인은 기부자별 발급명세를 작성하여 발급한 날부터 5년간 보관하여야 한다.

기부자별 발급명세는 다음의 내용이 모두 포함된 것을 말한다.

- 기부자의 성명, 주민등록번호 및 주소(기부자가 법인인 경우에는 상호, 사업자등록번호와 본점등의 소재지)
- 기부금액
- 기부금 기부일자
- 기부금영수증 발급일자
- 그 밖에 기획재정부령이 정하는 사항

(2) 기부자별 발급명세 요청에 의한 제출 의무

기부금영수증을 발급하는 법인은 보관하고 있는 기부자별 발급명세를 국세청장, 지방국세청장 또는 납세지 관할 세무서장이 요청하는 경우 이를 제출하여야 한다.

(3) 기부금영수증 발급명세서

기부금영수증을 발급하는 법인은 해당 사업연도의 기부금영수증 총 발급 건수 및 금액 등이 적힌 기부금영수증 발급명세서를 해당 사업연도의 종료일이 속하는 달의 말일부터 6개월 이내에 관할 세무서장에게 제출하여야 한다.

(4) 기부금영수증불성실가산세

납세지 관할 세무서장은 내국법인이 「법인세법」 제24조에 따라 기부금을 손금에 산입하기 위하여 필요한 기부금영수증 또는 거주자나 「소득세법」 제121조 제2항 및 제5항에 따른 비거주자가 「소득세법」 제34조 및 제59조의 4 제4항에 따라 기부금을 필요경비에 산입하거나 기부금으로 기부금세액공제를 받기 위하여 필요한 기부금영수증(이하 "기부금영수증"이라 함)을 발급하는 법인이 기부금영수증을 사실과 다르게 적어 발급(기부금액 또는 기부자의 인적사항 등 주요사항을 적지 아니하고 발급하는 경우를 포함)하거나 기부자별 발급명세를 「법인세법」 제112조의 2 제1항에 따라 작성·보관하지 아니한 경우에는 다음의 구분에 따른 금액을 산출세액 또는 결정세액에 가산하여 징수하여야 한다.

이 경우 산출세액 또는 결정세액이 없는 경우에도 가산세를 징수한다.

① 기부금영수증의 경우

구 분	가산세
㉮ 기부금액을 사실과 다르게 적어 발급한 경우	사실과 다르게 발급된 금액[영수증에 실제 적힌 금액(영수증에 금액이 적혀 있지 아니한 경우에는 기부금영수증을 발급받은 자가 기부금을 손금 또는 필요경비에 산입하거나 기부금세액공제를 신청한 해당 금액으로 함)과 건별로 발급하여야 할 금액

구 분	가산세
	과의 차액을 말함]의 100분의 2에 해당하는 금액
㉯ 기부자의 인적 사항 등을 사실과 다르게 적어 발급하는 등 ㉮ 외의 경우	영수증에 적힌 금액의 100분의 2에 해당하는 금액

② 기부자별 발급명세의 경우

작성 · 보관하지 아니한 금액의 1천분의 2

다만, 「상속세 및 증여세법」 제78조 제3항에 따라 보고서 제출의무를 이행하지 아니하거나 같은 조 제5항에 따라 출연받은 재산에 대한 장부의 작성 · 비치 의무를 이행하지 아니하여 가산세가 부과되는 경우 '②'는 적용하지 아니한다.

7) 국세기본법에 따른 불성실기부금수령단체

(1) 불성실기부금수령단체 개념

불성실기부금수령단체는 기부금을 수령한 단체로서 다음의 어느 하나에 해당하는 단체를 말한다.

① 명단 공개일이 속하는 연도의 직전 연도 12월 31일을 기준으로 최근 2년 이내에 「상속세 및 증여세법」에 따른 의무의 불이행으로 추징당한 세액의 합계액이 1천만원 이상인 경우

② 명단 공개일이 속하는 연도의 직전 연도 12월 31일을 기준으로

최근 3년간의 「소득세법」 제160조의 3 또는 「법인세법」 제112조의 2에 따른 기부자별 발급명세를 작성하여 보관하고 있지 아니한 경우

③ 명단 공개일이 속하는 연도의 직전 연도 12월 31일을 기준으로 최근 3년 이내에 기부금액 또는 기부자의 인적사항이 사실과 다르게 발급된 기부금영수증(이하 "거짓영수증"이라 함)을 5회 이상 발급하였거나 그 발급금액의 합계액이 5천만원 이상인 경우

(2) 명단공개

국세청장은 「국세기본법」 제81조의 13(비밀유지)에도 불구하고 불성실기부금수령단체의 인적사항, 국세추징명세 등을 공개할 수 있다. 다만, 다음에 해당하는 사유가 있는 경우에는 그러하지 아니하다.

- 불성실기부금수령단체에 해당하는지에 대하여 이의신청·심사청구 등 불복청구 중에 있는 경우
- 위원회가 공개할 실익이 없거나 공개하는 것이 부적절하다고 인정하는 경우

(3) 불성실기부금수령단체의 명단 공개 대상

불성실기부금수령단체의 명단을 공개할 때 공개할 사항은 단체의 명칭, 대표자, 국세추징 건수 또는 세액, 거짓영수증 발급 건수 또는 발급금액 등으로 한다.

(4) 국세정보공개심의위원회

불성실기부금수령단체의 인적사항 등에 대한 공개 여부를 심의하기 위하여 국세청에 국세정보공개심의위원회를 둔다.

국세정보공개심의위원회의 위원은 공정한 심의를 기대하기 어려운 사정이 있다고 인정될 때에는 대통령령으로 정하는 바에 따라 위원회 회의에서 제척되거나 회피하여야 한다.

(5) 소명기회 및 재심의

국세청장은 위원회의 심의를 거친 공개 대상자에게 불성실기부금수령단체임을 통지하여 소명기회를 주어야 한다.

공개대상자에게 명단 공개대상자임을 통지하는 경우에는 체납된 세금을 납부하도록 촉구하고, 공개 제외 사유에 해당되는 경우에는 이에 관한 소명자료를 제출하도록 안내하여야 한다.

통지일부터 6개월이 지난 후 위원회로 하여금 기부금영수증 발급명세의 작성·보관 의무 이행 등을 고려하여 체납자, 불성실기부금수령단체명단 공개 여부를 재심의하게 한 후 공개대상자를 선정한다.

(6) 명단공개 방법

공개는 관보에 게재하거나 국세정보통신망 또는 관할세무서 게시판에 게시하는 방법으로 한다.

7 구분기록과 질문 · 조사

1) 일반적인 질문 · 조사

소득세에 관한 사무에 종사하는 공무원은 그 직무 수행상 필요한 경우에는 다음의 어느 하나에 해당하는 자에 대하여 질문을 하거나 해당 장부 · 서류 또는 그 밖의 물건을 조사하거나 그 제출을 명할 수 있다.

세무에 종사하는 공무원이 소득세에 관한 조사를 하는 경우에 장부 · 서류 기타 물건의 검사를 할 때에는 검사원증을 관계자에게 제시하여야 한다.

① 납세의무자 또는 납세의무가 있다고 인정되는 자
② 원천징수의무자
③ 납세조합
④ 지급명세서 제출의무자
⑤ 「소득세법」 제156조 및 제156조의 3부터 제156조의 6까지의 규정에 따른 원천징수의무자
⑥ 「국세기본법」 제82조에 따른 납세관리인
⑦ '①'에서 규정하는 자와 거래가 있다고 인정되는 자
⑧ 납세의무자가 조직한 동업조합과 이에 준하는 단체
⑨ 기부금영수증을 발급하는 자

2) 종교단체에 대한 질문 · 조사 특례

「소득세법」 제21조 제1항 제26호에 따른 종교인소득(「소득세법」 제21조 제3항에 따라 근로소득으로 신고하는 경우를 포함)에 대해서는 종교단체의 장부 · 서류 또는 그 밖의 물건 중에서 종교인소득과 관련된 부분에 한하여 조사하거나 그 제출을 명할 수 있다.

「소득세법 시행령」 제41조 제15항에 따라 종교단체가 소속 종교관련종사자에게 지급한 금액 및 물품과 그 밖에 종교 활동과 관련하여 지출한 비용을 정당하게 구분하여 기록 · 관리하는 경우 세무에 종사하는 공무원은 「소득세법」 제170조에 따라 질문 · 조사할 때 종교단체가 소속 종교관련종사자에게 지급한 금액 및 물품 외에 그 밖에 종교 활동과 관련하여 지출한 비용을 구분하여 기록 · 관리한 장부 또는 서류에 대해서는 조사하거나 그 제출을 명할 수 없다.

세무에 종사하는 공무원은 종교인소득에 관한 신고내용에 누락 또는 오류가 있어 「소득세법」 제170조에 따라 질문 · 조사권을 행사하려는 경우에는 미리 「국세기본법」 제45조에 따른 수정신고를 안내하여야 한다.

3) 종교인소득에 대한 구분기록

종교단체는 소속 종교관련종사자에게 지급한 금액 및 물품(비과세 종교활동비는 「소득세법」 제12조 제3호 및 같은 조 제5호 아목에 따른 금액 및 물품을 포함)과 그 밖에 종교 활동과 관련하여 지출한 비용을 구분하여 기록 · 관리한다.

세법에 따른 구분기장 및 구분경리 개념

「소득세법」에서는 소득세를 감면받으려는 자는 그 감면소득과 그 밖의 소득을 구분하여 장부에 기록하여야 한다고 규정하고 있으며, 「법인세법」에서는 비영리법인이 수익사업을 하는 경우에는 자산·부채 및 손익을 그 수익사업에 속하는 것과 수익사업이 아닌 그 밖의 사업에 속하는 것을 각각 다른 회계로 구분하여 기록하여야 하고, 「자본시장과 금융투자업에 관한 법률」의 적용을 받는 법인은 각 사업연도의 소득금액을 계산할 때 신탁재산에 귀속되는 소득과 그 밖의 소득을 각각 다른 회계로 구분하여 기록하여야 한다고 규정하고 있다.

(1) 구분기록의 필요성

종교단체의 회계를 단체 회계와 종교인 회계로 구분해서, 종교단체 운영과 관련된 비용은 단체회계를 통해 기장하고, 종교인의 소득과 관련된 부분은 종교인 회계를 통해 기장하는 것이 바람직할 수 있다.

세법에서는 종교단체는 소속 종교관련종사자에게 지급한 금액 및 물품(비과세 종교활동비는 「소득세법」 제12조 제3호 및 같은 조 제5호 아목에 따른 금액 및 물품을 포함)과 그 밖에 종교 활동과 관련하여 지출한 비용을 구분하여 기록·관리하도록 하고 있다.

(2) 구분기록과 종교인소득 신고

종교단체 운영을 위해 지출하는 전기료, 식재료 등은 종교단체 회계로, 종교인에게 생활비 등을 지급하는 경우 종교인 소득 계정 등으로 명확하게 구분하여 기록해야 하는 것은 명백해 보이고, 종교활동비와 관련하여 종교단체가 직접 지급하는 방법과 종교인에게 지급하여 종교단체를 위해 사용하도록 할 수도 있을 것이다.

엄밀하게 종교활동비는 종교단체 회계로 정리하는 것이 바람직하지만 종교단체의 여건상 종교활동비를 종교인에게 지급하여 사용하도록 하는 경우 종교인 계정과목에 기록이 되어야 한다고 보며, 종교활동비가 소속 종교단체의 규약 또는 소속 종교단체의 의결기구의 의결·승인 등을 통하여 결정된 지급 기준에 따라 종교 활동을 위하여 통상적으로 사용할 목적으로 종교관련종사자가 지급받은 금액 및 물품에 해당하는 경우 비과세처리를 할 수 있다.

그러면 종교단체 회계에는 종교단체 고유 수입과 지출, 종교인에게 지급한 비용 등이 별도의 계정과목으로 분리하여 종교단체가 소속 종교관련종사자에게 지급한 금액 및 물품과 그 밖에 종교 활동과 관련하여 지출한 비용을 정당하게 구분하여 기록·관리되어야 한다.

(3) 종교단체의 구분 기록

종교단체의 수입은 대부분 종교단체를 후원하는 신도 또는 성도들의 기부금으로 이루어지기 때문에 종교단체는 수입과 지출의 투명성 관리를 위해 내부적으로 회계방법, 통제절차를 두고 있다.

세법에서 권고하는 구분기록을 위해서는 별도의 장부를 만들기보다는 현행 종교단체의 내부 규정대로 처리하되 종교단체가 소속 종교관련종사자에게 지급한 금액 및 물품과 그 밖에 종교 활동과 관련하여 지출한 비용을 정당하게 구분할 수 있도록 독립계정을 만들어 사용하는 것도 하나의 방안이 될 수 있을 것으로 본다.

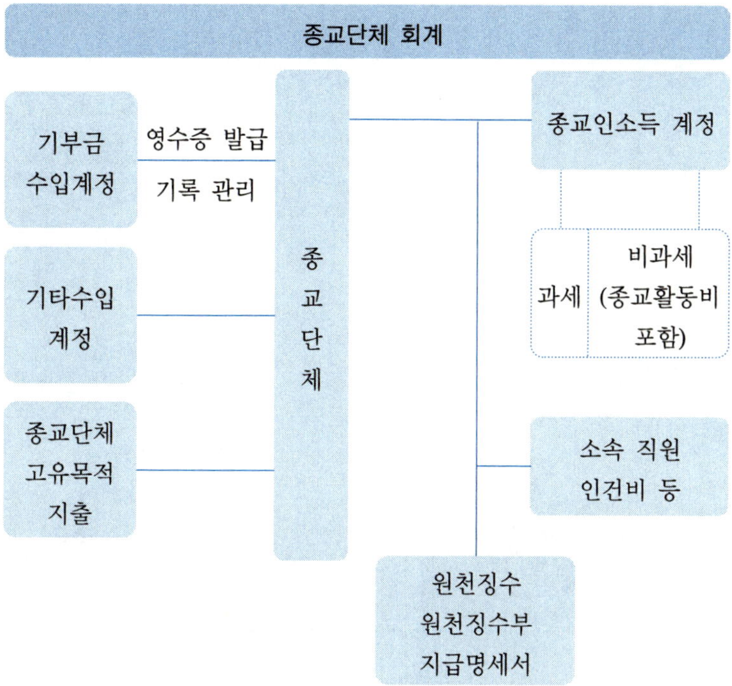
종교단체 회계
기부금 수입계정
영수증 발급
기록 관리
기타수입 계정
종교단체 고유목적 지출
종교단체
종교인소득 계정
과세
비과세 (종교활동비 포함)
소속 직원 인건비 등
원천징수 원천징수부 지급명세서

11 Chapter 근로장려금과 자녀장려금 지원제도

1 개요

종교인소득의 신고 납부방법과 무관하게, 즉 종교인소득을 기타소득 또는 근로소득으로 신고하더라도 종교인은 법령에서 정한 요건을 충족한 경우 근로장려금과 자녀장려금을 신청할 수 있다.

저소득 종교인에 대해 실질소득과 자녀양육비 지원을 위해 종교단체로부터 지급받은 종교인소득에 대해 근로소득 또는 기타소득으로 신고한 경우 부양가족, 연령, 총소득, 재산 등의 모든 법적 요건을 갖추어 근로장려금과 자녀장려금을 신청할 수 있다.

① 가구원 요건

구 분	요 건
근로장려금	배우자 또는 부양자녀가 있거나 30세 이상일 것
자녀장려금	• 부양자녀가 있을 것

구 분	요 건
	• 부양자녀는 18세 미만(중증장애인은 연령 제한 없음)이고 연소득금액 100만원 이하일 것

② 소득 요건

부부 합산 연간 총소득이 다음의 기준금액 미만이어야 한다.

구 분	연간 총소득 기준금액			지급액
	단독가구	홑벌이가구	맞벌이가구	
근로장려금	1,300만원 미만	2,100만원 미만	2,500만원 미만	3~250만원
자녀장려금		4,000만원 미만		자녀 1인당 30~50만원

③ 재산 요건

가구원 모두가 소유하고 있는 주택, 토지, 건물, 예금 등 재산 합계액이 근로장려금은 1억 4천만원 미만, 자녀장려금은 2억원 미만일 것을 충족하여야 한다.

가구원 재산합계액이 1억원 이상인 경우 해당 장려금은 50% 차감, 기한 후 신청시 10% 차감된다.

2 근로장려세제

소득이 적은 근로자 · 자영업자 가구 등에 대해 근로소득이나 사업소득 또는 종교인소득에 따라 산정된 장려금을 지급하여 근로 유인 및 소득을 지원하는 제도로 가구원, 소득, 재산 등 3가지 요건을 모두 충족해야 한다.

(1) 가구원 요건

배우자나 부양자녀(18세 미만) 또는 70세 이상의 부 또는 모가 있는 가구이거나 30세 이상 단독가구(중증장애인은 연령 제한 없음)이어야 한다.

(2) 소득 요건

① 근로소득이나 사업소득 또는 종교인소득이 있어야 한다.

② 부부합산 연간 총소득(근로 · 사업 · 기타 · 이자 · 배당 · 연금소득의 합계)이 가구원 구성에 따라 정한 총소득기준금액 미만이어야 한다.

가구원 구분	연간 총소득기준금액	지급액
단독가구	1,300만원	3~85만원
홑벌이 가구	2,100만원	3~200만원
맞벌이 가구	2,500만원	3~250만원

이 경우 가구원은 배우자 또는 부양자녀가 있는 가구 중 소득주체의 단 · 복수에 따라 홑 · 맞벌이 가구로 분류한다.

(3) 재산 요건

가구원 전원의 재산 합계액 1억 4천만원 미만이어야 한다.

이 경우 재산 합계액은 주택, 토지와 건축물, 승용자동차, 전세금(임차보증금), 금융재산, 현금, 유가증권, 회원권, 부동산을 취득할 수 있는 권리 등을 포함한다.

근로장려금은 다음의 산정표(조세특례제한법 시행령 별표 11)에 따라 지급한다.

(단위 : 원)

총급여액등		가구원 구성에 따른 근로장려금		
이상	미만	단독가구	홑벌이 가구	맞벌이 가구
최소금액	116,880	0	30,000	30,000
116,880	130,440	30,000	30,000	30,000
130,440	145,950	30,000	30,000	34,000
145,950	233,770	30,000	49,000	54,000
233,770	300,000	39,000	62,000	69,000
300,000	400,000	52,000	83,000	92,000
400,000	500,000	65,000	103,000	115,000
500,000	600,000	77,000	124,000	138,000
600,000	700,000	90,000	144,000	161,000
700,000	800,000	103,000	165,000	184,000
800,000	900,000	116,000	185,000	207,000
900,000	1,000,000	129,000	206,000	230,000
1,000,000	1,100,000	142,000	227,000	253,000
1,100,000	1,200,000	154,000	247,000	276,000

총급여액등		가구원 구성에 따른 근로장려금		
이상	미만	단독가구	홑벌이 가구	맞벌이 가구
1,200,000	1,300,000	167,000	268,000	299,000
1,300,000	1,400,000	180,000	288,000	322,000
1,400,000	1,500,000	193,000	309,000	345,000
1,500,000	1,600,000	206,000	329,000	368,000
1,600,000	1,700,000	219,000	350,000	391,000
1,700,000	1,800,000	231,000	370,000	414,000
1,800,000	1,900,000	244,000	391,000	437,000
1,900,000	2,000,000	257,000	412,000	460,000
2,000,000	2,100,000	270,000	432,000	483,000
2,100,000	2,200,000	283,000	453,000	506,000
2,200,000	2,300,000	296,000	473,000	529,000
2,300,000	2,400,000	308,000	494,000	552,000
2,400,000	2,500,000	321,000	514,000	575,000
2,500,000	2,600,000	334,000	535,000	598,000
2,600,000	2,700,000	347,000	555,000	621,000
2,700,000	2,800,000	360,000	576,000	644,000
2,800,000	2,900,000	373,000	597,000	667,000
2,900,000	3,000,000	385,000	617,000	690,000
3,000,000	3,100,000	398,000	638,000	713,000
3,100,000	3,200,000	411,000	658,000	736,000
3,200,000	3,300,000	424,000	679,000	759,000
3,300,000	3,400,000	437,000	699,000	782,000
3,400,000	3,500,000	450,000	720,000	805,000

총급여액등		가구원 구성에 따른 근로장려금		
이상	미만	단독가구	홑벌이 가구	맞벌이 가구
3,500,000	3,600,000	462,000	740,000	828,000
3,600,000	3,700,000	475,000	761,000	851,000
3,700,000	3,800,000	488,000	782,000	874,000
3,800,000	3,900,000	501,000	802,000	897,000
3,900,000	4,000,000	514,000	823,000	920,000
4,000,000	4,100,000	527,000	843,000	943,000
4,100,000	4,200,000	539,000	864,000	966,000
4,200,000	4,300,000	552,000	884,000	989,000
4,300,000	4,400,000	565,000	905,000	1,012,000
4,400,000	4,500,000	578,000	925,000	1,035,000
4,500,000	4,600,000	591,000	946,000	1,058,000
4,600,000	4,700,000	604,000	967,000	1,081,000
4,700,000	4,800,000	616,000	987,000	1,104,000
4,800,000	4,900,000	629,000	1,008,000	1,127,000
4,900,000	5,000,000	642,000	1,028,000	1,150,000
5,000,000	5,100,000	655,000	1,049,000	1,173,000
5,100,000	5,200,000	668,000	1,069,000	1,196,000
5,200,000	5,300,000	681,000	1,090,000	1,219,000
5,300,000	5,400,000	693,000	1,110,000	1,242,000
5,400,000	5,500,000	706,000	1,131,000	1,265,000
5,500,000	5,600,000	719,000	1,152,000	1,288,000
5,600,000	5,700,000	732,000	1,172,000	1,311,000
5,700,000	5,800,000	745,000	1,193,000	1,334,000

총급여액등		가구원 구성에 따른 근로장려금		
이상	미만	단독가구	홑벌이 가구	맞벌이 가구
5,800,000	5,900,000	758,000	1,213,000	1,357,000
5,900,000	6,000,000	770,000	1,234,000	1,380,000
6,000,000	6,100,000	770,000	1,254,000	1,403,000
6,100,000	6,200,000	770,000	1,275,000	1,426,000
6,200,000	6,300,000	770,000	1,295,000	1,449,000
6,300,000	6,400,000	770,000	1,316,000	1,472,000
6,400,000	6,500,000	770,000	1,337,000	1,495,000
6,500,000	6,600,000	770,000	1,357,000	1,518,000
6,600,000	6,700,000	770,000	1,378,000	1,541,000
6,700,000	6,800,000	770,000	1,398,000	1,564,000
6,800,000	6,900,000	770,000	1,419,000	1,587,000
6,900,000	7,000,000	770,000	1,439,000	1,610,000
7,000,000	7,100,000	770,000	1,460,000	1,633,000
7,100,000	7,200,000	770,000	1,480,000	1,656,000
7,200,000	7,300,000	770,000	1,501,000	1,679,000
7,300,000	7,400,000	770,000	1,522,000	1,702,000
7,400,000	7,500,000	770,000	1,542,000	1,725,000
7,500,000	7,600,000	770,000	1,563,000	1,748,000
7,600,000	7,700,000	770,000	1,583,000	1,771,000
7,700,000	7,800,000	770,000	1,604,000	1,794,000
7,800,000	7,900,000	770,000	1,624,000	1,817,000
7,900,000	8,000,000	770,000	1,645,000	1,840,000
8,000,000	8,100,000	770,000	1,665,000	1,863,000

총급여액등		가구원 구성에 따른 근로장려금		
이상	미만	단독가구	홑벌이 가구	맞벌이 가구
8,100,000	8,200,000	770,000	1,686,000	1,886,000
8,200,000	8,300,000	770,000	1,707,000	1,909,000
8,300,000	8,400,000	770,000	1,727,000	1,932,000
8,400,000	8,500,000	770,000	1,748,000	1,955,000
8,500,000	8,600,000	770,000	1,768,000	1,978,000
8,600,000	8,700,000	770,000	1,789,000	2,001,000
8,700,000	8,800,000	770,000	1,809,000	2,024,000
8,800,000	8,900,000	770,000	1,830,000	2,047,000
8,900,000	9,000,000	770,000	1,850,000	2,070,000
9,000,000	9,100,000	770,000	1,850,000	2,093,000
9,100,000	9,200,000	751,000	1,850,000	2,116,000
9,200,000	9,300,000	732,000	1,850,000	2,139,000
9,300,000	9,400,000	713,000	1,850,000	2,162,000
9,400,000	9,500,000	693,000	1,850,000	2,185,000
9,500,000	9,600,000	674,000	1,850,000	2,208,000
9,600,000	9,700,000	655,000	1,850,000	2,231,000
9,700,000	9,800,000	636,000	1,850,000	2,254,000
9,800,000	9,900,000	616,000	1,850,000	2,277,000
9,900,000	10,000,000	597,000	1,850,000	2,300,000
10,000,000	10,100,000	578,000	1,850,000	2,300,000
10,100,000	10,200,000	559,000	1,850,000	2,300,000
10,200,000	10,300,000	539,000	1,850,000	2,300,000
10,300,000	10,400,000	520,000	1,850,000	2,300,000

총급여액등		가구원 구성에 따른 근로장려금		
이상	미만	단독가구	홑벌이 가구	맞벌이 가구
10,400,000	10,500,000	501,000	1,850,000	2,300,000
10,500,000	10,600,000	482,000	1,850,000	2,300,000
10,600,000	10,700,000	462,000	1,850,000	2,300,000
10,700,000	10,800,000	443,000	1,850,000	2,300,000
10,800,000	10,900,000	424,000	1,850,000	2,300,000
10,900,000	11,000,000	405,000	1,850,000	2,300,000
11,000,000	11,100,000	385,000	1,850,000	2,300,000
11,100,000	11,200,000	366,000	1,850,000	2,300,000
11,200,000	11,300,000	347,000	1,850,000	2,300,000
11,300,000	11,400,000	328,000	1,850,000	2,300,000
11,400,000	11,500,000	308,000	1,850,000	2,300,000
11,500,000	11,600,000	289,000	1,850,000	2,300,000
11,600,000	11,700,000	270,000	1,850,000	2,300,000
11,700,000	11,800,000	251,000	1,850,000	2,300,000
11,800,000	11,900,000	231,000	1,850,000	2,300,000
11,900,000	12,000,000	212,000	1,850,000	2,300,000
12,000,000	12,100,000	193,000	1,850,000	2,300,000
12,100,000	12,200,000	174,000	1,830,000	2,300,000
12,200,000	12,300,000	154,000	1,809,000	2,300,000
12,300,000	12,400,000	135,000	1,789,000	2,300,000
12,400,000	12,500,000	116,000	1,768,000	2,300,000
12,500,000	12,600,000	97,000	1,748,000	2,300,000
12,600,000	12,700,000	77,000	1,727,000	2,300,000

총급여액등		가구원 구성에 따른 근로장려금		
이상	미만	단독가구	홑벌이 가구	맞벌이 가구
12,700,000	12,800,000	58,000	1,707,000	2,300,000
12,800,000	12,844,160	39,000	1,686,000	2,300,000
12,844,160	12,922,080	30,000	1,677,000	2,300,000
12,922,080	13,000,000	0	1,661,000	2,300,000
13,000,000	13,100,000	0	1,645,000	2,300,000
13,100,000	13,200,000	0	1,624,000	2,281,000
13,200,000	13,300,000	0	1,604,000	2,262,000
13,300,000	13,400,000	0	1,583,000	2,243,000
13,400,000	13,500,000	0	1,563,000	2,224,000
13,500,000	13,600,000	0	1,542,000	2,205,000
13,600,000	13,700,000	0	1,522,000	2,185,000
13,700,000	13,800,000	0	1,501,000	2,166,000
13,800,000	13,900,000	0	1,480,000	2,147,000
13,900,000	14,000,000	0	1,460,000	2,128,000
14,000,000	14,100,000	0	1,439,000	2,109,000
14,100,000	14,200,000	0	1,419,000	2,090,000
14,200,000	14,300,000	0	1,398,000	2,070,000
14,300,000	14,400,000	0	1,378,000	2,051,000
14,400,000	14,500,000	0	1,357,000	2,032,000
14,500,000	14,600,000	0	1,337,000	2,013,000
14,600,000	14,700,000	0	1,316,000	1,994,000
14,700,000	14,800,000	0	1,295,000	1,975,000
14,800,000	14,900,000	0	1,275,000	1,955,000

총급여액등		가구원 구성에 따른 근로장려금		
이상	미만	단독가구	홑벌이 가구	맞벌이 가구
14,900,000	15,000,000	0	1,254,000	1,936,000
15,000,000	15,100,000	0	1,234,000	1,917,000
15,100,000	15,200,000	0	1,213,000	1,898,000
15,200,000	15,300,000	0	1,193,000	1,879,000
15,300,000	15,400,000	0	1,172,000	1,860,000
15,400,000	15,500,000	0	1,152,000	1,840,000
15,500,000	15,600,000	0	1,131,000	1,821,000
15,600,000	15,700,000	0	1,110,000	1,802,000
15,700,000	15,800,000	0	1,090,000	1,783,000
15,800,000	15,900,000	0	1,069,000	1,764,000
15,900,000	16,000,000	0	1,049,000	1,745,000
16,000,000	16,100,000	0	1,028,000	1,725,000
16,100,000	16,200,000	0	1,008,000	1,706,000
16,200,000	16,300,000	0	987,000	1,687,000
16,300,000	16,400,000	0	967,000	1,668,000
16,400,000	16,500,000	0	946,000	1,649,000
16,500,000	16,600,000	0	925,000	1,630,000
16,600,000	16,700,000	0	905,000	1,610,000
16,700,000	16,800,000	0	884,000	1,591,000
16,800,000	16,900,000	0	864,000	1,572,000
16,900,000	17,000,000	0	843,000	1,553,000
17,000,000	17,100,000	0	823,000	1,534,000
17,100,000	17,200,000	0	802,000	1,515,000

총급여액등		가구원 구성에 따른 근로장려금		
이상	미만	단독가구	홑벌이 가구	맞벌이 가구
17,200,000	17,300,000	0	782,000	1,495,000
17,300,000	17,400,000	0	761,000	1,476,000
17,400,000	17,500,000	0	740,000	1,457,000
17,500,000	17,600,000	0	720,000	1,438,000
17,600,000	17,700,000	0	699,000	1,419,000
17,700,000	17,800,000	0	679,000	1,400,000
17,800,000	17,900,000	0	658,000	1,380,000
17,900,000	18,000,000	0	638,000	1,361,000
18,000,000	18,100,000	0	617,000	1,342,000
18,100,000	18,200,000	0	597,000	1,323,000
18,200,000	18,300,000	0	576,000	1,304,000
18,300,000	18,400,000	0	555,000	1,285,000
18,400,000	18,500,000	0	535,000	1,265,000
18,500,000	18,600,000	0	514,000	1,246,000
18,600,000	18,700,000	0	494,000	1,227,000
18,700,000	18,800,000	0	473,000	1,208,000
18,800,000	18,900,000	0	453,000	1,189,000
18,900,000	19,000,000	0	432,000	1,170,000
19,000,000	19,100,000	0	412,000	1,150,000
19,100,000	19,200,000	0	391,000	1,131,000
19,200,000	19,300,000	0	370,000	1,112,000
19,300,000	19,400,000	0	350,000	1,093,000
19,400,000	19,500,000	0	329,000	1,074,000

총급여액등		가구원 구성에 따른 근로장려금		
이상	미만	단독가구	홑벌이 가구	맞벌이 가구
19,500,000	19,600,000	0	309,000	1,055,000
19,600,000	19,700,000	0	288,000	1,035,000
19,700,000	19,800,000	0	268,000	1,016,000
19,800,000	19,900,000	0	247,000	997,000
19,900,000	20,000,000	0	227,000	978,000
20,000,000	20,100,000	0	206,000	959,000
20,100,000	20,200,000	0	185,000	940,000
20,200,000	20,300,000	0	165,000	920,000
20,300,000	20,400,000	0	144,000	901,000
20,400,000	20,500,000	0	124,000	882,000
20,500,000	20,600,000	0	103,000	863,000
20,600,000	20,700,000	0	83,000	844,000
20,700,000	20,800,000	0	62,000	825,000
20,800,000	20,854,060	0	42,000	805,000
20,854,060	20,927,030	0	30,000	795,000
20,927,030	21,000,000	0	0	781,000
21,000,000	21,100,000	0	0	767,000
21,100,000	21,200,000	0	0	748,000
21,200,000	21,300,000	0	0	729,000
21,300,000	21,400,000	0	0	710,000
21,400,000	21,500,000	0	0	690,000
21,500,000	21,600,000	0	0	671,000
21,600,000	21,700,000	0	0	652,000

총급여액등		가구원 구성에 따른 근로장려금		
이상	미만	단독가구	홑벌이 가구	맞벌이 가구
21,700,000	21,800,000	0	0	633,000
21,800,000	21,900,000	0	0	614,000
21,900,000	22,000,000	0	0	595,000
22,000,000	22,100,000	0	0	575,000
22,100,000	22,200,000	0	0	556,000
22,200,000	22,300,000	0	0	537,000
22,300,000	22,400,000	0	0	518,000
22,400,000	22,500,000	0	0	499,000
22,500,000	22,600,000	0	0	480,000
22,600,000	22,700,000	0	0	460,000
22,700,000	22,800,000	0	0	441,000
22,800,000	22,900,000	0	0	422,000
22,900,000	23,000,000	0	0	403,000
23,000,000	23,100,000	0	0	384,000
23,100,000	23,200,000	0	0	365,000
23,200,000	23,300,000	0	0	345,000
23,300,000	23,400,000	0	0	326,000
23,400,000	23,500,000	0	0	307,000
23,500,000	23,600,000	0	0	288,000
23,600,000	23,700,000	0	0	269,000
23,700,000	23,800,000	0	0	250,000
23,800,000	23,900,000	0	0	230,000
23,900,000	24,000,000	0	0	211,000

총급여액등		가구원 구성에 따른 근로장려금		
이상	미만	단독가구	홑벌이 가구	맞벌이 가구
24,000,000	24,100,000	0	0	192,000
24,100,000	24,200,000	0	0	173,000
24,200,000	24,300,000	0	0	154,000
24,300,000	24,400,000	0	0	135,000
24,400,000	24,500,000	0	0	115,000
24,500,000	24,600,000	0	0	96,000
24,600,000	24,700,000	0	0	77,000
24,700,000	24,800,000	0	0	58,000
24,800,000	24,843,480	0	0	39,000
24,843,480	24,921,740	0	0	30,000

비고 : 재산의 합계액이 1억원 이상 1억4천만원 미만인 경우의 근로장려금은 위 표에 따른 금액의 50/100에 해당하는 금액으로 하며, 총급여액등 중 가구원 구성에 따른 최소금액은 다음과 같다.

(단위 : 원)

가구원 구성	단독가구	홑벌이 가구	맞벌이 가구
최소금액	116,880	72,970	65,210

3 자녀장려세제

소득이 적은 근로자 · 자영업자 가구 등에 18세 미만 부양자녀가 있는 경우 출산 장려 및 양육비 지원을 위해 자녀장려금을 지급하고 있다.

자녀장려금 지원을 받기 위해서는 가구원, 소득, 재산 등 3가지 요건을 모두 충족해야 한다.

(1) 가구원 요건

부양자녀(18세 미만)가 있어야 한다.

(2) 소득 요건

① 근로소득이나 사업소득 또는 종교인소득이 있어야 한다.

② 부부합산 연간 총소득(근로 · 사업 · 기타 · 이자 · 배당 · 연금소득의 합계)이 가구원 구성에 따라 정한 총소득기준금액 미만이어야 한다.

가구원 구성	연간 총소득기준금액	자녀 1인당 지급액
단독 가구	–	–
홑벌이 가구	4,000만원	30~50만원
맞벌이 가구		

(3) 재산 요건

가구원 전원의 재산 합계액 2억원 미만이어야 한다.

자녀장려금은 부양자녀 1인당 최대 50만원 이내에서 자녀장려금 산정표(조세특례제한법 시행령 별표 11의 2)에 따라 지급한다.

(단위 : 원)

총급여액등		가구원 구성에 따른 자녀장려금	
이상	미만	홑벌이 가구	맞벌이 가구
최소금액	6,000,000	500,000	해당없음
6,000,000	21,000,000	500,000	500,000
21,000,000	21,500,000	500,000	500,000
21,500,000	22,000,000	495,000	500,000
22,000,000	22,500,000	490,000	500,000
22,500,000	23,000,000	485,000	500,000
23,000,000	23,500,000	479,000	500,000
23,500,000	24,000,000	474,000	500,000
24,000,000	24,500,000	469,000	500,000
24,500,000	25,000,000	464,000	500,000
25,000,000	25,500,000	458,000	500,000
25,500,000	26,000,000	453,000	494,000
26,000,000	26,500,000	448,000	487,000
26,500,000	27,000,000	443,000	480,000
27,000,000	27,500,000	437,000	474,000
27,500,000	28,000,000	432,000	467,000
28,000,000	28,500,000	427,000	460,000
28,500,000	29,000,000	422,000	454,000
29,000,000	29,500,000	416,000	447,000
29,500,000	30,000,000	411,000	440,000
30,000,000	30,500,000	406,000	434,000
30,500,000	31,000,000	400,000	427,000

총급여액등		가구원 구성에 따른 자녀장려금	
이상	미만	홑벌이 가구	맞벌이 가구
31,000,000	31,500,000	395,000	420,000
31,500,000	32,000,000	390,000	414,000
32,000,000	32,500,000	385,000	407,000
32,500,000	33,000,000	379,000	400,000
33,000,000	33,500,000	374,000	394,000
33,500,000	34,000,000	369,000	387,000
34,000,000	34,500,000	364,000	380,000
34,500,000	35,000,000	358,000	374,000
35,000,000	35,500,000	353,000	367,000
35,500,000	36,000,000	348,000	360,000
36,000,000	36,500,000	343,000	354,000
36,500,000	37,000,000	337,000	347,000
37,000,000	37,500,000	332,000	340,000
37,500,000	38,000,000	327,000	334,000
38,000,000	38,500,000	322,000	327,000
38,500,000	39,000,000	316,000	320,000
39,000,000	39,500,000	311,000	314,000
39,500,000	39,999,990	306,000	307,000

* 재산의 합계액이 1억원 이상 1억4천만원 미만인 경우의 자녀장려금은 위 표에 따른 금액의 50/100에 해당하는 금액으로 하며, 총급여액등 중 가구원 구성에 따른 최소금액은 별표 11의 가구원 구성에 따른 최소금액과 같다.

4 장려금 신청기간 및 방법

(1) 신청기간

근로·자녀장려금을 받으려는 거주자는 5월 1일~5월 31일까지 납세지 관할세무서장에게 신청하여야 하며, 정기신청기간에 신청하지 못한 경우에는 기한후 신청기간에 신청할 수 있다.

이 경우 기한 후 신청은 신청기간 종료일의 다음 날부터 6개월 이내(6.1.~11.30.)에 가능하다.

(2) 신청방법

장려금 신청 방법은 전자신청과 서면신청 방법이 있으며 전자신청하는 경우 세무서를 방문하지 않고도 편리하게 신청 가능하다.

> 전자신청은 국세청 홈택스, ARS, 모바일을 이용하여 신청할 수 있으며, 서면신청은 신청서와 첨부서류를 주소지 관할세무서장에게 제출한다.

① 신청안내문(4월 말~5월 초 세무서에서 우편발송)을 받은 경우

신청안내문에 기재된 개별인증번호를 활용하여 편리하게 전자신청(홈택스 간편신청, ARS, 모바일)이 가능하다.

② 신청안내문을 받지 못한 경우

국세청 홈택스(www.hometax.go.kr)에서 전자신청하거나 우편 등으로 서면 신청이 가능하나 ARS, 모바일 신청은 불가능하다.

(3) 장려금 '미리보기 서비스'를 통해 신청자격 확인 가능

장려금 신청 전에 국세청 홈택스 서비스 · 모바일을 통해 신청대상 여부 및 예상수급액 등을 미리 확인할 수 있는 서비스이다.

구 분	방 법
홈택스	국세청 홈택스 접속 → (메인화면에서) '근로장려금 · 자녀장려금 미리 보기' → 공인인증서 로그인 → 신청대상 여부 확인
모바일	모바일 국세청 홈택스 앱에 접속 → (메인화면에서) 신청/제출 → '근로 · 자녀장려금 미리보기' → 공인인증서 로그인 → 신청대상 여부 확인

5 장려금 지급 및 충당 · 감액

(1) 지급

신청서 및 첨부서류 등을 심사하여 장려금을 결정하며, 5월 정기 신청분에 대하여는 9월 말까지 지급하며, 신청내용이 사실과 다른 경우 지급제외되거나 지급액이 변경(감액 · 증액)될 수 있다.

(2) 충당

국세 체납액이 있는 경우 지급액의 30%를 한도로 체납액에 우선 충당하고 남은 금액을 지급한다.

(3) 감액

가구원 재산의 합계액이 1억원 이상이거나 기한 후 신청한 경우 결정된 장려금에서 일정 비율을 차감하여 지급하며, 자녀장려금 지급대상자(배우자 포함)가 자녀세액공제를 받은 경우 자녀세액공제받은 금액을 차감한다.

구 분	적 용
가구원 재산 합계 1억원 이상	장려금 50%를 차감하고 지급
기한 후 신청	장려금 10%를 차감하고 지급
자녀세액공제와 자녀장려금 중복 대상	자녀세액공제 금액을 차감하고 장려금 지급

6 허위 신청자에 대한 불이익

신청자가 신청요건에 관한 사항을 사실과 다르게 신청한 경우에는 지급한 근로·자녀장려금을 환수하며 향후 지급제한 등의 불이익을 받을 수 있다.

구 분	지급제한기간
고의 또는 중대한 과실로 사실과 다르게 하여 신청한 경우	2년
사기나 그 밖의 부정한 행위로써 사실과 다르게 신청한 경우	5년

Chapter 12

실무자가 알아야 할 종교인소득과 세금 및 4대보험 신고 실무

1 원천징수

원천징수 대상 소득을 지급하는 자가 소득 지급시 소득자의 세금을 징수·납부하는 제도로 종교단체는 매월 종교인에게 소득을 지급하면서 소득세를 원천징수하여 다음 달 10일까지 신고·납부할 수 있다.

(1) 원천징수방법

이 경우 원천징수하여야 할 소득세는 기타소득인 종교인소득으로 원천징수하며, 근로소득으로 선택하여 원천징수가 가능하다.

① 종교인소득으로 원천징수하는 경우

종교단체에서 매월 종교인소득을 지급하면서 기타소득으로 원천징수하는 경우 종교인소득 간이세액표에 따라 정해진 금액을 원천징수한다.

② 근로소득으로 원천징수하는 경우

종교단체에서 매월 종교인소득을 지급하면서 근로소득으로 원천징수하는 경우 근로소득 간이세액표에 따라 정해진 금액을 원천징수한다.

(2) 신고방법

매월 종교인소득에 대해 원천징수하면, 다음 달 10일까지 원천징수 관할 세무서에 원천징수 사항을 신고하여야 한다.

다만, 반기별 납부신청을 하여 승인을 받은 경우 7월 10일, 익년 1월 10일까지 2회 신고가 가능하다.

이 경우 종교단체는 원천징수대상 소득이 있는 경우 원천징수이행상황신고서에 소득을 지급한 인원, 지급금액 및 원천징수세액을 기재한다.

신고방법은 홈택스를 이용한 전자적 신고방법과 서식에 의한 서면신고방법을 이용하여 할 수 있다.

① 홈택스를 이용하여 신고하는 경우

인터넷 웹사이트 http://www.hometax.go.kr에 접속하여 국세청에서 부여받은 아이디와 비밀번호를 이용하여 접속

초기화면에서 상단의 신고/납부 → ⓑ 원천세 선택

② 서식에 직접 작성하여 신고하는 경우

원천징수이행상황신고서에 기타소득 종교인소득 매월징수(A43) 항목에 소득지급인원, 총지급액, 징수세액, 납부세액을 기재하여 우편

또는 세무서에 방문하여 제출하여야 한다.

우편으로 신고하는 경우 우편소인일(발송일)이 신고납부기간 이내인 경우 신고기한 내에 제출한 것으로 인정한다.

(3) 납부방법

원천징수한 소득세의 납부는 신고기간과 동일하며, 지급일이 속하는 다음 달 10일까지 은행 · 홈택스를 통하여 납부하며, 지방소득세는 별도 납부하여야 한다.

납부방법은 홈택스에 의한 전자납부, 금융기관의 홈페이지를 통한 전자납부, 납부서 서식에 의한 금융기관 납부를 통해 할 수 있다.

이 경우 지방소득세는 위택스(http://www.wetax.go.kr)를 통하여 다음과 같이 신고 · 납부할 수 있다.

① 홈택스의 신고과정에서 지방소득세를 연계하여 납부가능

② 위택스에서 지방소득세 특별징수분 신고

2 연말정산

연말정산은 법령에서 정한 소득 · 세액공제 등을 반영하여 최종적으로 정확한 세액을 계산한 후 이미 원천징수를 통해 납부한 세액과 정산하는 절차로 종교단체와 종교인은 기타소득 또는 근로소득을 선택하여 연말정산을 할 수 있다.

(1) 기타소득으로 연말정산

종교단체에서 종교인소득으로 원천징수한 경우 소득을 지급한 다음 해 2월 연말정산을 실시하여 그 결과를 세무서에 제출하여야 한다.

① 종교인은 「소득세법 시행규칙」 별지 제37호 서식(2)에 따른 소득·세액 공제신고서를 작성하여 종교단체에 제출(1~2월 중) 소득·세액공제 신고서에 필요한 첨부서류는 국세청의 연말정산 간소화, 민원24 서비스 등을 통해 증명서류 등을 첨부하여 제출하여야 한다.

② 종교단체는 과세기간 다음 연도 2월분의 종교인소득 지급시, 종교인의 소득·세액공제 신청내역을 반영하여 해당 과세기간의 종교인소득에 대한 최종세액을 산출하고, 이미 원천징수를 통해 납부한 세액을 차감하여, 최종 납부세액을 환급 또는 원천징수하여야 한다.

③ 종교단체는 3월 10일까지 연말정산 결과를 포함한 원천징수이행상황신고서와 「소득세법 시행규칙」 별지 제23호 서식(6)에 따른 지급명세서를 세무서에 제출하고 종교인에게 원천징수영수증을 교부하여야 한다.

(2) 근로소득으로 연말정산

종교단체에서 근로소득으로 원천징수한 경우 소득을 지급한 다음 해 2월 연말정산을 실시하여 그 결과를 세무서에 제출하여야 한다.

① 종교인은 「소득세법 시행규칙」 별지 제37호 서식(1)에 따른 근로소득자 소득·세액공제 신고서를 작성하여 첨부서류와 함께 종

교단체에 제출(1~2월)

② 종교단체는 근로소득 연말정산 방법에 의해 종교인이 납부할 소득세를 정산하여 2월분 소득 지급시 원천징수

③ 종교단체는 3월 10일까지 연말정산 결과를 포함한 원천징수이행상황신고서와 「소득세법 시행규칙」 별지 제24호 서식(1)에 따른 지급명세서를 세무서에 제출하고 종교인에게 원천징수영수증을 교부하여야 한다.

다른 소득이 없는 경우 연말정산 절차로 납세의무가 종결되며, 부동산임대, 종합소득대상 이자・배당소득 등이 있는 경우 종교인은 다음 해 5월에 종합소득세 신고를 하여야 한다.

3 종교단체에서 원천징수・연말정산하지 않은 경우 납세절차

(1) 지급명세서 제출

종교단체는 지급하는 종교인소득에 대하여 원천징수 또는 연말정산 절차를 이행하지 아니할 수 있다.

그럼에도 불구하고 종교단체는 소득을 지급한 다음 해 3월 10일까지 연간 지급내역을 「소득세법 시행규칙」 별지 제23호 서식(4)에 따른 거주자의 기타소득 지급명세서에 기재하여 주소지 관할 세무서에 제출하여야 한다.

이 경우 소득을 지급받은 종교인에게는 종교인소득 지급내역을 기

재한 거주자의 기타소득 원천징수영수증을 교부하여야 한다.

(2) 종교인의 종합소득세 신고

종교단체에서 종교인소득에 대해 원천징수나 연말정산하지 않은 경우, 종교인은 개인별로 지급받은 소득에 대해 다음 해 5월 종합소득세 확정신고를 하여야 한다.

홈택스를 이용한 전자적 신고방법과 서식에 의한 서면 신고방법에 의해 신고할 수 있다.

4 지방소득세의 특별징수

「소득세법」, 「법인세법」에 따라 소득세, 법인세를 원천징수할 경우에는 해당 원천징수의무자는 원천징수할 소득세액 또는 법인세액에 특별징수 세율을 적용하여 계산한 세액(이하 "특별징수세액"이라 함)을 소득세 또는 법인세와 동시에 특별징수하여 다음 달 10일까지 관할 지방자치단체에 신고 · 납부하여야 한다.

(1) 특별징수

원천징수할 소득세 또는 법인세액의 10%의 세율을 적용하여 계산한 금액을 소득세 또는 법인세액의 원천징수와 동시에 특별징수하여야 한다.

(2) 특별징수세액 납세지

지방소득세 특별징수의 납세지는 다음과 같다.

구 분	납세지
원 칙	근무지를 관할하는 시·군
파견근로자	파견근무지를 관할하는 시·군
국외근무자	당해 근로소득을 지급하는 사업장을 관할하는 시·군
이중근무자	각각의 근무지를 관할하는 시·군

(3) 과세표준과 세율

「소득세법」에 따라 신고하거나 결정·경정되는 소득세액으로서 납세의무자가 납부하여야 할 세액의 총액을 과세표준으로 한다.

> 지방소득세 특별징수세액=소득세액(가산세 포함)×10%

이 경우 소득세액에는 신고불성실가산세 및 납부불성실가산세가 있는 경우 포함하나 원천징수납부등불성실가산세는 제외한다.

특별징수의무자가 원천징수대상 소득세·법인세를 원천징수할 때, 지방소득세 특별징수분을 징수하여 다음 달 10일까지 관할 시·군에 납입하여야 한다.

다만, 원천징수한 소득세·법인세를 반기별로 신고·납부하는 경우(반기별 납부자)에는 반기의 마지막 달의 다음 달 10일까지 납입할 수 있다.

(4) 납부불성실가산세

특별징수의무자가 징수하였거나 징수할 세액을 납입기한 내에 납입하지 않거나 미달하게 납입한 경우에는 다음의 금액을 세액에 가산하여 특별징수의무자에게 징수한다.

> 납부불성실가산세=납입하지 않은 세액 또는 미달한 세액×(3%+3/10,000×미납일수)

납부불성실가산세는 납입하지 않은 세액 또는 미달한 세액의 10%를 한도로 한다.

5 4대 보험 신고 관리

1) 4대보험 개요

구 분	국민연금	건강보험	고용보험	산재보험
목 적	소득보장 (노령, 장애)	질병 치료	실업 및 고용안정	산업재해 보상
대 상	전국민	전국민	근로자	근로자
자격관리	• 사업장 가입자 • 지역 가입자	• 직장 가입자 • 지역 가입자	• 사업장가입자	• 사업장가입자

<table>
<tr><th colspan="2">구 분</th><th>국민연금</th><th>건강보험</th><th>고용보험</th><th>산재보험</th></tr>
<tr><td rowspan="2">보험료 산정</td><td>부과기준</td><td>기준소득 월액</td><td>보수월액</td><td>월평균보수</td><td>월평균보수</td></tr>
<tr><td>부담주체 (지역 가입자는 본인이 보험료 전액을 부담)</td><td>회사와 근로자가 각각 1/2씩 부담</td><td>회사와 근로자가 각각 1/2씩 부담</td><td>• 실업급여 : 회사와 근로자가 각각 1/2씩 부담
• 고용안정 직업능력 개발 : 전액 회사 부담</td><td>전액회사 부담</td></tr>
<tr><td rowspan="2">납부방법</td><td>매월</td><td colspan="4">매월부과고지납부(건설업은 연1회 자진신고 · 납부)</td></tr>
<tr><td>정산</td><td>없음</td><td colspan="3">보수총액신고에 의한 정산</td></tr>
</table>

2) 국민연금과 건강보험 가입대상

종교단체는 국민연금과 건강보험 적용대상에 해당될 수 있어 국민연금과 건강보험에 대해 설명하고자 한다.

(1) 국민연금

1인 이상의 근로자를 사용하는 당연적용사업장에 고용된 근로자는 국민연금 가입대상이다.

따라서 당연적용사업장에 채용 또는 고용된 18세 이상 60세 미만의 근로자 및 사용자인 내・외국인(재외국민, 북한이탈주민 포함) 모두가 원칙적으로 사업장가입자 취득신고 적용대상인 것이다(국민연금법 제8조).

국민연금 사업장 가입 적용대상 근로자는 다음과 같다.

① 18세 이상 60세 미만인 사용자 및 근로자
다만, 18세 미만 근로자는 2015.7.29.부터 사업장가입자로 당연적용하나, 본인의 신청에 의해 적용을 제외할 수 있다.

② 단시간 근로자로 1개월 이상, 월 60시간(주 15시간) 이상 일하는 사람

③ 일용근로자로 사업장에 고용된 날부터 1개월 이상 근로하고, 근로일수가 8일 이상 또는 근로시간이 월 60시간 이상인 사람
다만, 건설일용근로자는 공사현장을 사업장 단위로 적용하며, 1개월간 근로일수가 20일 이상인 경우 사업장가입자로 적용할 수 있다.

④ 조기노령연금 수급권자로서 소득 있는 업무에 종사하는 것으로 확인되어 연금지급이 정지된 사람
이 경우 소득 있는 업무 종사는 소득이 월 2,105,482원(2016년 기준, 사업소득자 필요경비 공제 후 금액, 근로소득자 근로소득공제 후 금액) 이상의 소득이 발생되는 경우이다.

⑤ 월 60시간 미만인 단시간근로자 중 생업목적으로 3개월 이상 근로를 제공하기로 한 대학시간 강사 또는 사용자의 동의를 받아 근로자 적용 희망하는 사람

그러나 다음에 해당하는 경우에도 국민연금 가입이 가능하다.

- 만 60세에 도달한 자가 65세에 달할 때까지 가입신청을 한 경우(이하 "사업장임의계속가입자"라 함)(본인이 100% 부담)(국민연금법 제13조 제1항)
- 기초수급자는 당연적용하나 본인의 신청에 의해 적용 제외가 가능

(2) 건강보험

건강보험의 가입자는 직장가입자 및 지역가입자로 구분되며, 직장가입자는 모든 사업장의 근로자 및 사용자와 공무원 및 교직원이 된다(국민건강보험법 제6조 제1 · 2항).

다만, 다음에 해당하는 자를 제외한다.

- 1월 미만의 기간 동안 고용되는 일용근로자
- 「병역법」의 규정에 의한 현역병(지원에 의하지 아니하고 임용된 하사를 포함), 전환복무된 사람 및 무관후보생
- 선거에 의하여 취임하는 공무원으로서 매월 보수 또는 이에 준하는 급료를 받지 아니하는 자
- 비상근 근로자 또는 1개월간의 소정근로시간이 60시간 미만인 단시간근로자
- 비상근 교직원 또는 1개월간의 소정근로시간이 60시간 미만인 시간제공무원 및 교직원
- 소재지가 일정하지 아니한 사업장의 근로자 및 사용자
- 근로자가 없거나 비상근 근로자 또는 1개월간의 소정근로시간이 60시간 미만인 단시간근로자만을 고용하고 있는 사업장의 사업주

3) 자격취득절차

신규직원 채용 등으로 국민연금과 건강보험 자격취득 대상자가 발생한 경우, 사용자는 신고기한 내에 관할 공단 등에 자격취득신고를 하여야 한다.

(1) 취득시기

① 국민연금

사업장가입자는 다음의 어느 하나에 해당하게 된 날에 그 자격을 취득한다(국민연금법 제11조).

구 분	취득시기
근로자	적용사업장에 고용된 날 또는 근로자가 근무하고 있는 사업장이 적용사업장으로 된 날
사용자	적용사업장의 사용자가 된 날 또는 사용자가 경영하고 있는 사업장이 적용 사업장으로 된 날

② 건강보험

사용자는 근로자·공무원 및 교직원이 다음의 어느 하나에 해당하게 된 날에 가입자격을 취득한 것으로 본다(국민건강보험법 제8조).

구 분	취득시기
근로자	적용사업장에 사용된 날 또는 근로자가 근무하고 있는 사업장이 적용사업장으로 된 날

구 분	취득시기
사용자	적용사업장의 사용자가 된 날 또는 사용자가 경영하고 있는 사업장이 적용사업장으로 된 날
외국인 외국국적동포 재외국민	외국인등록을 한 외국인 또는 외국국적동포, 국내거소신고를 한 재외국민 또는 외국국적동포가 사업장에 사용(임용 · 채용)된 날

외국인, 재외국민 근로자의 경우 외국의 법령 또는 보험, 사용자와의 계약 등에 따라 국내에서 국민건강보험에 상당하는 의료보장 혜택을 받는 경우 본인의 신청에 의하여 당연 적용에서 제외될 수 있다[다만, 비전문취업(E−9)과 방문취업(H−2)은 제외].

(2) 신고기한

직원을 신규채용 또는 고용하는 사용자(또는 사업주)는 아래의 취득신고기한까지 해당 근로자의 자격취득신고를 하여야 한다.

구 분	취득신고기한	관련 근거
국민연금	자격을 취득한 날이 속하는 달의 다음 달 15일까지	연금칙 §6
건강보험	자격취득일부터 14일 이내	건보법 §7
고용보험	자격을 취득한 날이 속하는 달의 다음 달 15일까지	고보령 §7 ①
산재보험	고용한 날이 속하는 달의 다음 달 15일까지	보험료징수법 §16의 10 ③

(3) 신고서류 및 방법

4대보험 공통서식을 활용하여 각 공단 또는 고용안전센터에 서면 신고를 하거나 4대사회보험정보연계센터(http://www.4insure.or.kr) 및 EDI (http://www.ei.go.kr)의 '정보통신망'을 통해 신고할 수 있다.

다만, 신고대상 근로자 수가 10인 이상인 경우에는 정보통신망을 이용하여야 한다.

구 분	신고 및 첨부서류
국민연금	사업장가입자 자격취득신고서
건강보험	직장가입자 자격취득신고서 첨부서류(아래의 어느 하나에 해당되는 경우에 한함) • 건강보험 적용배제신청을 하는 유공자 등의 의료보호대상자의 경우 : 국가유공자증 사본 • 직장가입자와 피부양자를 동시에 신고하는 경우* : 가족관계등록부, 장애인등록증 또는 국가유공자상이자임을 증명할 수 있는 서류 • 외국인 · 외국국적동포 : 외국인등록증(외국인등록사실증명 포함) • 재외국민 · 외국국적동포 : 국내거소신고증(국내거소신고사실증명 포함)

* 직장가입자와 피부양자가 동거하는 경우에는 주민등록등본을 제출하지 아니함.

4대보험의 사업장 관리번호가 동일한 경우에는 하나의 공통서식으로 작성하여 신고할 수 있으나, 사업장 관리번호가 각각 다른 경우에는 각각 사업장 관리번호별로 작성하여 신고하여야 한다.

4) 보험료의 산정 및 부과

(1) 국민연금

가입자의 자격을 취득한 날이 속하는 달의 다음 달부터 자격을 상실한 날의 전날이 속하는 달까지로 부과한다.

다만, 자격취득일이 초일(매월 1일)이거나 취득월 납부를 가입자가 희망하는 경우 자격을 취득한 당월부터 납부가 가능하다(국민연금법 제17조).

① 보험료 산정

가입자의 자격취득시 신고한 기준소득월액에 보험료율을 곱하여 연금보험료를 산정한다.

월별 부과되는 연금보험료=기준소득월액×보험료율

이 경우 기준소득월액은 국민연금의 보험료 및 급여산정을 위하여 사용자가 신고한 소득월액에서 천원 미만을 절사한 금액을 말한다.

사용자는 사업장가입자 자격취득신고서를 작성할 때에는 다음의 방법으로 산출한 소득월액을 기재하여 신고한다(국민연금법 시행령 제6조 제1항).

구 분	소득월액 산정방법
㉮ 월이나 주 또는 그 밖에 일정기간으로 소득이 정해지는 경우	(소득액*÷그 기간의 총일수)×30

구 분	소득월액 산정방법
㉯ 일·시간·생산고 또는 도급으로 소득이 정해지는 경우	자격취득일이 속하는 달의 전 1개월 동안 해당 사업장에서 같은 업무에 종사하고 같은 소득이 있는 자가 받은 소득월액을 평균한 금액
㉰ '㉮'와 '㉯'에 따라 소득월액을 계산하기 어려운 자의 경우	자격취득일이 속하는 달의 전 1개월 동안 그 지방에서 같은 업무에 종사하고 있는 같은 소득이 있는 자가 받은 소득월액을 평균한 금액
㉱ 자격취득 및 소득월액을 신고하지 않을 경우	• 소득자료가 있는 경우 : 소득자료 • 소득자료가 없는 경우 : 전년도 12월 31일 현재 지역가입자 전체의 중간에 해당하는 자의 기준소득월액

* 수습기간이 있는 경우 수습기간의 감액된 금액이 아니라 정상 근로자로 재직시 지급될 소득액

② 보험료율

국민연금	연금보험료(전체)	근로자	사업주
기준 소득월액	9%	4.5%	4.5%

총액=기준소득월액×9%(연금보험율)

(예) 기준소득월액은 최저 29만원에서 최고금액은 449만원까지의 범위로 결정하게 된다.
따라서 신고한 소득월액이 29만원보다 적으면 29만원을 기준소득월액으로 하고, 449만원보다 많으면 449만원을 기준소득월액으로 한다(2017.7.1. 기준).

③ 보험료의 적용기간

사업장가입자의 자격취득·변동시에는 직장가입자 자격취득신고서상에 신고한 소득월액을 기준으로 자격취득 또는 변동일이 속하는 다음 달(매월 1일에 자격 취득 또는 변동된 경우에는 그 자격취득 또는 변동일)부터 다음 연도 6월까지 적용된다.

다만, 12월 2일 이후 자격 취득자의 경우에는 자격취득 또는 변동일이 속하는 달의 다음 달부터 다음다음 연도 6월까지 적용된다.

전년도 해당 사업장에 종사한 근로자의 경우에는 그 종사한 기간에 받은 소득액을 그 근무일수로 나눈 금액의 30배에 해당하는 금액(천원 미만 절사)을 소득월액을 결정하여 매년 7월부터 다음 연도 6월까지 적용한다.

(2) 건강보험

가입자의 자격을 얻은 날이 속하는 다음 달부터 가입자의 자격을 잃은 날의 전날이 속하는 달까지 부과한다. 다만, 가입자의 자격을 매월 1일에 취득한 경우에는 그 달부터 징수한다(국민건강보험법 제62조 제2항).

① 보험료의 산정

가입자의 자격취득시 신고한 보수월액에 보험료율을 곱하여 건강보험료를 산정한다.

월별 부과되는 건강보험료=보수월액×보험료율

이 경우 보수월액은 신규 자격취득자의 보수월액 산정방법은 다음과 같다(국민건강보험법 시행령 제37조).

구 분	보수월액 산정방법
㉮ 월이나 주 또는 그 밖에 일정기간으로 소득이 정해지는 경우	(그 기간의 보수액*÷그 기간의 총일수)×30
㉯ 일 · 시간 · 생산고 또는 도급으로 소득이 정해지는 경우	자격취득일이 속하는 달의 전 1개월 동안 해당 사업장에서 같은 업무에 종사하고 같은 소득이 있는 자가 받은 보수월액을 평균한 금액
㉰ '㉮'와 '㉯'에 따라 소득월액을 계산하기 어려운 자의 경우	자격취득일이 속하는 달의 전 1개월 동안 그 지방에서 같은 업무에 종사하고 있는 같은 소득이 있는 자가 받은 보수월액을 평균한 금액

* 수습기간이 있는 경우 수습기간의 감액된 금액이 아니라 정산 근로자로 재직시 지급될 소득액

② 보험료율

매월 부과되는 사업장가입자의 월별 보험료는 해당 기준소득월액에 보험료율을 곱한 금액으로 한다(국민건강보험법 제62조 제4항).

구분	기준액	보험료율	근로자	사업주
건강보험료	보수월액	6.24%	3.12%	3.12%
장기요양보험료	건강보험료	7.38%	가입자 부담 50%	사업주 부담 50%

(예) 보수월액이 1,000,000원일 때 계산방법

건강보험료 : 1,000,000(보수월액)×6.24%(건강보험료율)=가

입자 부담금 31,200원, 사업주 부담금 31,200원

장기요양보험료 : 62,400원(건강보험료)×7.38%(장기요양보험료율)=가입자 부담금 2,000원, 사업자 부담금 2,000원

③ 보험료의 적용기간

직장가입자의 자격취득 · 변동시에는 직장가입자 자격취득신고서상에 신고한 보수월액을 기준으로 자격취득 또는 변동일이 속하는 다음 달(매월 1일에 자격 취득 또는 변동된 경우에는 그 자격취득 또는 변동일)부터 다음 연도 3월까지 적용된다.

이외의 계속근로자의 경우에는 전년도에 지급받은 보수의 총액에 그 기간의 근무월수로 나누어 산정한 보수월액을 기준으로 매년 4월부터 다음 연도 3월까지 적용한다.

5) 4대보험 원천공제

(1) 원천공제 요약

구 분	국민연금	건강보험	고용/산재보험
보험료산정 기준	소득	보수	보수
소득(보수)의 범위	「소득세법」상의 총급여 (근로소득−	「소득세법」상의 총급여+ 국외근로소득	「소득세법」상의 총급여 (근로소득 −

구 분		국민연금	건강보험	고용/산재보험
		비과세소득)+ 조특법상의 비과세	비과세금액+ 조특법상의 비과세	비과세소득)+ 조특법상의 비과세
보험료 산정		기준소득월액 × 보험료율	보수월액 ×보험료율	월평균보수 ×보험료율
월평균보수(기준소득월액)	산정방법	• 전년도 12.1. 이전 입사자-(전년도 소득총액÷전년도근무일수)×30일 • 전년도 12.2. 이후 입사자-(계약기간의 총소득액÷그 기간의 총일수)×30일	• 전년도 12.1. 이전 입사자-전년도 보수총액÷전년도 근무월수 • 전년도 12.2. 이후 입사자-(계약기간의 총보수액÷그 기간의 총일수)×30일	• 전년도 9월 이전 입사자-전년도 보수총액÷전년도 근무월수 • 전년도 10월 이후 입사자-계약기간의 총보수액÷근무월수
	적용기간	• 전년도 12.1. 이전 입사자-매년 7월~다음연도 6월 • 전년도 12.2. 이후 입사자-입사일의 다음 달~다음다음 연도 6월	• 전년도 12.1. 이전 입사자-매년 4월~다음연도 3월 • 전년도 12.2. 이후 입사자-입사일의 다음 달~다음다음 연도 3월	• 전년도 9월 이전 입사자-매년 4월~다음연도 3월 • 전년도 10월 이후 입사자-입사월~다음다음연도 3월
	보수(소득) 단수처리	소득월액의 천원 미만 절사	보수월액의 원 미만 절사	

<table>
<tr><th colspan="2">구 분</th><th>국민연금</th><th colspan="2">건강보험</th><th colspan="3">고용/산재보험</th></tr>
<tr><td></td><td>한도</td><td>Min 29만원~
Max 449만원</td><td colspan="2">Min 28만원~
Max 7,810만원</td><td colspan="3">한도 없음</td></tr>
<tr><td rowspan="3">보험
료율</td><td>사업주</td><td>4.5%</td><td>3.12%</td><td rowspan="3">장기요양
보험료율
: 7.38%
장기요양
보험료=
건강
보험료
×7.38%</td><td rowspan="3">실
업
급
여</td><td>0.65%</td><td rowspan="3">고용
안정·
직업
능력
개발
사업 :
0.25%
~
0.85%
⇒
전액
사업주
부담</td></tr>
<tr><td>근로자</td><td>4.5%</td><td>3.12%</td><td>0.65%</td></tr>
<tr><td>총계</td><td>9%</td><td>6.24%</td><td>1.3%</td></tr>
<tr><td colspan="2" rowspan="2">보험료
납부방식</td><td colspan="3" rowspan="2">매월 보험료를 산정·부과하고
국민건강보험공단에서 고지</td><td colspan="2">건설업 및
벌목업</td><td>매년
자진
신고
납부</td></tr>
<tr><td colspan="2">상기
이외의
업종</td><td>매월
부과
고지</td></tr>
<tr><td colspan="2">월별 보험료
부과기한</td><td colspan="3">입사일의 다음 달부터~자격을 상실한 날의 전날이 속하는 달까지 징수</td><td colspan="3">입사일~
퇴사일까지 징수</td></tr>
<tr><td colspan="2">월별 보험료
납부기한</td><td colspan="6">해당 월의 다음 달 10일까지</td></tr>
</table>

「소득세법」상 총급여액이란 「소득세법」에 따른 근로소득에서 비과세 근로소득을 뺀 금액으로 한다.

건강보험의 전년도근무월수에는 1일이라도 근무하여 근로의 대가로 보수를 받는 경우 근무월수 산정에 포함한다.

고용/산재보험에서 근무월수는 그 근로를 개시한 날이 속하는 달의 근무일수가 20일 미만인 경우에는 그 월의 해당 보수와 근무개월수를 모두 제외하여 산정한다.

국민연금 449만원은 2017.7.1. 이후부터 적용한다.

다만, 2016.7.1.~2017.6.30.은 하한 28만원~상한 434만원이다.

국민연금과 건강보험에 있어 입사일이 매월 초일(1일)인 경우에는 입사일이 속한 달부터 징수한다.

고용/산재보험의 근로자가 월의 중간에 새로이 고용되거나 고용관계가 종료되는 등의 경우에는 그 달의 근무일수에 따라 일할계산한 월별보험료를 산정·부과한다.

(2) 월별 보험료의 산정 및 부과

건강보험·국민연금 보험료는 부과 고지하는 납부방식이 2011년 1월부터 4대 사회보험 징수통합에 따라 각 공단이 매월 보험료를 산정·부과하고 건강보험공단이 이를 징수하는 방식으로 변경되었다.

<table>
<tr><th colspan="2">구 분</th><th>보험료 납부</th></tr>
<tr><td colspan="2">국민연금</td><td rowspan="3">부과 고지</td></tr>
<tr><td colspan="2">건강보험</td></tr>
<tr><td>고용/산재 보험</td><td>• 전 사업(건설업 등의 사업 제외)
• 건설업 중 건설장비운영업
• 중소기업사업주·특수형태근로종사자
• 해외파견(건설업 외)</td></tr>
</table>

구 분		보험료 납부
	• 건설업(건설본사 포함) • 임업 중 벌목업 • 해외파견사업(건설업) • 고용보험 자영업자	자진 신고

① 보험료 산정기준

4대 사회보험의 상이한 보험료 산정기준에 따른 사업주 불편을 해소하고 국세청과의 소득자료 연계를 통한 보험관리업무의 효율성을 제고하고자 고용·산재보험료 산정기준이 2011년부터 '임금'에서 '보수(과세 근로소득)'로 변경됨에 따라 4대 사회보험료의 산정기준이 원칙적으로 「소득세법」에 따른 과세 근로소득을 기준으로 보험료 산정기준이 단일화되었다.

구 분	국민연금	건강보험	고용/산재보험
산정기준	소득	보수	보수
소득 (보수)의 범위	「소득세법」상의 총급여액 (=근로소득－비과세소득)+조특법상의 비과세	「소득세법」상의 총급여 (=근로소득 － 비과세소득)+국외근로소득비과세 금액+조특법상의 비과세	「소득세법」상의 총급여 (=근로소득－비과세소득)+조특법상의 비과세

「소득세법」에 따른 총급여액이란 근로소득 원천징수영수증상의 (⑯) 총급여액과 일치하는 금액으로 「소득세법」상의 근로소득에서 비과세근로소득을 차감한 금액을 말한다.

② 월별 보험료의 산정

매월 부과고지되는 4대 보험료는 아래와 같이 산정된다.

> 월별 보험료=월평균보수[기준소득(보수)월액]×보험료율

이 경우 월별 보험료 산정시 10원 미만 단수는 절사한다.

■ 월평균보수(또는 기준소득월액)

월평균보수(또는 기준소득월액)의 산정에서 월평균보수(또는 기준소득월액)는 월별보험료 산정의 기준이 된다.

구분		월평균보수(또는 기준소득월액) 산정
국민연금*1	전년 12.1. 이전 입사자	(전년도 소득총액÷전년도근무일수)×30일
	전년 12.2. 이후 입사자	(계약기간의 총소득액÷그 기간의 총일수)×30일
건강보험	전년 12.1. 이전 입사자	전년도 보수총액÷전년도 근무월수 * 1일이라도 근무하여 근로의 대가로 보수를 받은 경우 근무월수 산정에 포함
	전년 12.2. 이후 입사자	(계약기간의 보수총액÷그 기간의 총일수)×30일
고용/산재보험	전년 9월 이전 입사자	전년도 보수총액÷전년도 근무월수*2
	전년 10월 이후 입사자	계약기간의 보수총액÷근무월수*2

*1 국민연금의 기준소득월액은 상기와 같이 계산한 소득월액에서 천원 미만 절사한 금액으로 한다.

*2 그 근로를 개시한 날이 속하는 달의 근무일수가 20일 미만인 경우에는 그 월의 해당 보수와 근무개월수를 모두 제외하여 산정

■ 월평균보수(또는 기준소득월액)의 상·하한

월평균보수(기준소득월액) 산정액이 상한액을 초과하는 경우에는 상한액을 월평균보수(기준소득월액)로 하고 하한액에 미달하는 경우에는 하한액을 월평균보수(기준소득월액)로 한다.

구분	월평균보수(또는 기준소득월액)의 상·하한액
국민연금	최저 기준소득월액 : 29만원 최고 기준소득월액 : 449만원
건강보험	최저 보수월액 : 28만원 최고 보수월액 : 7,810만원
고용/산재보험	없음

■ 월평균보수(또는 기준소득월액)의 적용기간

구 분		월평균보수[기준소득(보수)월액]의 적용기간
국민연금*	전년 12.1. 이전 입사자	매년 7월~다음 연도 6월
	전년 12.2. 이후 입사자	입사일 1의 다음 달~다음다음 연도 6월
건강보험	전년 12.1. 이전 입사자	매년 4월~다음 연도 3월
	전년 12.2. 이후 입사자	입사일 1의 다음 달~다음다음 연도 3월
고용/산재보험	전년 9월 이전 입사자	매년 4월~다음 연도 3월
	전년 10월 이후 입사자	입사월~다음다음 연도 3월

* 입사일이 매월 초일인 경우(국민연금의 경우 가입자가 가입을 희망하는 경우 포함)에는 입사월부터 적용

③ 보험료율

4대보험별 각각의 보험료율은 다음과 같다.

<table>
<tr><th colspan="3" rowspan="2">구 분</th><th colspan="3">보험료율</th></tr>
<tr><th>근로자</th><th>사업주</th><th>계</th></tr>
<tr><td colspan="3">국민연금</td><td>4.5%</td><td>4.5%</td><td>9%</td></tr>
<tr><td rowspan="2">건강보험</td><td colspan="2">건강보험료율</td><td>3.12%</td><td>3.12%</td><td>6.24%</td></tr>
<tr><td colspan="2">장기요양보험료율</td><td colspan="3">7.38%(장기요양보험료 =건강보험료× 장기요양보험료율)</td></tr>
<tr><td rowspan="5">고용보험</td><td colspan="2">실업급여</td><td>0.65%</td><td>0.65%</td><td>1.3%</td></tr>
<tr><td rowspan="4">고용안정 · 직업능력 개발사업</td><td>① 150인 미만 사업</td><td rowspan="4"></td><td>0.25%</td><td>0.25%</td></tr>
<tr><td>② 150인 이상 사업(우선지원 대상기업)</td><td>0.45%</td><td>0.45%</td></tr>
<tr><td>③ 150인 이상~1,000인 미만 사업으로서 '②'에 해당하지 아니하는 사업</td><td>0.65%</td><td>0.65%</td></tr>
<tr><td>④ 1,000인 이상 사업으로서 '②'에 해당하지 아니하는 사업 및 국가 · 지방자치단체가 직접 행하는 사업</td><td>0.85%</td><td>0.85%</td></tr>
<tr><td colspan="3">산재보험</td><td colspan="3">사업종류별로 고용노동부장관이 매년 결정 · 고시</td></tr>
</table>

6) 월별 보험료의 부과 · 납부 및 공제

2011년 1월부터 4대보험 징수통합에 따라 고용/산재보험료가 기존의 자진신고 · 납부방식에서 월별산정 · 부과방식(건설업 및 벌목업은 기존대로 계속하여 자진 신고 · 납부방식을 적용)으로 변경됨에 따라 2011년 1월부터 기업은 4대보험료를 매월 부담하여 다음 달 10일까지 납부하여야 한다.

(1) 국민연금

연금보험료의 부과 · 고지는 아래와 같이 기준소득월액에 보험료율(9%)을 곱한 금액이 매월 부과고지되면 사업장의 사용자는 매월 부과되는 보험료의 50%(4.5%)씩을 각각 사용자와 근로자가 부담하고 이를 합산하여 납부하여야 한다.

구분	매월 부과고지되는 연금보험료
전년 12.1. 이전 입사자	(전년도 소득총액÷전년도근무일수)×30일 × 보험료율(9%)
전년 12.2. 이후 입사자	(계약기간의 총소득액÷그 기간의 총일수) × 30일×보험료율(9%)

매월 연금보험료의 납부기한은 해당 월의 다음 달 10일이며, 10일이 토 · 일요일, 공휴일인 경우 그 다음 영업일까지 납부하면 된다.

납부기한은 법정기한이므로 기한 내 연금보험료를 납부하지 아니한 때에는 연체금이 가산된다.

보험료의 납부기간은 가입자(사용자)는 가입자 자격을 취득한 날이 속하는 달(또는 휴직자가 복직하였을 때에는 복직일이 속하는 달)의 다음 달부터 가입자 자격을 상실한 날의 전날이 속하는 달까지 매월 연금보험료를 납부해야 한다. 그러나 가입자가 자격을 취득한 날이 매월 1일에 해당하는 경우에는 해당 취득월부터 연금보험료를 납부하여야 한다.

다만, 해당 월 초일에 자격을 취득하고, 해당 월에 자격을 상실한 경우에는 납부하지 않을 수 있다.

(2) 건강보험

건강보험료의 부과·고지는 아래와 같이 월평균보수에 보험료율(6.24%)을 곱한 금액이 매월 부과고지되면 사업장의 사용자는 매월 부과되는 보험료의 50%(3.12%)씩을 각각 사용자와 근로자가 부담하고 이를 합산하여 납부하여야 한다.

구분		매월 부과고지되는 건강보험료
건강 보험료	전년 12.1. 이전 입사자	(전년도 보수총액÷전년도 근무월수*)×보험료율(6.24%) * 1일이라도 근무하여 근로의 대가로 보수를 받은 경우 근무월수 산정에 포함
	전년 12.2. 이후 입사자	(계약기간의 총보수액÷그 기간의 총일수)×30일×보험료율(6.24%)
장기요양보험료		건강보험료×장기요양보험료율(7.38%)

매월 건강보험료의 납부기한은 해당 월의 다음 달 10일이며, 10일이 공휴일인 경우 그 다음 날까지 납부가능하다.

다만, 토요일은 그 다음 날의 다음 날까지 납부하여야 하며, 납부기한 경과 후에는 연체금이 가산된 납기후 금액을 납부하여야 한다.

보험료의 납부기간은 가입자(사용자)는 가입자 자격을 취득한 날이 속하는 달의 다음 달부터 가입자 자격을 상실한 날의 전날이 속하는 달까지 매월 연금보험료를 납부하여야 한다.

또한 가입자가 자격을 취득한 날이 그 속하는 달의 초일인 경우에는 그 달부터 징수한다.

(3) 급여의 인상 또는 인하로 보수에 변동이 있는 경우

근로자의 급여의 인상 또는 인하 등의 사유로 보수에 변동이 있는 경우 이를 변경신고할 수 있다.

구 분	국민연금	건강보험	고용보험/산재보험
변경사유	실제소득이 기준소득월액 대비 20% 이상 변동이 있는 경우	• 승진, 감봉 등 개인별 보수의 변동이 있는 경우 • 임금 인상 또는 인하가 있는 경우	근로자의 보수가 인상 또는 인하된 경우 근로자의 월평균보수를 착오신고한 경우
제출서류	사업장가입자 기준소득월액 변경신청서	• 직장가입자보수월액변경신청서 • 직장가입자보수평균인상·인하율통보서	월평균보수변경신고서

이 경우 국민연금은 전년도 소득을 기준으로 연금보험료를 부과하기 때문에 기준소득월액에 대한 변경제도는 없었으나 2014년부터는 실제소득이 기준소득월액 대비 20% 이상 변동이 있는 경우 신청가능

하다.

건강보험의 경우 직장가입자보수평균인상·인하율통보서는 사업장전체근로자에 대한 보수인상 또는 인하가 있는 경우에 한한다.

고용보험 및 산재보험은 신고서를 제출한 날이 속하는 달의 다음 달부터 변경된 월평균보수에 의해 월별보험료가 산정·부과되나 정정에 해당되는 경우 정정 월부터 월별보험료를 소급하여 재산정한다.

① 국민연금

2013년까지는 국민연금은 전년도 소득을 기준으로 연금보험료를 부과할 뿐, 정산제도가 없기 때문에 기준소득월액에 대한 변경절차가 없었다.

국민연금 기준소득월액 특례제도

2014년부터 전년도에 비해 변경된 사업장가입자의 기준소득월액 대비 일정수준 이상 소득변동시 기준소득월액 변경신청이 가능하도록 「국민연금법 시행령」이 개정되었다.

- 대상
  실제소득이 현재 기준소득월액대비 20% 이상 상승·하락한 근로자 및 사용자

(사업장가입자의 실제소득－사업장가입자의 기준소득월액)÷사업장가입자의 기준소득월액×100%≥±20%(보건복지부장관이 국민연금심의위원회 심의를 거쳐 고시)

그러나 2014년 법 개정으로 실제 소득이 기준소득월액 대비 복지부장관이 고시하는 소득변동률(2014년 기준 20%) 이상 상승 또는 하락이 있는 사업장가입자는 임금대장 등 소득하락을 입증하는 서류를 제출하면 기준소득월액 특례신청이 가능하다.

또한 사업장가입자 자격 취득신고시 명백한 기준소득월액에 대한 착오신고가 있는 경우에는 '사업장가입자내용변경신고서'를 통해 정정이 가능하다.

기준소득월액 특례신청은 신청일의 다음 달부터 변경된 기준소득월액 적용 가능하다.

일반적으로 국민연금은 전년도 소득을 기준으로 당해연도 부과만 할 뿐 별도의 정산을 실시하지 않지만 기준소득월액 결정특례를 신청한 근로자에 대해서는 변경된 기준소득월액 적용기간에 대해서는 과세자료와 임금대장 등으로 대조하여 익년도에 사후확인을 실시하여, 연금보험료 정산을 실시하며, 사후 정산 전 퇴사자에 대해서도 퇴사자 정산을 실시한다.

② 건강보험

직장가입자의 건강보험료는 전년도 보수를 기준으로 보험료가 산정되어 연말(퇴직)정산시 추가 또는 환급하여 문제점을 해결하고, 가능한 실제의 소득에 맞는 보험료를 부과하기 위해 보수가 인상 또는 인하된 경우에 보수월액을 변경 신청할 수 있는 제도를 두고 있다. 이러한 보수월액변경신고가 2016년부터 100인 이상 사업장은 의무화 되었다.

사업장 전체 근로자의 보수가 인상 또는 인하된 경우에는 '직장가입자보수평균인상·인하율통보서'를, 사업장 근로자 일부의 보수가 인상 또는 인하된 경우에는 '직장가입자보수월액변경신청서'를 관할 지사에 제출하여야 한다.

이 경우 보수 변경 월부터 보험료 부과에 반영 가능하다.

7) 4대보험의 연말정산

(1) 국민연금

국민연금은 전년도 소득월액을 당해연도 보험료산정기준으로 할 뿐 별도의 정산절차가 없다.

다만, 사업장가입자에게 적용할 기준소득월액을 결정하기 위해, 전년도 소득총액을 신고하는 절차가 있으나, 사업장이 「소득세법」 제164조에 따라 근로소득 지급명세서를 국세청에 제출한 경우에는 공단에 신고한 것으로 간주하여, 별도의 소득총액 신고 없이 공단은 국세청 과세자료를 활용하여 기준소득월액 정기결정을 한 후 사업장에 그 내용을 통지하므로 사업장에서는 기준소득월액 정기결정 통지서를 확인한 후에 이상이 있을 경우에 공단에 정정신고만 하면 된다.

① 기준소득월액의 결정

전년도에 그 사업장에서 얻은 소득월액으로 기준소득월액을 결정하고 이후 매년 1회씩 다시 결정하는 절차를 '가입기간 중 기준소득월액의 결정'이라고 하며, 결정된 소득월액은 당해 연도 7월부터 그 다음 연도 6월까지 1년간 당해연도에 적용할 보험료의 산정기준이 된다.

따라서 정기 결정한 기준소득월액은 전년도 소득 기준이므로 당해연도의 소득과 일치하지 않을 수 있다.

② 소득총액신고

사업장가입자에게 적용할 기준소득월액을 결정하기 위해 전년도의 소득총액을 신고하는 절차를 말한다.

전년도 12월 1일 이전에 입사한 근로자 및 사용자로서, 국세청에 근로소득 지급명세서 미제출자 · 자료착오자, 과세자료 보유자 중 30% 이상 상하향자, 휴직일수 상이자 및 개인사업장 사용자 등은 소득(총)액 신고를 하여야 한다.

전년도 12월 2일 이후 입사자의 경우에는 기준소득월액 정기결정을 하지 않고, 취득 당시 결정된 기준소득월액을 다음 연도 6월까지 적용하므로 소득총액신고대상이 아니다.

③ 신고대상 소득

당해 사업장에서 전년도 근무기간 중 받은 과세대상 근로소득(사업소득)으로, 근로자는 근로소득원천징수영수증상의 현 사업장의 ⑯번 급여합계액이며, 개인사업장 사용자는 부동산 임대소득 · 사업소득 명세서상 ⑩번 소득금액이 신고대상이다.

④ 신고기한

매년 5월 중 공단에서 발송하는 '소득액 신고서'에 가입자별 전년도의 소득(총)액 및 근무기간을 기재하여 5월 31일까지 공단에 제출하면 된다.

⑤ 정기결정 기준소득월액의 적용기간

당해 연도 7월부터 다음 연도 6월까지 1년간 적용된다.

(2) 건강보험

직장가입자의 건강보험료는 당해연도의 소득에 의해 부과되어야 하나, 연도 중에는 소득이 확정되지 않으므로 전년도 소득을 기준으로 우선 부과한 후, 다음 연도 3월 10일(개인사업장의 사용자는 5월) 사업장에서 확정된 소득으로 보험료를 다시 산정하여 기 납부한 보험료와 정산하여 정산차액을 4월분 보험료에 부과(추가징수 또는 환급)하는 건강보험료 연말정산을 하고 있다.

일반적으로 직장가입자의 보수가 매년 상승한다고 가정할 때, 직장가입자는 4월분에 많은 보험료의 추가납부가 발생할 수 있다. 이를 방지하기 위하여 2016년부터 100인 이상 사업장에서는 보수월액 변경신고가 의무화되었다.

① 건강보험 연말정산 절차

사업장에서 매년 3월 10일까지 국세청에 신고한 근로소득을 기준으로 공단에 보수총액통보서를 제출하고, 공단은 이를 근거로 3월에 정산을 실시하여 정산내역서를 사업장에 통보하여 신고가 잘못된 경우에 이의 및 변경신청을 받은 후, 매년 4월분 보험료 고지시 전년도에 대한 보험료 정산분을 반영한다.

② 연말정산

■ 연말정산 신고의무자

- 일반사업장의 사용자

• 공무원이 소속되어 있는 기관의 장 또는 사립학교를 설립·운영하는 자

■ 연말정산 시기

구 분	시 기
일반근로자	매년 3월 10일까지 '직장가입자보수총액통보서' 신고 및 4월 정산 반영
개인사업장의 사용자	매년 6월 10일까지 '직장가입자보수총액통보서' 신고 및 6월 정산 반영

■ 연말정산대상자

매년 12월 말일 현재 직장가입자 자격유지자를 대상으로 하며, 아래의 경우에 해당하는 자는 대상자에서 제외한다.

• 퇴직자
• 해당연도 12월 중 입사자
• 정산연도 기간 모두 보험료 납입고지 유예자, 군입대, 시설(교도소 등) 수용의 사유로 보험료 납부 대상 월이 없는 자(단, 1월이라도 보험료 납부를 한 경우에는 제외)
• 보수관련 자료가 없는 근로자에 대한 보험료 부과기준 고시 적용자
• 별도 부과관리 사업장(기관) 가입자
주한미군 및 주한미대사관 한국인직원, 항운노동조합, 국가정보원, 육·해·공군
• 건설일용직 현장 사업장 가입자(사업장 특성코드AA인 경우)

■ 연말정산 수행방법 및 절차

• 직장가입자 보수총액통보서 작성 및 제출

공단으로부터 '직장가입자보수총액통보서'를 발송받은 사업장은 '직장가입자보수총액통보서'에 '전년도 보수총액'과 전년도 보수총액에 해당하는 개월수인 '근무월수'를 작성하여 공단에 매년 3월 10일까지 제출하여야 한다.

• '연말정산 산출내역서' 사업장 통보 및 이의신청

3월 말일까지 공단은 사업장에서 제출한 보수총액을 근거로 하여 연간보험료를 재산정하여 추가 납부 또는 환급할 보험료를 '연말정산 산출내역서'로 사업장에 통보하고 사업장은 '연말정산 산출내역서'에 보수총액 또는 근무월수에 착오 등이 있는 경우 4월 15일까지 가입자 이의신청을 할 수 있다.

이 경우 이의신청시 제출할 서류는 직장가입자 보험료 정산내역 착오자 변경신청서, 근로소득원천징수영수증이다.

■ 정산보험료의 고지 및 납부

• 정산보험료의 고지

당해연도 보수총액에 의해 다시 산정한 보험료와 당해연도 중에 납부한 보험료의 차액인 정산보험료를 4월분 보험료에 합산고지한다.

• 정산보험료 분할납부 신청

건강보험료 연말정산 결과 추가로 납부할 보험료가 가입자의 당월 보험료 100분의 100 이상인 경우에는 분할납부가 가능하다. 정산보험료액에 따라 아래와 같이 최대 10회까지 분할납부가 가능하다.

구 분	분할횟수
정산보험료가 당월 보험료의 100분의 100 이상 100분 200 미만인 경우	3회 이내
정산보험료가 당월 보험료의 100분의 200 이상 100분 300 미만인 경우	5회 이내
정산보험료가 당월 보험료의 100분의 300 이상인 경우	10회 이내

분할납부는 정산보험료 분할납부 신청서에 의하며 매년 5월 10일까지(4월분 보험료 납부마감일까지) 해야 한다.

자동이체 사업장은 납부마감일로부터 3일 이전까지 신청하여야 변경 가능하다.

• 국세청 소득자료 연계정산

매년 9월부터 12월까지 사업장에서 건강보험관리공단에 신고한 직장가입자 보수총액과 국세청에 신고한 소득금액 자료 연계를 통하여 보수의 적정성을 확인하고 있다.

13 Chapter

간이세액표와 적용방법

1 종교인소득 간이세액표

간이세액표의 해당세액은 종교단체가 종교인소득(기타소득)으로 지급시 종교관련종사자가 연간 지급받는 금액 또는 월 지급액에 대하여 필요경비, 기본공제 및 세액공제 수준을 반영하여 원천징수할 세액을 계산한 금액이다.

(1) 적용산식

[{(매월 지급하는 소득×12 또는 연간 지급하는 소득)－필요경비(80%부터 20%까지)}－기본공제－연금소득공제]×세율(20%)－총지급액 구간별 기부금, 연금계좌세액공제, 표준세액공제를 반영한 세액공제 결과 계산한 세액을 12개월로 나눈 금액

(2) 연간 총지급액 구간별 기부금 등 지출수준을 반영한 세액공제 금액

> 총지급액이 7천만원 이하인 자는 총지급액의 2.3%(총지급액 7천만원 초과자는 161만원)+결정세액의 10%(90만원 한도)

(3) 공제대상 가족의 수

공제대상 가족의 수를 산정할 때 본인 및 배우자도 각각 1명으로 보아 계산한다.

(4) 추가공제 대상자 또는 자녀세액공제가 있는 경우 간이세액표 적용방법

공제대상 가족 중 추가공제(경로우대 및 장애인공제)가 있는 경우와 20세 이하의 자녀가 있는 경우 원천징수 세액은 다음의 계산식에 따른 공제대상 가족 수에 해당하는 금액으로 한다.

> 추가공제 적용시 공제대상 가족의 수=실제 공제대상가족의 수+경로우대 및 장애인공제대상 인원 수, 20세 이하 자녀의 수

공제대상 가족의 수가 10명을 초과하는 경우 10명의 세액으로 징수한다.

(5) 간이세액표

월지급액 (천원)			부양가족 인원별 원천징수 세액 (원)								
이상	미만	1명	2명	3명	4명	5명	6명	7명	8명	9명	10명
995	1,000	–	–	–	–	–	–	–	–	–	–
1,000	1,005	–	–	–	–	–	–	–	–	–	–
1,005	1,010	–	–	–	–	–	–	–	–	–	–
1,010	1,015	–	–	–	–	–	–	–	–	–	–
1,015	1,020	–	–	–	–	–	–	–	–	–	–
1,020	1,025	–	–	–	–	–	–	–	–	–	–
1,025	1,030	–	–	–	–	–	–	–	–	–	–
1,030	1,035	–	–	–	–	–	–	–	–	–	–
1,035	1,040	–	–	–	–	–	–	–	–	–	–
1,040	1,045	–	–	–	–	–	–	–	–	–	–
1,045	1,050	–	–	–	–	–	–	–	–	–	–
1,050	1,055	–	–	–	–	–	–	–	–	–	–
1,055	1,060	–	–	–	–	–	–	–	–	–	–
1,060	1,065	–	–	–	–	–	–	–	–	–	–
1,065	1,070	–	–	–	–	–	–	–	–	–	–
1,070	1,075	–	–	–	–	–	–	–	–	–	–
1,075	1,080	–	–	–	–	–	–	–	–	–	–
1,080	1,085	–	–	–	–	–	–	–	–	–	–
1,085	1,090	–	–	–	–	–	–	–	–	–	–
1,090	1,095	–	–	–	–	–	–	–	–	–	–
1,095	1,100	–	–	–	–	–	–	–	–	–	–
1,100	1,105	–	–	–	–	–	–	–	–	–	–
1,105	1,110	–	–	–	–	–	–	–	–	–	–
1,110	1,115	–	–	–	–	–	–	–	–	–	–
1,115	1,120	–	–	–	–	–	–	–	–	–	–
1,120	1,125	–	–	–	–	–	–	–	–	–	–
1,125	1,130	–	–	–	–	–	–	–	–	–	–
1,130	1,135	–	–	–	–	–	–	–	–	–	–
1,135	1,140	–	–	–	–	–	–	–	–	–	–
1,140	1,145	–	–	–	–	–	–	–	–	–	–
1,145	1,150	–	–	–	–	–	–	–	–	–	–
1,150	1,155	–	–	–	–	–	–	–	–	–	–
1,155	1,160	–	–	–	–	–	–	–	–	–	–
1,160	1,165	–	–	–	–	–	–	–	–	–	–
1,165	1,170	–	–	–	–	–	–	–	–	–	–
1,170	1,175	–	–	–	–	–	–	–	–	–	–
1,175	1,180	–	–	–	–	–	–	–	–	–	–
1,180	1,185	–	–	–	–	–	–	–	–	–	–
1,185	1,190	–	–	–	–	–	–	–	–	–	–
1,190	1,195	–	–	–	–	–	–	–	–	–	–
1,195	1,200	–	–	–	–	–	–	–	–	–	–
1,200	1,205	–	–	–	–	–	–	–	–	–	–
1,205	1,210	–	–	–	–	–	–	–	–	–	–
1,210	1,215	–	–	–	–	–	–	–	–	–	–
1,215	1,220	–	–	–	–	–	–	–	–	–	–

월지급액 (천원)		부양가족 인원별 원천징수 세액 (원)									
이상	미만	1명	2명	3명	4명	5명	6명	7명	8명	9명	10명
1,220	1,225	-	-	-	-	-	-	-	-	-	-
1,225	1,230	-	-	-	-	-	-	-	-	-	-
1,230	1,235	-	-	-	-	-	-	-	-	-	-
1,235	1,240	-	-	-	-	-	-	-	-	-	-
1,240	1,245	-	-	-	-	-	-	-	-	-	-
1,245	1,250	-	-	-	-	-	-	-	-	-	-
1,250	1,255	1,000	-	-	-	-	-	-	-	-	-
1,255	1,260	1,000	-	-	-	-	-	-	-	-	-
1,260	1,265	1,000	-	-	-	-	-	-	-	-	-
1,265	1,270	1,000	-	-	-	-	-	-	-	-	-
1,270	1,275	1,000	-	-	-	-	-	-	-	-	-
1,275	1,280	1,000	-	-	-	-	-	-	-	-	-
1,280	1,285	1,000	-	-	-	-	-	-	-	-	-
1,285	1,290	1,000	-	-	-	-	-	-	-	-	-
1,290	1,295	1,000	-	-	-	-	-	-	-	-	-
1,295	1,300	1,000	-	-	-	-	-	-	-	-	-
1,300	1,305	1,000	-	-	-	-	-	-	-	-	-
1,305	1,310	1,000	-	-	-	-	-	-	-	-	-
1,310	1,315	1,000	-	-	-	-	-	-	-	-	-
1,315	1,320	1,000	-	-	-	-	-	-	-	-	-
1,320	1,325	1,000	-	-	-	-	-	-	-	-	-
1,325	1,330	1,000	-	-	-	-	-	-	-	-	-
1,330	1,335	1,000	-	-	-	-	-	-	-	-	-
1,335	1,340	1,000	-	-	-	-	-	-	-	-	-
1,340	1,345	1,000	-	-	-	-	-	-	-	-	-
1,345	1,350	1,000	-	-	-	-	-	-	-	-	-
1,350	1,355	1,000	-	-	-	-	-	-	-	-	-
1,355	1,360	1,000	-	-	-	-	-	-	-	-	-
1,360	1,365	1,000	-	-	-	-	-	-	-	-	-
1,365	1,370	1,000	-	-	-	-	-	-	-	-	-
1,370	1,375	1,000	-	-	-	-	-	-	-	-	-
1,375	1,380	1,000	-	-	-	-	-	-	-	-	-
1,380	1,385	1,000	-	-	-	-	-	-	-	-	-
1,385	1,390	1,000	-	-	-	-	-	-	-	-	-
1,390	1,395	1,000	-	-	-	-	-	-	-	-	-
1,395	1,400	1,000	-	-	-	-	-	-	-	-	-
1,400	1,405	1,000	-	-	-	-	-	-	-	-	-
1,405	1,410	1,000	-	-	-	-	-	-	-	-	-
1,410	1,415	1,000	-	-	-	-	-	-	-	-	-
1,415	1,420	1,000	-	-	-	-	-	-	-	-	-
1,420	1,425	1,000	-	-	-	-	-	-	-	-	-
1,425	1,430	1,000	-	-	-	-	-	-	-	-	-
1,430	1,435	1,000	-	-	-	-	-	-	-	-	-
1,435	1,440	1,000	-	-	-	-	-	-	-	-	-
1,440	1,445	1,000	-	-	-	-	-	-	-	-	-
1,445	1,450	1,000	-	-	-	-	-	-	-	-	-
1,450	1,455	1,000	-	-	-	-	-	-	-	-	-
1,455	1,460	1,000	-	-	-	-	-	-	-	-	-
1,460	1,465	1,000	-	-	-	-	-	-	-	-	-
1,465	1,470	1,000	-	-	-	-	-	-	-	-	-

월지급액 (천원)		부양가족 인원별 원천징수 세액 (원)									
이상	미만	1명	2명	3명	4명	5명	6명	7명	8명	9명	10명
1,470	1,475	1,000	–	–	–	–	–	–	–	–	–
1,475	1,480	1,000	–	–	–	–	–	–	–	–	–
1,480	1,485	1,000	–	–	–	–	–	–	–	–	–
1,485	1,490	1,000	–	–	–	–	–	–	–	–	–
1,490	1,495	1,000	–	–	–	–	–	–	–	–	–
1,495	1,500	1,000	–	–	–	–	–	–	–	–	–
1,500	1,505	1,000	–	–	–	–	–	–	–	–	–
1,505	1,510	1,000	–	–	–	–	–	–	–	–	–
1,510	1,520	1,000	–	–	–	–	–	–	–	–	–
1,520	1,530	1,000	–	–	–	–	–	–	–	–	–
1,530	1,540	1,000	–	–	–	–	–	–	–	–	–
1,540	1,550	1,000	–	–	–	–	–	–	–	–	–
1,550	1,560	1,000	–	–	–	–	–	–	–	–	–
1,560	1,570	1,000	–	–	–	–	–	–	–	–	–
1,570	1,580	1,000	–	–	–	–	–	–	–	–	–
1,580	1,590	1,000	–	–	–	–	–	–	–	–	–
1,590	1,600	1,000	–	–	–	–	–	–	–	–	–
1,600	1,610	1,000	–	–	–	–	–	–	–	–	–
1,610	1,620	1,000	–	–	–	–	–	–	–	–	–
1,620	1,630	1,000	–	–	–	–	–	–	–	–	–
1,630	1,640	1,000	–	–	–	–	–	–	–	–	–
1,640	1,650	1,000	–	–	–	–	–	–	–	–	–
1,650	1,660	1,000	–	–	–	–	–	–	–	–	–
1,660	1,670	1,000	–	–	–	–	–	–	–	–	–
1,670	1,680	1,000	–	–	–	–	–	–	–	–	–
1,680	1,690	1,000	–	–	–	–	–	–	–	–	–
1,690	1,700	1,000	–	–	–	–	–	–	–	–	–
1,700	1,710	1,000	–	–	–	–	–	–	–	–	–
1,710	1,720	1,000	–	–	–	–	–	–	–	–	–
1,720	1,730	1,000	1,000	–	–	–	–	–	–	–	–
1,730	1,740	1,000	1,000	–	–	–	–	–	–	–	–
1,740	1,750	1,000	1,000	–	–	–	–	–	–	–	–
1,750	1,760	1,000	1,000	–	–	–	–	–	–	–	–
1,760	1,770	1,000	1,000	–	–	–	–	–	–	–	–
1,770	1,780	1,000	1,000	–	–	–	–	–	–	–	–
1,780	1,790	1,000	1,000	–	–	–	–	–	–	–	–
1,790	1,800	1,000	1,000	–	–	–	–	–	–	–	–
1,800	1,810	1,000	1,000	–	–	–	–	–	–	–	–
1,810	1,820	1,000	1,000	–	–	–	–	–	–	–	–
1,820	1,830	1,000	1,000	–	–	–	–	–	–	–	–
1,830	1,840	1,000	1,000	–	–	–	–	–	–	–	–
1,840	1,850	1,000	1,000	–	–	–	–	–	–	–	–
1,850	1,860	1,000	1,000	–	–	–	–	–	–	–	–
1,860	1,870	1,000	1,000	–	–	–	–	–	–	–	–
1,870	1,880	1,000	1,000	–	–	–	–	–	–	–	–
1,880	1,890	1,000	1,000	–	–	–	–	–	–	–	–
1,890	1,900	1,000	1,000	–	–	–	–	–	–	–	–
1,900	1,910	1,000	1,000	–	–	–	–	–	–	–	–
1,910	1,920	1,000	1,000	–	–	–	–	–	–	–	–
1,920	1,930	1,000	1,000	–	–	–	–	–	–	–	–

월지급액 (천원)		부양가족 인원별 원천징수 세액 (원)									
이상	미만	1명	2명	3명	4명	5명	6명	7명	8명	9명	10명
1,930	1,940	1,470	1,000	–	–	–	–	–	–	–	–
1,940	1,950	2,060	1,000	–	–	–	–	–	–	–	–
1,950	1,960	2,640	1,000	–	–	–	–	–	–	–	–
1,960	1,970	3,230	1,000	–	–	–	–	–	–	–	–
1,970	1,980	3,820	1,000	1,000	–	–	–	–	–	–	–
1,980	1,990	4,410	1,000	1,000	–	–	–	–	–	–	–
1,990	2,000	5,000	1,000	1,000	–	–	–	–	–	–	–
2,000	2,010	5,590	1,000	1,000	–	–	–	–	–	–	–
2,010	2,020	6,180	1,000	1,000	–	–	–	–	–	–	–
2,020	2,030	6,770	1,000	1,000	–	–	–	–	–	–	–
2,030	2,040	7,360	1,000	1,000	–	–	–	–	–	–	–
2,040	2,050	7,950	1,000	1,000	–	–	–	–	–	–	–
2,050	2,060	8,530	1,000	1,000	–	–	–	–	–	–	–
2,060	2,070	9,120	1,000	1,000	–	–	–	–	–	–	–
2,070	2,080	9,710	1,000	1,000	–	–	–	–	–	–	–
2,080	2,090	10,300	1,000	1,000	–	–	–	–	–	–	–
2,090	2,100	10,890	1,000	1,000	–	–	–	–	–	–	–
2,100	2,110	11,480	1,000	1,000	–	–	–	–	–	–	–
2,110	2,120	12,070	1,000	1,000	–	–	–	–	–	–	–
2,120	2,130	12,660	1,000	1,000	–	–	–	–	–	–	–
2,130	2,140	13,250	1,000	1,000	–	–	–	–	–	–	–
2,140	2,150	13,840	1,000	1,000	–	–	–	–	–	–	–
2,150	2,160	14,420	1,000	1,000	–	–	–	–	–	–	–
2,160	2,170	15,010	1,000	1,000	–	–	–	–	–	–	–
2,170	2,180	15,600	1,000	1,000	–	–	–	–	–	–	–
2,180	2,190	16,190	1,000	1,000	–	–	–	–	–	–	–
2,190	2,200	16,780	1,000	1,000	–	–	–	–	–	–	–
2,200	2,210	17,370	1,000	1,000	–	–	–	–	–	–	–
2,210	2,220	17,960	1,000	1,000	–	–	–	–	–	–	–
2,220	2,230	18,550	1,000	1,000	1,000	–	–	–	–	–	–
2,230	2,240	19,140	1,000	1,000	1,000	–	–	–	–	–	–
2,240	2,250	19,730	1,000	1,000	1,000	–	–	–	–	–	–
2,250	2,260	20,310	1,000	1,000	1,000	–	–	–	–	–	–
2,260	2,270	20,900	1,000	1,000	1,000	–	–	–	–	–	–
2,270	2,280	21,490	1,000	1,000	1,000	–	–	–	–	–	–
2,280	2,290	22,080	1,000	1,000	1,000	–	–	–	–	–	–
2,290	2,300	22,670	1,000	1,000	1,000	–	–	–	–	–	–
2,300	2,310	23,260	1,000	1,000	1,000	–	–	–	–	–	–
2,310	2,320	23,850	1,350	1,000	1,000	–	–	–	–	–	–
2,320	2,330	24,440	1,940	1,000	1,000	–	–	–	–	–	–
2,330	2,340	25,030	2,530	1,000	1,000	–	–	–	–	–	–
2,340	2,350	25,620	3,120	1,000	1,000	–	–	–	–	–	–
2,350	2,360	26,200	3,700	1,000	1,000	–	–	–	–	–	–
2,360	2,370	26,790	4,290	1,000	1,000	–	–	–	–	–	–
2,370	2,380	27,380	4,880	1,000	1,000	–	–	–	–	–	–
2,380	2,390	27,970	5,470	1,000	1,000	–	–	–	–	–	–
2,390	2,400	28,560	6,060	1,000	1,000	–	–	–	–	–	–
2,400	2,410	29,150	6,650	1,000	1,000	–	–	–	–	–	–
2,410	2,420	29,740	7,240	1,000	1,000	–	–	–	–	–	–
2,420	2,430	30,330	7,830	1,000	1,000	–	–	–	–	–	–

월지급액 (천원)		부양가족 인원별 원천징수 세액 (원)									
이상	미만	1명	2명	3명	4명	5명	6명	7명	8명	9명	10명
2,430	2,440	30,920	8,420	1,000	1,000	–	–	–	–	–	–
2,440	2,450	31,510	9,010	1,000	1,000	–	–	–	–	–	–
2,450	2,460	32,090	9,590	1,000	1,000	–	–	–	–	–	–
2,460	2,470	32,680	10,180	1,000	1,000	–	–	–	–	–	–
2,470	2,480	33,270	10,770	1,000	1,000	1,000	–	–	–	–	–
2,480	2,490	33,860	11,360	1,000	1,000	1,000	–	–	–	–	–
2,490	2,500	34,450	11,950	1,000	1,000	1,000	–	–	–	–	–
2,500	2,510	35,040	12,540	1,000	1,000	1,000	–	–	–	–	–
2,510	2,520	35,630	13,130	1,000	1,000	1,000	–	–	–	–	–
2,520	2,530	36,220	13,720	1,000	1,000	1,000	–	–	–	–	–
2,530	2,540	36,810	14,310	1,000	1,000	1,000	–	–	–	–	–
2,540	2,550	37,400	14,900	1,000	1,000	1,000	–	–	–	–	–
2,550	2,560	37,980	15,480	1,000	1,000	1,000	–	–	–	–	–
2,560	2,570	38,570	16,070	1,000	1,000	1,000	–	–	–	–	–
2,570	2,580	39,160	16,660	1,000	1,000	1,000	–	–	–	–	–
2,580	2,590	39,750	17,250	1,000	1,000	1,000	–	–	–	–	–
2,590	2,600	40,340	17,840	1,000	1,000	1,000	–	–	–	–	–
2,600	2,610	40,930	18,430	1,000	1,000	1,000	–	–	–	–	–
2,610	2,620	41,520	19,020	1,000	1,000	1,000	–	–	–	–	–
2,620	2,630	42,110	19,610	1,000	1,000	1,000	–	–	–	–	–
2,630	2,640	42,700	20,200	1,000	1,000	1,000	–	–	–	–	–
2,640	2,650	43,290	20,790	1,000	1,000	1,000	–	–	–	–	–
2,650	2,660	43,870	21,370	1,000	1,000	1,000	–	–	–	–	–
2,660	2,670	44,460	21,960	1,000	1,000	1,000	–	–	–	–	–
2,670	2,680	45,050	22,550	1,000	1,000	1,000	–	–	–	–	–
2,680	2,690	45,640	23,140	1,220	1,000	1,000	–	–	–	–	–
2,690	2,700	46,230	23,730	1,230	1,000	1,000	–	–	–	–	–
2,700	2,710	46,820	24,320	1,820	1,000	1,000	–	–	–	–	–
2,710	2,720	47,410	24,910	2,410	1,000	1,000	–	–	–	–	–
2,720	2,730	48,000	25,500	3,000	1,000	1,000	1,000	–	–	–	–
2,730	2,740	48,590	26,090	3,590	1,000	1,000	1,000	–	–	–	–
2,740	2,750	49,180	26,680	4,180	1,000	1,000	1,000	–	–	–	–
2,750	2,760	49,760	27,260	4,760	1,000	1,000	1,000	–	–	–	–
2,760	2,770	50,350	27,850	5,350	1,000	1,000	1,000	–	–	–	–
2,770	2,780	50,940	28,440	5,940	1,000	1,000	1,000	–	–	–	–
2,780	2,790	51,530	29,030	6,530	1,000	1,000	1,000	–	–	–	–
2,790	2,800	52,120	29,620	7,120	1,000	1,000	1,000	–	–	–	–
2,800	2,810	52,710	30,210	7,710	1,000	1,000	1,000	–	–	–	–
2,810	2,820	53,300	30,800	8,300	1,000	1,000	1,000	–	–	–	–
2,820	2,830	53,890	31,390	8,890	1,000	1,000	1,000	–	–	–	–
2,830	2,840	54,480	31,980	9,480	1,000	1,000	1,000	–	–	–	–
2,840	2,850	55,070	32,570	10,070	1,000	1,000	1,000	–	–	–	–
2,850	2,860	55,650	33,150	10,650	1,000	1,000	1,000	–	–	–	–
2,860	2,870	56,240	33,740	11,240	1,000	1,000	1,000	–	–	–	–
2,870	2,880	56,830	34,330	11,830	1,000	1,000	1,000	–	–	–	–
2,880	2,890	57,420	34,920	12,420	1,000	1,000	1,000	–	–	–	–
2,890	2,900	58,010	35,510	13,010	1,000	1,000	1,000	–	–	–	–
2,900	2,910	58,600	36,100	13,600	1,000	1,000	1,000	–	–	–	–
2,910	2,920	59,190	36,690	14,190	1,000	1,000	1,000	–	–	–	–
2,920	2,930	59,780	37,280	14,780	1,000	1,000	1,000	–	–	–	–

월지급액 (천원)			부양가족 인원별 원천징수 세액 (원)								
이상	미만	1명	2명	3명	4명	5명	6명	7명	8명	9명	10명
2,930	2,940	60,370	37,870	15,370	1,000	1,000	1,000	–	–	–	–
2,940	2,950	60,960	38,460	15,960	1,000	1,000	1,000	–	–	–	–
2,950	2,960	61,540	39,040	16,540	1,000	1,000	1,000	–	–	–	–
2,960	2,970	62,130	39,630	17,130	1,000	1,000	1,000	–	–	–	–
2,970	2,980	62,720	40,220	17,720	1,000	1,000	1,000	1,000	–	–	–
2,980	2,990	63,310	40,810	18,310	1,000	1,000	1,000	1,000	–	–	–
2,990	3,000	63,900	41,400	18,900	1,000	1,000	1,000	1,000	–	–	–
3,000	3,020	64,780	42,280	19,780	1,000	1,000	1,000	1,000	–	–	–
3,020	3,040	65,960	43,460	20,960	1,000	1,000	1,000	1,000	–	–	–
3,040	3,060	67,140	44,640	22,140	1,000	1,000	1,000	1,000	–	–	–
3,060	3,080	68,320	45,820	23,320	1,000	1,000	1,000	1,000	–	–	–
3,080	3,100	69,500	47,000	24,500	2,000	1,000	1,000	1,000	–	–	–
3,100	3,120	70,670	48,170	25,670	3,170	1,000	1,000	1,000	–	–	–
3,120	3,140	71,850	49,350	26,850	4,350	1,000	1,000	1,000	–	–	–
3,140	3,160	73,030	50,530	28,030	5,530	1,000	1,000	1,000	–	–	–
3,160	3,180	74,210	51,710	29,210	6,710	1,000	1,000	1,000	–	–	–
3,180	3,200	75,390	52,890	30,390	7,890	1,000	1,000	1,000	–	–	–
3,200	3,220	76,560	54,060	31,560	9,060	1,000	1,000	1,000	–	–	–
3,220	3,240	77,740	55,240	32,740	10,240	1,000	1,000	1,000	1,000	–	–
3,240	3,260	78,920	56,420	33,920	11,420	1,000	1,000	1,000	1,000	–	–
3,260	3,280	80,100	57,600	35,100	12,600	1,000	1,000	1,000	1,000	–	–
3,280	3,300	81,280	58,780	36,280	13,780	1,000	1,000	1,000	1,000	–	–
3,300	3,320	82,450	59,950	37,450	14,950	1,000	1,000	1,000	1,000	–	–
3,320	3,340	83,630	61,130	38,630	16,130	1,000	1,000	1,000	1,000	–	–
3,340	3,360	85,410	62,910	40,410	17,910	1,000	1,000	1,000	1,000	–	–
3,360	3,380	87,310	64,810	42,310	19,810	1,000	1,000	1,000	1,000	–	–
3,380	3,400	89,210	66,710	44,210	21,710	1,000	1,000	1,000	1,000	–	–
3,400	3,420	91,100	68,600	46,100	23,600	1,100	1,000	1,000	1,000	–	–
3,420	3,440	93,000	70,500	48,000	25,500	3,000	1,000	1,000	1,000	1,000	–
3,440	3,460	94,900	72,400	49,900	27,400	4,900	1,000	1,000	1,000	1,000	–
3,460	3,480	96,800	74,300	51,800	29,300	6,800	1,000	1,000	1,000	1,000	–
3,480	3,500	98,700	76,200	53,700	31,200	8,700	1,000	1,000	1,000	1,000	–
3,500	3,520	100,590	78,090	55,590	33,090	10,590	1,000	1,000	1,000	1,000	–
3,520	3,540	102,490	79,990	57,490	34,990	12,490	1,000	1,000	1,000	1,000	–
3,540	3,560	104,390	81,890	59,390	36,890	14,390	1,000	1,000	1,000	1,000	–
3,560	3,580	106,290	83,790	61,290	38,790	16,290	1,000	1,000	1,000	1,000	–
3,580	3,600	108,190	85,690	63,190	40,690	18,190	1,000	1,000	1,000	1,000	–
3,600	3,620	110,080	87,580	65,080	42,580	20,080	1,000	1,000	1,000	1,000	1,000
3,620	3,640	111,980	89,480	66,980	44,480	21,980	1,000	1,000	1,000	1,000	1,000
3,640	3,660	113,880	91,380	68,880	46,380	23,880	1,380	1,000	1,000	1,000	1,000
3,660	3,680	115,780	93,280	70,780	48,280	25,780	3,280	1,000	1,000	1,000	1,000
3,680	3,700	117,680	95,180	72,680	50,180	27,680	5,180	1,000	1,000	1,000	1,000
3,700	3,720	119,570	97,070	74,570	52,070	29,570	7,070	1,000	1,000	1,000	1,000
3,720	3,740	121,470	98,970	76,470	53,970	31,470	8,970	1,000	1,000	1,000	1,000
3,740	3,760	123,370	100,870	78,370	55,870	33,370	10,870	1,000	1,000	1,000	1,000
3,760	3,780	125,270	102,770	80,270	57,770	35,270	12,770	1,000	1,000	1,000	1,000
3,780	3,800	127,170	104,670	82,170	59,670	37,170	14,670	1,000	1,000	1,000	1,000
3,800	3,820	129,060	106,560	84,060	61,560	39,060	16,560	1,000	1,000	1,000	1,000
3,820	3,840	130,960	108,460	85,960	63,460	40,960	18,460	1,000	1,000	1,000	1,000
3,840	3,860	132,860	110,360	87,860	65,360	42,860	20,360	1,000	1,000	1,000	1,000

월지급액 (천원)			부양가족 인원별 원천징수 세액 (원)								
이상	미만	1명	2명	3명	4명	5명	6명	7명	8명	9명	10명
3,860	3,880	134,760	112,260	89,760	67,260	44,760	22,260	1,000	1,000	1,000	1,000
3,880	3,900	136,660	114,160	91,660	69,160	46,660	24,160	1,660	1,000	1,000	1,000
3,900	3,920	138,550	116,050	93,550	71,050	48,550	26,050	3,550	1,000	1,000	1,000
3,920	3,940	140,450	117,950	95,450	72,950	50,450	27,950	5,450	1,000	1,000	1,000
3,940	3,960	142,350	119,850	97,350	74,850	52,350	29,850	7,350	1,000	1,000	1,000
3,960	3,980	144,250	121,750	99,250	76,750	54,250	31,750	9,250	1,000	1,000	1,000
3,980	4,000	146,150	123,650	101,150	78,650	56,150	33,650	11,150	1,000	1,000	1,000
4,000	4,020	148,040	125,540	103,040	80,540	58,040	35,540	13,040	1,000	1,000	1,000
4,020	4,040	149,940	127,440	104,940	82,440	59,940	37,440	14,940	1,000	1,000	1,000
4,040	4,060	151,840	129,340	106,840	84,340	61,840	39,340	16,840	1,000	1,000	1,000
4,060	4,080	153,740	131,240	108,740	86,240	63,740	41,240	18,740	1,000	1,000	1,000
4,080	4,100	155,640	133,140	110,640	88,140	65,640	43,140	20,640	1,000	1,000	1,000
4,100	4,120	157,530	135,030	112,530	90,030	67,530	45,030	22,530	1,000	1,000	1,000
4,120	4,140	159,430	136,930	114,430	91,930	69,430	46,930	24,430	1,930	1,000	1,000
4,140	4,160	161,330	138,830	116,330	93,830	71,330	48,830	26,330	3,830	1,000	1,000
4,160	4,180	163,230	140,730	118,230	95,730	73,230	50,730	28,230	5,730	1,000	1,000
4,180	4,200	165,130	142,630	120,130	97,630	75,130	52,630	30,130	7,630	1,000	1,000
4,200	4,220	167,020	144,520	122,020	99,520	77,020	54,520	32,020	9,520	1,000	1,000
4,220	4,240	168,920	146,420	123,920	101,420	78,920	56,420	33,920	11,420	1,000	1,000
4,240	4,260	170,820	148,320	125,820	103,320	80,820	58,320	35,820	13,320	1,000	1,000
4,260	4,280	172,720	150,220	127,720	105,220	82,720	60,220	37,720	15,220	1,000	1,000
4,280	4,300	174,620	152,120	129,620	107,120	84,620	62,120	39,620	17,120	1,000	1,000
4,300	4,320	176,510	154,010	131,510	109,010	86,510	64,010	41,510	19,010	1,000	1,000
4,320	4,340	178,410	155,910	133,410	110,910	88,410	65,910	43,410	20,910	1,000	1,000
4,340	4,360	180,360	157,860	135,360	112,860	90,360	67,860	45,360	22,860	1,000	1,000
4,360	4,380	182,420	159,920	137,420	114,920	92,420	69,920	47,420	24,920	2,420	1,000
4,380	4,400	184,480	161,980	139,480	116,980	94,480	71,980	49,480	26,980	4,480	1,000
4,400	4,420	186,540	164,040	141,540	119,040	96,540	74,040	51,540	29,040	6,540	1,000
4,420	4,440	188,600	166,100	143,600	121,100	98,600	76,100	53,600	31,100	8,600	1,000
4,440	4,460	190,660	168,160	145,660	123,160	100,660	78,160	55,660	33,160	10,660	1,000
4,460	4,480	192,720	170,220	147,720	125,220	102,720	80,220	57,720	35,220	12,720	1,000
4,480	4,500	194,780	172,280	149,780	127,280	104,780	82,280	59,780	37,280	14,780	1,000
4,500	4,520	196,840	174,340	151,840	129,340	106,840	84,340	61,840	39,340	16,840	1,000
4,520	4,540	198,900	176,400	153,900	131,400	108,900	86,400	63,900	41,400	18,900	1,000
4,540	4,560	200,960	178,460	155,960	133,460	110,960	88,460	65,960	43,460	20,960	1,000
4,560	4,580	203,020	180,520	158,020	135,520	113,020	90,520	68,020	45,520	23,020	1,000
4,580	4,600	205,080	182,580	160,080	137,580	115,080	92,580	70,080	47,580	25,080	2,580
4,600	4,620	207,140	184,640	162,140	139,640	117,140	94,640	72,140	49,640	27,140	4,640
4,620	4,640	209,200	186,700	164,200	141,700	119,200	96,700	74,200	51,700	29,200	6,700
4,640	4,660	211,260	188,760	166,260	143,760	121,260	98,760	76,260	53,760	31,260	8,760
4,660	4,680	213,320	190,820	168,320	145,820	123,320	100,820	78,320	55,820	33,320	10,820
4,680	4,700	215,380	192,880	170,380	147,880	125,380	102,880	80,380	57,880	35,380	12,880
4,700	4,720	217,440	194,940	172,440	149,940	127,440	104,940	82,440	59,940	37,440	14,940
4,720	4,740	219,500	197,000	174,500	152,000	129,500	107,000	84,500	62,000	39,500	17,000
4,740	4,760	221,560	199,060	176,560	154,060	131,560	109,060	86,560	64,060	41,560	19,060
4,760	4,780	223,620	201,120	178,620	156,120	133,620	111,120	88,620	66,120	43,620	21,120
4,780	4,800	225,680	203,180	180,680	158,180	135,680	113,180	90,680	68,180	45,680	23,180
4,800	4,820	227,740	205,240	182,740	160,240	137,740	115,240	92,740	70,240	47,740	25,240
4,820	4,840	229,800	207,300	184,800	162,300	139,800	117,300	94,800	72,300	49,800	27,300
4,840	4,860	231,860	209,360	186,860	164,360	141,860	119,360	96,860	74,360	51,860	29,360

월지급액 (천원)		부양가족 인원별 원천징수 세액 (원)									
이상	미만	1명	2명	3명	4명	5명	6명	7명	8명	9명	10명
4,860	4,880	233,920	211,420	188,920	166,420	143,920	121,420	98,920	76,420	53,920	31,420
4,880	4,900	235,980	213,480	190,980	168,480	145,980	123,480	100,980	78,480	55,980	33,480
4,900	4,920	238,040	215,540	193,040	170,540	148,040	125,540	103,040	80,540	58,040	35,540
4,920	4,940	240,100	217,600	195,100	172,600	150,100	127,600	105,100	82,600	60,100	37,600
4,940	4,960	242,160	219,660	197,160	174,660	152,160	129,660	107,160	84,660	62,160	39,660
4,960	4,980	244,220	221,720	199,220	176,720	154,220	131,720	109,220	86,720	64,220	41,720
4,980	5,000	246,280	223,780	201,280	178,780	156,280	133,780	111,280	88,780	66,280	43,780
5,000	5,020	248,520	226,020	203,520	181,020	158,520	136,020	113,520	91,020	68,520	46,020
5,020	5,040	250,940	228,440	205,940	183,440	160,940	138,440	115,940	93,440	70,940	48,440
5,040	5,060	253,360	230,860	208,360	185,860	163,360	140,860	118,360	95,860	73,360	50,860
5,060	5,080	255,780	233,280	210,780	188,280	165,780	143,280	120,780	98,280	75,780	53,280
5,080	5,100	258,200	235,700	213,200	190,700	168,200	145,700	123,200	100,700	78,200	55,700
5,100	5,120	260,620	238,120	215,620	193,120	170,620	148,120	125,620	103,120	80,620	58,120
5,120	5,140	263,040	240,540	218,040	195,540	173,040	150,540	128,040	105,540	83,040	60,540
5,140	5,160	265,460	242,960	220,460	197,960	175,460	152,960	130,460	107,960	85,460	62,960
5,160	5,180	267,880	245,380	222,880	200,380	177,880	155,380	132,880	110,380	87,880	65,380
5,180	5,200	270,300	247,800	225,300	202,800	180,300	157,800	135,300	112,800	90,300	67,800
5,200	5,220	272,720	250,220	227,720	205,220	182,720	160,220	137,720	115,220	92,720	70,220
5,220	5,240	275,140	252,640	230,140	207,640	185,140	162,640	140,140	117,640	95,140	72,640
5,240	5,260	277,560	255,060	232,560	210,060	187,560	165,060	142,560	120,060	97,560	75,060
5,260	5,280	279,980	257,480	234,980	212,480	189,980	167,480	144,980	122,480	99,980	77,480
5,280	5,300	282,400	259,900	237,400	214,900	192,400	169,900	147,400	124,900	102,400	79,900
5,300	5,320	284,820	262,320	239,820	217,320	194,820	172,320	149,820	127,320	104,820	82,320
5,320	5,340	287,240	264,740	242,240	219,740	197,240	174,740	152,240	129,740	107,240	84,740
5,340	5,360	289,660	267,160	244,660	222,160	199,660	177,160	154,660	132,160	109,660	87,160
5,360	5,380	292,080	269,580	247,080	224,580	202,080	179,580	157,080	134,580	112,080	89,580
5,380	5,400	294,500	272,000	249,500	227,000	204,500	182,000	159,500	137,000	114,500	92,000
5,400	5,420	296,920	274,420	251,920	229,420	206,920	184,420	161,920	139,420	116,920	94,420
5,420	5,440	299,340	276,840	254,340	231,840	209,340	186,840	164,340	141,840	119,340	96,840
5,440	5,460	301,760	279,260	256,760	234,260	211,760	189,260	166,760	144,260	121,760	99,260
5,460	5,480	304,180	281,680	259,180	236,680	214,180	191,680	169,180	146,680	124,180	101,680
5,480	5,500	306,600	284,100	261,600	239,100	216,600	194,100	171,600	149,100	126,600	104,100
5,500	5,520	309,020	286,520	264,020	241,520	219,020	196,520	174,020	151,520	129,020	106,520
5,520	5,540	311,440	288,940	266,440	243,940	221,440	198,940	176,440	153,940	131,440	108,940
5,540	5,560	313,860	291,360	268,860	246,360	223,860	201,360	178,860	156,360	133,860	111,360
5,560	5,580	316,280	293,780	271,280	248,780	226,280	203,780	181,280	158,780	136,280	113,780
5,580	5,600	318,700	296,200	273,700	251,200	228,700	206,200	183,700	161,200	138,700	116,200
5,600	5,620	321,120	298,620	276,120	253,620	231,120	208,620	186,120	163,620	141,120	118,620
5,620	5,640	323,540	301,040	278,540	256,040	233,540	211,040	188,540	166,040	143,540	121,040
5,640	5,660	325,960	303,460	280,960	258,460	235,960	213,460	190,960	168,460	145,960	123,460
5,660	5,680	328,380	305,880	283,380	260,880	238,380	215,880	193,380	170,880	148,380	125,880
5,680	5,700	330,800	308,300	285,800	263,300	240,800	218,300	195,800	173,300	150,800	128,300
5,700	5,720	333,220	310,720	288,220	265,720	243,220	220,720	198,220	175,720	153,220	130,720
5,720	5,740	335,640	313,140	290,640	268,140	245,640	223,140	200,640	178,140	155,640	133,140
5,740	5,760	338,060	315,560	293,060	270,560	248,060	225,560	203,060	180,560	158,060	135,560
5,760	5,780	340,480	317,980	295,480	272,980	250,480	227,980	205,480	182,980	160,480	137,980
5,780	5,800	342,900	320,400	297,900	275,400	252,900	230,400	207,900	185,400	162,900	140,400
5,800	5,820	345,320	322,820	300,320	277,820	255,320	232,820	210,320	187,820	165,320	142,820
5,820	5,840	347,740	325,240	302,740	280,240	257,740	235,240	212,740	190,240	167,740	145,240
5,840	5,860	350,540	328,040	305,540	283,040	260,540	238,040	215,540	193,040	170,540	148,040

월지급액 (천원)		부양가족 인원별 원천징수 세액 (원)									
이상	미만	1명	2명	3명	4명	5명	6명	7명	8명	9명	10명
5,860	5,880	353,420	330,920	308,420	285,920	263,420	240,920	218,420	195,920	173,420	150,920
5,880	5,900	356,300	333,800	311,300	288,800	266,300	243,800	221,300	198,800	176,300	153,800
5,900	5,920	359,180	336,680	314,180	291,680	269,180	246,680	224,180	201,680	179,180	156,680
5,920	5,940	362,060	339,560	317,060	294,560	272,060	249,560	227,060	204,560	182,060	159,560
5,940	5,960	364,940	342,440	319,940	297,440	274,940	252,440	229,940	207,440	184,940	162,440
5,960	5,980	367,820	345,320	322,820	300,320	277,820	255,320	232,820	210,320	187,820	165,320
5,980	6,000	370,700	348,200	325,700	303,200	280,700	258,200	235,700	213,200	190,700	168,200
6,000	6,020	373,580	351,080	328,580	306,080	283,580	261,080	238,580	216,080	193,580	171,080
6,020	6,040	376,460	353,960	331,460	308,960	286,460	263,960	241,460	218,960	196,460	173,960
6,040	6,060	379,340	356,840	334,340	311,840	289,340	266,840	244,340	221,840	199,340	176,840
6,060	6,080	382,220	359,720	337,220	314,720	292,220	269,720	247,220	224,720	202,220	179,720
6,080	6,100	385,100	362,600	340,100	317,600	295,100	272,600	250,100	227,600	205,100	182,600
6,100	6,120	387,980	365,480	342,980	320,480	297,980	275,480	252,980	230,480	207,980	185,480
6,120	6,140	390,860	368,360	345,860	323,360	300,860	278,360	255,860	233,360	210,860	188,360
6,140	6,160	393,740	371,240	348,740	326,240	303,740	281,240	258,740	236,240	213,740	191,240
6,160	6,180	396,620	374,120	351,620	329,120	306,620	284,120	261,620	239,120	216,620	194,120
6,180	6,200	399,500	377,000	354,500	332,000	309,500	287,000	264,500	242,000	219,500	197,000
6,200	6,220	402,380	379,880	357,380	334,880	312,380	289,880	267,380	244,880	222,380	199,880
6,220	6,240	405,260	382,760	360,260	337,760	315,260	292,760	270,260	247,760	225,260	202,760
6,240	6,260	408,140	385,640	363,140	340,640	318,140	295,640	273,140	250,640	228,140	205,640
6,260	6,280	411,020	388,520	366,020	343,520	321,020	298,520	276,020	253,520	231,020	208,520
6,280	6,300	413,900	391,400	368,900	346,400	323,900	301,400	278,900	256,400	233,900	211,400
6,300	6,320	416,780	394,280	371,780	349,280	326,780	304,280	281,780	259,280	236,780	214,280
6,320	6,340	419,660	397,160	374,660	352,160	329,660	307,160	284,660	262,160	239,660	217,160
6,340	6,360	422,540	400,040	377,540	355,040	332,540	310,040	287,540	265,040	242,540	220,040
6,360	6,380	425,420	402,920	380,420	357,920	335,420	312,920	290,420	267,920	245,420	222,920
6,380	6,400	428,300	405,800	383,300	360,800	338,300	315,800	293,300	270,800	248,300	225,800
6,400	6,420	431,180	408,680	386,180	363,680	341,180	318,680	296,180	273,680	251,180	228,680
6,420	6,440	434,060	411,560	389,060	366,560	344,060	321,560	299,060	276,560	254,060	231,560
6,440	6,460	436,940	414,440	391,940	369,440	346,940	324,440	301,940	279,440	256,940	234,440
6,460	6,480	439,820	417,320	394,820	372,320	349,820	327,320	304,820	282,320	259,820	237,320
6,480	6,500	442,700	420,200	397,700	375,200	352,700	330,200	307,700	285,200	262,700	240,200
6,500	6,520	445,580	423,080	400,580	378,080	355,580	333,080	310,580	288,080	265,580	243,080
6,520	6,540	448,460	425,960	403,460	380,960	358,460	335,960	313,460	290,960	268,460	245,960
6,540	6,560	451,340	428,840	406,340	383,840	361,340	338,840	316,340	293,840	271,340	248,840
6,560	6,580	454,220	431,720	409,220	386,720	364,220	341,720	319,220	296,720	274,220	251,720
6,580	6,600	457,100	434,600	412,100	389,600	367,100	344,600	322,100	299,600	277,100	254,600
6,600	6,620	459,980	437,480	414,980	392,480	369,980	347,480	324,980	302,480	279,980	257,480
6,620	6,640	462,860	440,360	417,860	395,360	372,860	350,360	327,860	305,360	282,860	260,360
6,640	6,660	465,740	443,240	420,740	398,240	375,740	353,240	330,740	308,240	285,740	263,240
6,660	6,680	468,620	446,120	423,620	401,120	378,620	356,120	333,620	311,120	288,620	266,120
6,680	6,700	471,500	449,000	426,500	404,000	381,500	359,000	336,500	314,000	291,500	269,000
6,700	6,720	474,380	451,880	429,380	406,880	384,380	361,880	339,380	316,880	294,380	271,880
6,720	6,740	477,260	454,760	432,260	409,760	387,260	364,760	342,260	319,760	297,260	274,760
6,740	6,760	480,140	457,640	435,140	412,640	390,140	367,640	345,140	322,640	300,140	277,640
6,760	6,780	483,020	460,520	438,020	415,520	393,020	370,520	348,020	325,520	303,020	280,520
6,780	6,800	485,900	463,400	440,900	418,400	395,900	373,400	350,900	328,400	305,900	283,400
6,800	6,820	488,780	466,280	443,780	421,280	398,780	376,280	353,780	331,280	308,780	286,280
6,820	6,840	491,660	469,160	446,660	424,160	401,660	379,160	356,660	334,160	311,660	289,160
6,840	6,860	494,540	472,040	449,540	427,040	404,540	382,040	359,540	337,040	314,540	292,040

월지급액 (천원)			부양가족 인원별 원천징수 세액 (원)								
이상	미만	1명	2명	3명	4명	5명	6명	7명	8명	9명	10명
6,860	6,880	497,420	474,920	452,420	429,920	407,420	384,920	362,420	339,920	317,420	294,920
6,880	6,900	500,300	477,800	455,300	432,800	410,300	387,800	365,300	342,800	320,300	297,800
6,900	6,920	503,180	480,680	458,180	435,680	413,180	390,680	368,180	345,680	323,180	300,680
6,920	6,940	506,060	483,560	461,060	438,560	416,060	393,560	371,060	348,560	326,060	303,560
6,940	6,960	508,940	486,440	463,940	441,440	418,940	396,440	373,940	351,440	328,940	306,440
6,960	6,980	511,820	489,320	466,820	444,320	421,820	399,320	376,820	354,320	331,820	309,320
6,980	7,000	514,700	492,200	469,700	447,200	424,700	402,200	379,700	357,200	334,700	312,200
7,000	7,020	517,580	495,080	472,580	450,080	427,580	405,080	382,580	360,080	337,580	315,080
7,020	7,040	520,460	497,960	475,460	452,960	430,460	407,960	385,460	362,960	340,460	317,960
7,040	7,060	523,340	500,840	478,340	455,840	433,340	410,840	388,340	365,840	343,340	320,840
7,060	7,080	526,220	503,720	481,220	458,720	436,220	413,720	391,220	368,720	346,220	323,720
7,080	7,100	529,100	506,600	484,100	461,600	439,100	416,600	394,100	371,600	349,100	326,600
7,100	7,120	531,980	509,480	486,980	464,480	441,980	419,480	396,980	374,480	351,980	329,480
7,120	7,140	534,860	512,360	489,860	467,360	444,860	422,360	399,860	377,360	354,860	332,360
7,140	7,160	537,740	515,240	492,740	470,240	447,740	425,240	402,740	380,240	357,740	335,240
7,160	7,180	540,620	518,120	495,620	473,120	450,620	428,120	405,620	383,120	360,620	338,120
7,180	7,200	543,800	521,000	498,500	476,000	453,500	431,000	408,500	386,000	363,500	341,000
7,200	7,220	547,000	523,880	501,380	478,880	456,380	433,880	411,380	388,880	366,380	343,880
7,220	7,240	550,200	526,760	504,260	481,760	459,260	436,760	414,260	391,760	369,260	346,760
7,240	7,260	553,400	529,640	507,140	484,640	462,140	439,640	417,140	394,640	372,140	349,640
7,260	7,280	556,600	532,520	510,020	487,520	465,020	442,520	420,020	397,520	375,020	352,520
7,280	7,300	559,800	535,400	512,900	490,400	467,900	445,400	422,900	400,400	377,900	355,400
7,300	7,320	563,000	538,280	515,780	493,280	470,780	448,280	425,780	403,280	380,780	358,280
7,320	7,340	566,200	541,200	518,660	496,160	473,660	451,160	428,660	406,160	383,660	361,160
7,340	7,360	569,400	544,400	521,540	499,040	476,540	454,040	431,540	409,040	386,540	364,040
7,360	7,380	572,600	547,600	524,420	501,920	479,420	456,920	434,420	411,920	389,420	366,920
7,380	7,400	575,800	550,800	527,300	504,800	482,300	459,800	437,300	414,800	392,300	369,800
7,400	7,420	579,000	554,000	530,180	507,680	485,180	462,680	440,180	417,680	395,180	372,680
7,420	7,440	582,200	557,200	533,060	510,560	488,060	465,560	443,060	420,560	398,060	375,560
7,440	7,460	585,400	560,400	535,940	513,440	490,940	468,440	445,940	423,440	400,940	378,440
7,460	7,480	588,600	563,600	538,820	516,320	493,820	471,320	448,820	426,320	403,820	381,320
7,480	7,500	591,800	566,800	541,800	519,200	496,700	474,200	451,700	429,200	406,700	384,200
7,500	7,520	595,000	570,000	545,000	522,080	499,580	477,080	454,580	432,080	409,580	387,080
7,520	7,540	598,200	573,200	548,200	524,960	502,460	479,960	457,460	434,960	412,460	389,960
7,540	7,560	601,400	576,400	551,400	527,840	505,340	482,840	460,340	437,840	415,340	392,840
7,560	7,580	604,600	579,600	554,600	530,720	508,220	485,720	463,220	440,720	418,220	395,720
7,580	7,600	607,800	582,800	557,800	533,600	511,100	488,600	466,100	443,600	421,100	398,600
7,600	7,620	611,000	586,000	561,000	536,480	513,980	491,480	468,980	446,480	423,980	401,480
7,620	7,640	614,200	589,200	564,200	539,360	516,860	494,360	471,860	449,360	426,860	404,360
7,640	7,660	617,400	592,400	567,400	542,400	519,740	497,240	474,740	452,240	429,740	407,240
7,660	7,680	620,600	595,600	570,600	545,600	522,620	500,120	477,620	455,120	432,620	410,120
7,680	7,700	623,800	598,800	573,800	548,800	525,500	503,000	480,500	458,000	435,500	413,000
7,700	7,720	627,000	602,000	577,000	552,000	528,380	505,880	483,380	460,880	438,380	415,880
7,720	7,740	630,200	605,200	580,200	555,200	531,260	508,760	486,260	463,760	441,260	418,760
7,740	7,760	633,400	608,400	583,400	558,400	534,140	511,640	489,140	466,640	444,140	421,640
7,760	7,780	636,600	611,600	586,600	561,600	537,020	514,520	492,020	469,520	447,020	424,520
7,780	7,800	639,800	614,800	589,800	564,800	539,900	517,400	494,900	472,400	449,900	427,400
7,800	7,820	643,000	618,000	593,000	568,000	543,000	520,280	497,780	475,280	452,780	430,280
7,820	7,840	646,200	621,200	596,200	571,200	546,200	523,160	500,660	478,160	455,660	433,160
7,840	7,860	649,400	624,400	599,400	574,400	549,400	526,040	503,540	481,040	458,540	436,040

월지급액 (천원)		부양가족 인원별 원천징수 세액 (원)									
이상	미만	1명	2명	3명	4명	5명	6명	7명	8명	9명	10명
7,860	7,880	652,600	627,600	602,600	577,600	552,600	528,920	506,420	483,920	461,420	438,920
7,880	7,900	655,800	630,800	605,800	580,800	555,800	531,800	509,300	486,800	464,300	441,800
7,900	7,920	659,000	634,000	609,000	584,000	559,000	534,680	512,180	489,680	467,180	444,680
7,920	7,940	662,200	637,200	612,200	587,200	562,200	537,560	515,060	492,560	470,060	447,560
7,940	7,960	665,400	640,400	615,400	590,400	565,400	540,440	517,940	495,440	472,940	450,440
7,960	7,980	668,600	643,600	618,600	593,600	568,600	543,600	520,820	498,320	475,820	453,320
7,980	8,000	671,800	646,800	621,800	596,800	571,800	546,800	523,700	501,200	478,700	456,200
8,000	8,020	675,000	650,000	625,000	600,000	575,000	550,000	526,580	504,080	481,580	459,080
8,020	8,040	678,200	653,200	628,200	603,200	578,200	553,200	529,460	506,960	484,460	461,960
8,040	8,060	681,400	656,400	631,400	606,400	581,400	556,400	532,340	509,840	487,340	464,840
8,060	8,080	684,600	659,600	634,600	609,600	584,600	559,600	535,220	512,720	490,220	467,720
8,080	8,100	687,800	662,800	637,800	612,800	587,800	562,800	538,100	515,600	493,100	470,600
8,100	8,120	691,000	666,000	641,000	616,000	591,000	566,000	541,000	518,480	495,980	473,480
8,120	8,140	694,200	669,200	644,200	619,200	594,200	569,200	544,200	521,360	498,860	476,360
8,140	8,160	697,400	672,400	647,400	622,400	597,400	572,400	547,400	524,240	501,740	479,240
8,160	8,180	700,600	675,600	650,600	625,600	600,600	575,600	550,600	527,120	504,620	482,120
8,180	8,200	703,800	678,800	653,800	628,800	603,800	578,800	553,800	530,000	507,500	485,000
8,200	8,220	707,000	682,000	657,000	632,000	607,000	582,000	557,000	532,880	510,380	487,880
8,220	8,240	710,200	685,200	660,200	635,200	610,200	585,200	560,200	535,760	513,260	490,760
8,240	8,260	713,400	688,400	663,400	638,400	613,400	588,400	563,400	538,640	516,140	493,640
8,260	8,280	716,600	691,600	666,600	641,600	616,600	591,600	566,600	541,600	519,020	496,520
8,280	8,300	719,800	694,800	669,800	644,800	619,800	594,800	569,800	544,800	521,900	499,400
8,300	8,320	723,000	698,000	673,000	648,000	623,000	598,000	573,000	548,000	524,780	502,280
8,320	8,340	726,200	701,200	676,200	651,200	626,200	601,200	576,200	551,200	527,660	505,160
8,340	8,360	729,400	704,400	679,400	654,400	629,400	604,400	579,400	554,400	530,540	508,040
8,360	8,380	732,600	707,600	682,600	657,600	632,600	607,600	582,600	557,600	533,420	510,920
8,380	8,400	735,800	710,800	685,800	660,800	635,800	610,800	585,800	560,800	536,300	513,800
8,400	8,420	739,000	714,000	689,000	664,000	639,000	614,000	589,000	564,000	539,180	516,680
8,420	8,440	742,200	717,200	692,200	667,200	642,200	617,200	592,200	567,200	542,200	519,560
8,440	8,460	745,400	720,400	695,400	670,400	645,400	620,400	595,400	570,400	545,400	522,440
8,460	8,480	748,600	723,600	698,600	673,600	648,600	623,600	598,600	573,600	548,600	525,320
8,480	8,500	751,800	726,800	701,800	676,800	651,800	626,800	601,800	576,800	551,800	528,200
8,500	8,520	755,000	730,000	705,000	680,000	655,000	630,000	605,000	580,000	555,000	531,080
8,520	8,540	758,200	733,200	708,200	683,200	658,200	633,200	608,200	583,200	558,200	533,960
8,540	8,560	761,400	736,400	711,400	686,400	661,400	636,400	611,400	586,400	561,400	536,840
8,560	8,580	764,600	739,600	714,600	689,600	664,600	639,600	614,600	589,600	564,600	539,720
8,580	8,600	767,800	742,800	717,800	692,800	667,800	642,800	617,800	592,800	567,800	542,800
8,600	8,620	771,000	746,000	721,000	696,000	671,000	646,000	621,000	596,000	571,000	546,000
8,620	8,640	774,200	749,200	724,200	699,200	674,200	649,200	624,200	599,200	574,200	549,200
8,640	8,660	777,400	752,400	727,400	702,400	677,400	652,400	627,400	602,400	577,400	552,400
8,660	8,680	780,600	755,600	730,600	705,600	680,600	655,600	630,600	605,600	580,600	555,600
8,680	8,700	783,800	758,800	733,800	708,800	683,800	658,800	633,800	608,800	583,800	558,800
8,700	8,720	787,000	762,000	737,000	712,000	687,000	662,000	637,000	612,000	587,000	562,000
8,720	8,740	790,200	765,200	740,200	715,200	690,200	665,200	640,200	615,200	590,200	565,200
8,740	8,760	793,400	768,400	743,400	718,400	693,400	668,400	643,400	618,400	593,400	568,400
8,760	8,780	796,600	771,600	746,600	721,600	696,600	671,600	646,600	621,600	596,600	571,600
8,780	8,800	799,800	774,800	749,800	724,800	699,800	674,800	649,800	624,800	599,800	574,800
8,800	8,820	803,000	778,000	753,000	728,000	703,000	678,000	653,000	628,000	603,000	578,000
8,820	8,840	806,200	781,200	756,200	731,200	706,200	681,200	656,200	631,200	606,200	581,200
8,840	8,860	809,400	784,400	759,400	734,400	709,400	684,400	659,400	634,400	609,400	584,400

월지급액 (천원)		부양가족 인원별 원천징수 세액 (원)									
이상	미만	1명	2명	3명	4명	5명	6명	7명	8명	9명	10명
8,860	8,880	812,600	787,600	762,600	737,600	712,600	687,600	662,600	637,600	612,600	587,600
8,880	8,900	815,800	790,800	765,800	740,800	715,800	690,800	665,800	640,800	615,800	590,800
8,900	8,920	819,000	794,000	769,000	744,000	719,000	694,000	669,000	644,000	619,000	594,000
8,920	8,940	822,200	797,200	772,200	747,200	722,200	697,200	672,200	647,200	622,200	597,200
8,940	8,960	825,400	800,400	775,400	750,400	725,400	700,400	675,400	650,400	625,400	600,400
8,960	8,980	828,600	803,600	778,600	753,600	728,600	703,600	678,600	653,600	628,600	603,600
8,980	9,000	831,800	806,800	781,800	756,800	731,800	706,800	681,800	656,800	631,800	606,800
9,000	9,020	835,000	810,000	785,000	760,000	735,000	710,000	685,000	660,000	635,000	610,000
9,020	9,040	838,200	813,200	788,200	763,200	738,200	713,200	688,200	663,200	638,200	613,200
9,040	9,060	841,400	816,400	791,400	766,400	741,400	716,400	691,400	666,400	641,400	616,400
9,060	9,080	844,600	819,600	794,600	769,600	744,600	719,600	694,600	669,600	644,600	619,600
9,080	9,100	847,800	822,800	797,800	772,800	747,800	722,800	697,800	672,800	647,800	622,800
9,100	9,120	851,000	826,000	801,000	776,000	751,000	726,000	701,000	676,000	651,000	626,000
9,120	9,140	854,200	829,200	804,200	779,200	754,200	729,200	704,200	679,200	654,200	629,200
9,140	9,160	857,400	832,400	807,400	782,400	757,400	732,400	707,400	682,400	657,400	632,400
9,160	9,180	860,600	835,600	810,600	785,600	760,600	735,600	710,600	685,600	660,600	635,600
9,180	9,200	863,800	838,800	813,800	788,800	763,800	738,800	713,800	688,800	663,800	638,800
9,200	9,220	867,000	842,000	817,000	792,000	767,000	742,000	717,000	692,000	667,000	642,000
9,220	9,240	870,200	845,200	820,200	795,200	770,200	745,200	720,200	695,200	670,200	645,200
9,240	9,260	873,400	848,400	823,400	798,400	773,400	748,400	723,400	698,400	673,400	648,400
9,260	9,280	876,600	851,600	826,600	801,600	776,600	751,600	726,600	701,600	676,600	651,600
9,280	9,300	879,800	854,800	829,800	804,800	779,800	754,800	729,800	704,800	679,800	654,800
9,300	9,320	883,000	858,000	833,000	808,000	783,000	758,000	733,000	708,000	683,000	658,000
9,320	9,340	886,200	861,200	836,200	811,200	786,200	761,200	736,200	711,200	686,200	661,200
9,340	9,360	889,400	864,400	839,400	814,400	789,400	764,400	739,400	714,400	689,400	664,400
9,360	9,380	892,600	867,600	842,600	817,600	792,600	767,600	742,600	717,600	692,600	667,600
9,380	9,400	895,800	870,800	845,800	820,800	795,800	770,800	745,800	720,800	695,800	670,800
9,400	9,420	899,000	874,000	849,000	824,000	799,000	774,000	749,000	724,000	699,000	674,000
9,420	9,440	902,200	877,200	852,200	827,200	802,200	777,200	752,200	727,200	702,200	677,200
9,440	9,460	905,400	880,400	855,400	830,400	805,400	780,400	755,400	730,400	705,400	680,400
9,460	9,480	908,600	883,600	858,600	833,600	808,600	783,600	758,600	733,600	708,600	683,600
9,480	9,500	911,800	886,800	861,800	836,800	811,800	786,800	761,800	736,800	711,800	686,800
9,500	9,520	915,000	890,000	865,000	840,000	815,000	790,000	765,000	740,000	715,000	690,000
9,520	9,540	918,200	893,200	868,200	843,200	818,200	793,200	768,200	743,200	718,200	693,200
9,540	9,560	921,400	896,400	871,400	846,400	821,400	796,400	771,400	746,400	721,400	696,400
9,560	9,580	924,600	899,600	874,600	849,600	824,600	799,600	774,600	749,600	724,600	699,600
9,580	9,600	927,800	902,800	877,800	852,800	827,800	802,800	777,800	752,800	727,800	702,800
9,600	9,620	931,000	906,000	881,000	856,000	831,000	806,000	781,000	756,000	731,000	706,000
9,620	9,640	934,200	909,200	884,200	859,200	834,200	809,200	784,200	759,200	734,200	709,200
9,640	9,660	937,400	912,400	887,400	862,400	837,400	812,400	787,400	762,400	737,400	712,400
9,660	9,680	940,600	915,600	890,600	865,600	840,600	815,600	790,600	765,600	740,600	715,600
9,680	9,700	943,800	918,800	893,800	868,800	843,800	818,800	793,800	768,800	743,800	718,800
9,700	9,720	947,000	922,000	897,000	872,000	847,000	822,000	797,000	772,000	747,000	722,000
9,720	9,740	950,200	925,200	900,200	875,200	850,200	825,200	800,200	775,200	750,200	725,200
9,740	9,760	953,400	928,400	903,400	878,400	853,400	828,400	803,400	778,400	753,400	728,400
9,760	9,780	956,600	931,600	906,600	881,600	856,600	831,600	806,600	781,600	756,600	731,600
9,780	9,800	959,800	934,800	909,800	884,800	859,800	834,800	809,800	784,800	759,800	734,800
9,800	9,820	963,000	938,000	913,000	888,000	863,000	838,000	813,000	788,000	763,000	738,000
9,820	9,840	966,200	941,200	916,200	891,200	866,200	841,200	816,200	791,200	766,200	741,200
9,840	9,860	969,400	944,400	919,400	894,400	869,400	844,400	819,400	794,400	769,400	744,400

월지급액 (천원)		부양가족 인원별 원천징수 세액 (원)									
이상	미만	1명	2명	3명	4명	5명	6명	7명	8명	9명	10명
9,860	9,880	972,600	947,600	922,600	897,600	872,600	847,600	822,600	797,600	772,600	747,600
9,880	9,900	975,800	950,800	925,800	900,800	875,800	850,800	825,800	800,800	775,800	750,800
9,900	9,920	979,000	954,000	929,000	904,000	879,000	854,000	829,000	804,000	779,000	754,000
9,920	9,940	982,200	957,200	932,200	907,200	882,200	857,200	832,200	807,200	782,200	757,200
9,940	9,960	985,400	960,400	935,400	910,400	885,400	860,400	835,400	810,400	785,400	760,400
9,960	9,980	988,600	963,600	938,600	913,600	888,600	863,600	838,600	813,600	788,600	763,600
9,980	10,000	991,800	966,800	941,800	916,800	891,800	866,800	841,800	816,800	791,800	766,800
10,000	10,020	995,000	970,000	945,000	920,000	895,000	870,000	845,000	820,000	795,000	770,000
10,020	10,040	998,200	973,200	948,200	923,200	898,200	873,200	848,200	823,200	798,200	773,200
10,040	10,060	1,001,400	976,400	951,400	926,400	901,400	876,400	851,400	826,400	801,400	776,400
10,060	10,080	1,004,600	979,600	954,600	929,600	904,600	879,600	854,600	829,600	804,600	779,600
10,080	10,100	1,007,800	982,800	957,800	932,800	907,800	882,800	857,800	832,800	807,800	782,800
10,100	10,120	1,011,000	986,000	961,000	936,000	911,000	886,000	861,000	836,000	811,000	786,000
10,120	10,140	1,014,200	989,200	964,200	939,200	914,200	889,200	864,200	839,200	814,200	789,200
10,140	10,160	1,017,400	992,400	967,400	942,400	917,400	892,400	867,400	842,400	817,400	792,400
10,160	10,180	1,020,600	995,600	970,600	945,600	920,600	895,600	870,600	845,600	820,600	795,600
10,180	10,200	1,023,800	998,800	973,800	948,800	923,800	898,800	873,800	848,800	823,800	798,800
10,200	10,220	1,027,000	1,002,000	977,000	952,000	927,000	902,000	877,000	852,000	827,000	802,000
10,220	10,240	1,030,200	1,005,200	980,200	955,200	930,200	905,200	880,200	855,200	830,200	805,200
10,240	10,260	1,033,400	1,008,400	983,400	958,400	933,400	908,400	883,400	858,400	833,400	808,400
10,260	10,280	1,036,600	1,011,600	986,600	961,600	936,600	911,600	886,600	861,600	836,600	811,600
10,280	10,300	1,039,800	1,014,800	989,800	964,800	939,800	914,800	889,800	864,800	839,800	814,800
10,300	10,320	1,043,000	1,018,000	993,000	968,000	943,000	918,000	893,000	868,000	843,000	818,000
10,320	10,340	1,046,200	1,021,200	996,200	971,200	946,200	921,200	896,200	871,200	846,200	821,200
10,340	10,360	1,049,400	1,024,400	999,400	974,400	949,400	924,400	899,400	874,400	849,400	824,400
10,360	10,380	1,052,600	1,027,600	1,002,600	977,600	952,600	927,600	902,600	877,600	852,600	827,600
10,380	10,400	1,055,800	1,030,800	1,005,800	980,800	955,800	930,800	905,800	880,800	855,800	830,800
10,400	10,420	1,059,000	1,034,000	1,009,000	984,000	959,000	934,000	909,000	884,000	859,000	834,000
10,420	10,440	1,062,200	1,037,200	1,012,200	987,200	962,200	937,200	912,200	887,200	862,200	837,200
10,440	10,460	1,065,400	1,040,400	1,015,400	990,400	965,400	940,400	915,400	890,400	865,400	840,400
10,460	10,480	1,068,600	1,043,600	1,018,600	993,600	968,600	943,600	918,600	893,600	868,600	843,600
10,480	10,500	1,071,800	1,046,800	1,021,800	996,800	971,800	946,800	921,800	896,800	871,800	846,800
10,500	10,520	1,075,000	1,050,000	1,025,000	1,000,000	975,000	950,000	925,000	900,000	875,000	850,000
10,520	10,540	1,078,200	1,053,200	1,028,200	1,003,200	978,200	953,200	928,200	903,200	878,200	853,200
10,540	10,560	1,081,400	1,056,400	1,031,400	1,006,400	981,400	956,400	931,400	906,400	881,400	856,400
10,560	10,580	1,084,600	1,059,600	1,034,600	1,009,600	984,600	959,600	934,600	909,600	884,600	859,600
10,580	10,600	1,087,800	1,062,800	1,037,800	1,012,800	987,800	962,800	937,800	912,800	887,800	862,800
10,600	10,620	1,091,000	1,066,000	1,041,000	1,016,000	991,000	966,000	941,000	916,000	891,000	866,000
10,620	10,640	1,094,200	1,069,200	1,044,200	1,019,200	994,200	969,200	944,200	919,200	894,200	869,200
10,640	10,660	1,097,400	1,072,400	1,047,400	1,022,400	997,400	972,400	947,400	922,400	897,400	872,400
10,660	10,680	1,100,600	1,075,600	1,050,600	1,025,600	1,000,600	975,600	950,600	925,600	900,600	875,600
10,680	10,700	1,103,800	1,078,800	1,053,800	1,028,800	1,003,800	978,800	953,800	928,800	903,800	878,800
10,700	10,720	1,107,000	1,082,000	1,057,000	1,032,000	1,007,000	982,000	957,000	932,000	907,000	882,000
10,720	10,740	1,110,200	1,085,200	1,060,200	1,035,200	1,010,200	985,200	960,200	935,200	910,200	885,200
10,740	10,760	1,113,400	1,088,400	1,063,400	1,038,400	1,013,400	988,400	963,400	938,400	913,400	888,400
10,760	10,780	1,116,600	1,091,600	1,066,600	1,041,600	1,016,600	991,600	966,600	941,600	916,600	891,600
10,780	10,800	1,119,800	1,094,800	1,069,800	1,044,800	1,019,800	994,800	969,800	944,800	919,800	894,800
10,800	10,820	1,123,000	1,098,000	1,073,000	1,048,000	1,023,000	998,000	973,000	948,000	923,000	898,000
10,820	10,840	1,126,200	1,101,200	1,076,200	1,051,200	1,026,200	1,001,200	976,200	951,200	926,200	901,200
10,840	10,860	1,129,400	1,104,400	1,079,400	1,054,400	1,029,400	1,004,400	979,400	954,400	929,400	904,400

월지급액 (천원)			부양가족 인원별 원천징수 세액 (원)								
이상	미만	1명	2명	3명	4명	5명	6명	7명	8명	9명	10명
10,860	10,880	1,132,600	1,107,600	1,082,600	1,057,600	1,032,600	1,007,600	982,600	957,600	932,600	907,600
10,880	10,900	1,135,800	1,110,800	1,085,800	1,060,800	1,035,800	1,010,800	985,800	960,800	935,800	910,800
10,900	10,920	1,139,000	1,114,000	1,089,000	1,064,000	1,039,000	1,014,000	989,000	964,000	939,000	914,000
10,920	10,940	1,142,200	1,117,200	1,092,200	1,067,200	1,042,200	1,017,200	992,200	967,200	942,200	917,200
10,940	10,960	1,145,400	1,120,400	1,095,400	1,070,400	1,045,400	1,020,400	995,400	970,400	945,400	920,400
10,960	10,980	1,148,600	1,123,600	1,098,600	1,073,600	1,048,600	1,023,600	998,600	973,600	948,600	923,600
10,980	11,000	1,151,800	1,126,800	1,101,800	1,076,800	1,051,800	1,026,800	1,001,800	976,800	951,800	926,800
11,000	11,020	1,155,000	1,130,000	1,105,000	1,080,000	1,055,000	1,030,000	1,005,000	980,000	955,000	930,000
11,020	11,040	1,158,200	1,133,200	1,108,200	1,083,200	1,058,200	1,033,200	1,008,200	983,200	958,200	933,200
11,040	11,060	1,161,400	1,136,400	1,111,400	1,086,400	1,061,400	1,036,400	1,011,400	986,400	961,400	936,400
11,060	11,080	1,164,600	1,139,600	1,114,600	1,089,600	1,064,600	1,039,600	1,014,600	989,600	964,600	939,600
11,080	11,100	1,167,800	1,142,800	1,117,800	1,092,800	1,067,800	1,042,800	1,017,800	992,800	967,800	942,800
11,100	11,120	1,171,000	1,146,000	1,121,000	1,096,000	1,071,000	1,046,000	1,021,000	996,000	971,000	946,000
11,120	11,140	1,174,200	1,149,200	1,124,200	1,099,200	1,074,200	1,049,200	1,024,200	999,200	974,200	949,200
11,140	11,160	1,177,400	1,152,400	1,127,400	1,102,400	1,077,400	1,052,400	1,027,400	1,002,400	977,400	952,400
11,160	11,180	1,180,600	1,155,600	1,130,600	1,105,600	1,080,600	1,055,600	1,030,600	1,005,600	980,600	955,600
11,180	11,200	1,183,800	1,158,800	1,133,800	1,108,800	1,083,800	1,058,800	1,033,800	1,008,800	983,800	958,800
11,200	11,220	1,187,000	1,162,000	1,137,000	1,112,000	1,087,000	1,062,000	1,037,000	1,012,000	987,000	962,000
11,220	11,240	1,190,200	1,165,200	1,140,200	1,115,200	1,090,200	1,065,200	1,040,200	1,015,200	990,200	965,200
11,240	11,260	1,193,400	1,168,400	1,143,400	1,118,400	1,093,400	1,068,400	1,043,400	1,018,400	993,400	968,400
11,260	11,280	1,196,600	1,171,600	1,146,600	1,121,600	1,096,600	1,071,600	1,046,600	1,021,600	996,600	971,600
11,280	11,300	1,199,800	1,174,800	1,149,800	1,124,800	1,099,800	1,074,800	1,049,800	1,024,800	999,800	974,800
11,300	11,320	1,203,000	1,178,000	1,153,000	1,128,000	1,103,000	1,078,000	1,053,000	1,028,000	1,003,000	978,000
11,320	11,340	1,206,200	1,181,200	1,156,200	1,131,200	1,106,200	1,081,200	1,056,200	1,031,200	1,006,200	981,200
11,340	11,360	1,209,400	1,184,400	1,159,400	1,134,400	1,109,400	1,084,400	1,059,400	1,034,400	1,009,400	984,400
11,360	11,380	1,212,600	1,187,600	1,162,600	1,137,600	1,112,600	1,087,600	1,062,600	1,037,600	1,012,600	987,600
11,380	11,400	1,215,800	1,190,800	1,165,800	1,140,800	1,115,800	1,090,800	1,065,800	1,040,800	1,015,800	990,800
11,400	11,420	1,219,000	1,194,000	1,169,000	1,144,000	1,119,000	1,094,000	1,069,000	1,044,000	1,019,000	994,000
11,420	11,440	1,222,200	1,197,200	1,172,200	1,147,200	1,122,200	1,097,200	1,072,200	1,047,200	1,022,200	997,200
11,440	11,460	1,225,400	1,200,400	1,175,400	1,150,400	1,125,400	1,100,400	1,075,400	1,050,400	1,025,400	1,000,400
11,460	11,480	1,228,600	1,203,600	1,178,600	1,153,600	1,128,600	1,103,600	1,078,600	1,053,600	1,028,600	1,003,600
11,480	11,500	1,231,800	1,206,800	1,181,800	1,156,800	1,131,800	1,106,800	1,081,800	1,056,800	1,031,800	1,006,800
11,500	11,520	1,235,000	1,210,000	1,185,000	1,160,000	1,135,000	1,110,000	1,085,000	1,060,000	1,035,000	1,010,000
11,520	11,540	1,238,200	1,213,200	1,188,200	1,163,200	1,138,200	1,113,200	1,088,200	1,063,200	1,038,200	1,013,200
11,540	11,560	1,241,400	1,216,400	1,191,400	1,166,400	1,141,400	1,116,400	1,091,400	1,066,400	1,041,400	1,016,400
11,560	11,580	1,244,600	1,219,600	1,194,600	1,169,600	1,144,600	1,119,600	1,094,600	1,069,600	1,044,600	1,019,600
11,580	11,600	1,247,800	1,222,800	1,197,800	1,172,800	1,147,800	1,122,800	1,097,800	1,072,800	1,047,800	1,022,800
11,600	11,620	1,251,000	1,226,000	1,201,000	1,176,000	1,151,000	1,126,000	1,101,000	1,076,000	1,051,000	1,026,000
11,620	11,640	1,254,200	1,229,200	1,204,200	1,179,200	1,154,200	1,129,200	1,104,200	1,079,200	1,054,200	1,029,200
11,640	11,660	1,257,400	1,232,400	1,207,400	1,182,400	1,157,400	1,132,400	1,107,400	1,082,400	1,057,400	1,032,400
11,660	11,680	1,260,600	1,235,600	1,210,600	1,185,600	1,160,600	1,135,600	1,110,600	1,085,600	1,060,600	1,035,600
11,680	11,700	1,263,800	1,238,800	1,213,800	1,188,800	1,163,800	1,138,800	1,113,800	1,088,800	1,063,800	1,038,800
11,700	11,720	1,267,000	1,242,000	1,217,000	1,192,000	1,167,000	1,142,000	1,117,000	1,092,000	1,067,000	1,042,000
11,720	11,740	1,270,200	1,245,200	1,220,200	1,195,200	1,170,200	1,145,200	1,120,200	1,095,200	1,070,200	1,045,200
11,740	11,760	1,273,400	1,248,400	1,223,400	1,198,400	1,173,400	1,148,400	1,123,400	1,098,400	1,073,400	1,048,400
11,760	11,780	1,276,600	1,251,600	1,226,600	1,201,600	1,176,600	1,151,600	1,126,600	1,101,600	1,076,600	1,051,600
11,780	11,800	1,279,800	1,254,800	1,229,800	1,204,800	1,179,800	1,154,800	1,129,800	1,104,800	1,079,800	1,054,800
11,800	11,820	1,283,000	1,258,000	1,233,000	1,208,000	1,183,000	1,158,000	1,133,000	1,108,000	1,083,000	1,058,000
11,820	11,840	1,286,200	1,261,200	1,236,200	1,211,200	1,186,200	1,161,200	1,136,200	1,111,200	1,086,200	1,061,200
11,840	11,860	1,289,400	1,264,400	1,239,400	1,214,400	1,189,400	1,164,400	1,139,400	1,114,400	1,089,400	1,064,400

월지급액 (천원)			부양가족 인원별 원천징수 세액 (원)								
이상	미만	1명	2명	3명	4명	5명	6명	7명	8명	9명	10명
11,860	11,880	1,292,600	1,267,600	1,242,600	1,217,600	1,192,600	1,167,600	1,142,600	1,117,600	1,092,600	1,067,600
11,880	11,900	1,295,800	1,270,800	1,245,800	1,220,800	1,195,800	1,170,800	1,145,800	1,120,800	1,095,800	1,070,800
11,900	11,920	1,299,000	1,274,000	1,249,000	1,224,000	1,199,000	1,174,000	1,149,000	1,124,000	1,099,000	1,074,000
11,920	11,940	1,302,200	1,277,200	1,252,200	1,227,200	1,202,200	1,177,200	1,152,200	1,127,200	1,102,200	1,077,200
11,940	11,960	1,305,400	1,280,400	1,255,400	1,230,400	1,205,400	1,180,400	1,155,400	1,130,400	1,105,400	1,080,400
11,960	11,980	1,308,600	1,283,600	1,258,600	1,233,600	1,208,600	1,183,600	1,158,600	1,133,600	1,108,600	1,083,600
11,980	12,000	1,311,800	1,286,800	1,261,800	1,236,800	1,211,800	1,186,800	1,161,800	1,136,800	1,111,800	1,086,800
	12,000	1,315,000	1,290,000	1,265,000	1,240,000	1,215,000	1,190,000	1,165,000	1,140,000	1,115,000	1,090,000
12,000 초과		12,000천원인 경우의 해당 세액+12,000천원을 초과하는 금액의 20퍼센트 상당액									

2 근로소득 간이세액표

(1) 개요

근로소득 간이세액표의 해당 세액은 종전의 「소득세법」(법률 제13282호 「소득세법」 일부개정법률로 개정되기 전의 것을 말함)에 따른 근로소득공제, 기본공제, 특별소득공제 및 특별세액공제 중 일부, 연금보험료공제, 근로소득세액공제 및 세율을 반영하여 계산한 금액임. 이 경우 '특별소득공제 및 특별세액공제 중 일부'는 다음의 계산식에 따라 계산한 금액을 소득공제하여 반영한 결과이다.

총급여액	공제대상 가족의 수가 1명인 경우	공제대상 가족의 수가 2명인 경우	공제대상 가족의 수가 3명 이상인 경우	
3,000만원 이하	310만원+연간 총급여액의 4%	360만원+연간 총급여액의 4%	500만원+연간 총급여액의 7%	+연간 총급여액 중 4천만 원을 초과하는
3,000만원 초과 4,500만원	310만원+연간 총급여액의 4% -연간 총급여	360만원+연간 총급여액의 4% -연간 총급여	500만원+연간 총급여액의 7% -연간 총급여	

총급여액	공제대상 가족의 수가 1명인 경우	공제대상 가족의 수가 2명인 경우	공제대상 가족의 수가 3명 이상인 경우	
이하	액 중 3천만원을 초과하는 금액의 5%	액 중 3천만원을 초과하는 금액의 5%	액 중 3천만원을 초과하는 금액의 5%	금액의 4%
4,500만원 초과 7,000만원 이하	310만원+연간 총급여액의 1.5%	360만원+연간 총급여액의 2%	500만원+연간 총급여액의 5%	
7,000만원 초과 1억2,000만원 이하	310만원+연간 총급여액의 0.5%	360만원+연간 총급여액의 1%	500만원+연간 총급여액의 3%	

(2) 공제대상 가족의 수

공제대상 가족의 수를 산정할 때 본인 및 배우자도 각각 1명으로 보아 계산한다.

(3) 자녀세액공제 적용 방법

공제대상 가족 중 20세 이하 자녀가 있는 경우의 세액은 다음의 계산식에 따른 공제대상 가족의 수에 해당하는 금액으로 한다.

> 자녀세액공제 적용시 공제대상 가족의 수=실제 공제대상 가족의 수+20세 이하 자녀의 수

사례

－공제대상 가족의 수가 3명(20세 이하 자녀가 1명)인 경우에는 '4'의 세액을 적용한다.
－공제대상 가족의 수가 4명(20세 이하 자녀가 2명)인 경우에는 '6'의 세액을 적용한다.
－공제대상 가족의 수가 5명(20세 이하 자녀가 3명)인 경우에는 '8'의 세액을 적용한다.

공제대상 가족의 수가 11명을 초과하는 경우의 세액은 다음 '①'의 금액에서 '②'의 금액을 공제한 금액으로 한다.
① 공제대상 가족의 수가 11명인 경우의 세액
② (공제대상 가족의 수가 10명인 경우의 세액－공제대상 가족의 수가 11명인 경우의 세액)×11명을 초과하는 가족의 수

(4) 과세대상 학자금을 지급하는 경우

원천징수의무자가 근로소득에 해당하는 학자금을 지급하는 때에 원천징수하는 소득세의 계산은 해당 학자금을 제외한 월급여액(비과세 제외)을 기준으로 하여 계산할 수 있다.

(5) 간이세액표

(단위 : 원)

월급여액(천원) [비과세 및 학자금 제외]		공제대상가족의 수										
		1	2	3	4	5	6	7	8	9	10	11
이상	미만											
770	775	–	–	–	–	–	–	–	–	–	–	–
775	780	–	–	–	–	–	–	–	–	–	–	–
780	785	–	–	–	–	–	–	–	–	–	–	–
785	790	–	–	–	–	–	–	–	–	–	–	–

월급여액(천원) [비과세 및 학자금 제외]		공제대상가족의 수										
		1	2	3	4	5	6	7	8	9	10	11
790	795	–	–	–	–	–	–	–	–	–	–	–
795	800	–	–	–	–	–	–	–	–	–	–	–
800	805	–	–	–	–	–	–	–	–	–	–	–
805	810	–	–	–	–	–	–	–	–	–	–	–
810	815	–	–	–	–	–	–	–	–	–	–	–
815	820	–	–	–	–	–	–	–	–	–	–	–
820	825	–	–	–	–	–	–	–	–	–	–	–
825	830	–	–	–	–	–	–	–	–	–	–	–
830	835	–	–	–	–	–	–	–	–	–	–	–
835	840	–	–	–	–	–	–	–	–	–	–	–
840	845	–	–	–	–	–	–	–	–	–	–	–
845	850	–	–	–	–	–	–	–	–	–	–	–
850	855	–	–	–	–	–	–	–	–	–	–	–
855	860	–	–	–	–	–	–	–	–	–	–	–
860	865	–	–	–	–	–	–	–	–	–	–	–
865	870	–	–	–	–	–	–	–	–	–	–	–
870	875	–	–	–	–	–	–	–	–	–	–	–
875	880	–	–	–	–	–	–	–	–	–	–	–
880	885	–	–	–	–	–	–	–	–	–	–	–
885	890	–	–	–	–	–	–	–	–	–	–	–
890	895	–	–	–	–	–	–	–	–	–	–	–
895	900	–	–	–	–	–	–	–	–	–	–	–
900	905	–	–	–	–	–	–	–	–	–	–	–
905	910	–	–	–	–	–	–	–	–	–	–	–
910	915	–	–	–	–	–	–	–	–	–	–	–
915	920	–	–	–	–	–	–	–	–	–	–	–
920	925	–	–	–	–	–	–	–	–	–	–	–
925	930	–	–	–	–	–	–	–	–	–	–	–
930	935	–	–	–	–	–	–	–	–	–	–	–
935	940	–	–	–	–	–	–	–	–	–	–	–
940	945	–	–	–	–	–	–	–	–	–	–	–
945	950	–	–	–	–	–	–	–	–	–	–	–
950	955	–	–	–	–	–	–	–	–	–	–	–
955	960	–	–	–	–	–	–	–	–	–	–	–
960	965	–	–	–	–	–	–	–	–	–	–	–
965	970	–	–	–	–	–	–	–	–	–	–	–
970	975	–	–	–	–	–	–	–	–	–	–	–
975	980	–	–	–	–	–	–	–	–	–	–	–
980	985	–	–	–	–	–	–	–	–	–	–	–
985	990	–	–	–	–	–	–	–	–	–	–	–
990	995	–	–	–	–	–	–	–	–	–	–	–
995	1,000	–	–	–	–	–	–	–	–	–	–	–
1,000	1,005	–	–	–	–	–	–	–	–	–	–	–
1,005	1,010	–	–	–	–	–	–	–	–	–	–	–
1,010	1,015	–	–	–	–	–	–	–	–	–	–	–
1,015	1,020	–	–	–	–	–	–	–	–	–	–	–
1,020	1,025	–	–	–	–	–	–	–	–	–	–	–
1,025	1,030	–	–	–	–	–	–	–	–	–	–	–
1,030	1,035	–	–	–	–	–	–	–	–	–	–	–

월급여액(천원) [비과세 및 학자금 제외]		공제대상가족의 수										
		1	2	3	4	5	6	7	8	9	10	11
1,035	1,040	–	–	–	–	–	–	–	–	–	–	–
1,040	1,045	–	–	–	–	–	–	–	–	–	–	–
1,045	1,050	–	–	–	–	–	–	–	–	–	–	–
1,050	1,055	–	–	–	–	–	–	–	–	–	–	–
1,055	1,060	–	–	–	–	–	–	–	–	–	–	–
1,060	1,065	1,040	–	–	–	–	–	–	–	–	–	–
1,065	1,070	1,110	–	–	–	–	–	–	–	–	–	–
1,070	1,075	1,180	–	–	–	–	–	–	–	–	–	–
1,075	1,080	1,250	–	–	–	–	–	–	–	–	–	–
1,080	1,085	1,320	–	–	–	–	–	–	–	–	–	–
1,085	1,090	1,390	–	–	–	–	–	–	–	–	–	–
1,090	1,095	1,460	–	–	–	–	–	–	–	–	–	–
1,095	1,100	1,530	–	–	–	–	–	–	–	–	–	–
1,100	1,105	1,600	–	–	–	–	–	–	–	–	–	–
1,105	1,110	1,670	–	–	–	–	–	–	–	–	–	–
1,110	1,115	1,740	–	–	–	–	–	–	–	–	–	–
1,115	1,120	1,810	–	–	–	–	–	–	–	–	–	–
1,120	1,125	1,880	–	–	–	–	–	–	–	–	–	–
1,125	1,130	1,950	–	–	–	–	–	–	–	–	–	–
1,130	1,135	2,020	–	–	–	–	–	–	–	–	–	–
1,135	1,140	2,090	–	–	–	–	–	–	–	–	–	–
1,140	1,145	2,160	–	–	–	–	–	–	–	–	–	–
1,145	1,150	2,230	–	–	–	–	–	–	–	–	–	–
1,150	1,155	2,300	–	–	–	–	–	–	–	–	–	–
1,155	1,160	2,370	–	–	–	–	–	–	–	–	–	–
1,160	1,165	2,440	–	–	–	–	–	–	–	–	–	–
1,165	1,170	2,500	–	–	–	–	–	–	–	–	–	–
1,170	1,175	2,570	–	–	–	–	–	–	–	–	–	–
1,175	1,180	2,640	–	–	–	–	–	–	–	–	–	–
1,180	1,185	2,710	–	–	–	–	–	–	–	–	–	–
1,185	1,190	2,780	–	–	–	–	–	–	–	–	–	–
1,190	1,195	2,850	–	–	–	–	–	–	–	–	–	–
1,195	1,200	2,920	–	–	–	–	–	–	–	–	–	–
1,200	1,205	2,990	–	–	–	–	–	–	–	–	–	–
1,205	1,210	3,060	–	–	–	–	–	–	–	–	–	–
1,210	1,215	3,130	–	–	–	–	–	–	–	–	–	–
1,215	1,220	3,200	–	–	–	–	–	–	–	–	–	–
1,220	1,225	3,270	–	–	–	–	–	–	–	–	–	–
1,225	1,230	3,340	–	–	–	–	–	–	–	–	–	–
1,230	1,235	3,410	–	–	–	–	–	–	–	–	–	–
1,235	1,240	3,480	–	–	–	–	–	–	–	–	–	–
1,240	1,245	3,550	–	–	–	–	–	–	–	–	–	–
1,245	1,250	3,620	–	–	–	–	–	–	–	–	–	–
1,250	1,255	3,700	–	–	–	–	–	–	–	–	–	–
1,255	1,260	3,810	–	–	–	–	–	–	–	–	–	–
1,260	1,265	3,910	–	–	–	–	–	–	–	–	–	–
1,265	1,270	4,010	–	–	–	–	–	–	–	–	–	–
1,270	1,275	4,120	–	–	–	–	–	–	–	–	–	–
1,275	1,280	4,220	–	–	–	–	–	–	–	–	–	–

월급여액(천원) [비과세 및 학자금 제외]		공제대상가족의 수										
		1	2	3	4	5	6	7	8	9	10	11
1,280	1,285	4,320	–	–	–	–	–	–	–	–	–	–
1,285	1,290	4,430	–	–	–	–	–	–	–	–	–	–
1,290	1,295	4,530	–	–	–	–	–	–	–	–	–	–
1,295	1,300	4,630	–	–	–	–	–	–	–	–	–	–
1,300	1,305	4,740	–	–	–	–	–	–	–	–	–	–
1,305	1,310	4,840	–	–	–	–	–	–	–	–	–	–
1,310	1,315	4,940	–	–	–	–	–	–	–	–	–	–
1,315	1,320	5,050	–	–	–	–	–	–	–	–	–	–
1,320	1,325	5,150	–	–	–	–	–	–	–	–	–	–
1,325	1,330	5,250	–	–	–	–	–	–	–	–	–	–
1,330	1,335	5,360	–	–	–	–	–	–	–	–	–	–
1,335	1,340	5,460	–	–	–	–	–	–	–	–	–	–
1,340	1,345	5,560	1,060	–	–	–	–	–	–	–	–	–
1,345	1,350	5,670	1,170	–	–	–	–	–	–	–	–	–
1,350	1,355	5,770	1,270	–	–	–	–	–	–	–	–	–
1,355	1,360	5,870	1,370	–	–	–	–	–	–	–	–	–
1,360	1,365	5,980	1,480	–	–	–	–	–	–	–	–	–
1,365	1,370	6,080	1,580	–	–	–	–	–	–	–	–	–
1,370	1,375	6,180	1,680	–	–	–	–	–	–	–	–	–
1,375	1,380	6,290	1,790	–	–	–	–	–	–	–	–	–
1,380	1,385	6,390	1,890	–	–	–	–	–	–	–	–	–
1,385	1,390	6,490	1,990	–	–	–	–	–	–	–	–	–
1,390	1,395	6,600	2,100	–	–	–	–	–	–	–	–	–
1,395	1,400	6,700	2,200	–	–	–	–	–	–	–	–	–
1,400	1,405	6,800	2,300	–	–	–	–	–	–	–	–	–
1,405	1,410	6,910	2,410	–	–	–	–	–	–	–	–	–
1,410	1,415	7,010	2,510	–	–	–	–	–	–	–	–	–
1,415	1,420	7,110	2,610	–	–	–	–	–	–	–	–	–
1,420	1,425	7,210	2,710	–	–	–	–	–	–	–	–	–
1,425	1,430	7,320	2,820	–	–	–	–	–	–	–	–	–
1,430	1,435	7,420	2,920	–	–	–	–	–	–	–	–	–
1,435	1,440	7,520	3,020	–	–	–	–	–	–	–	–	–
1,440	1,445	7,630	3,130	–	–	–	–	–	–	–	–	–
1,445	1,450	7,730	3,230	–	–	–	–	–	–	–	–	–
1,450	1,455	7,830	3,330	–	–	–	–	–	–	–	–	–
1,455	1,460	7,940	3,440	–	–	–	–	–	–	–	–	–
1,460	1,465	8,040	3,540	–	–	–	–	–	–	–	–	–
1,465	1,470	8,140	3,640	–	–	–	–	–	–	–	–	–
1,470	1,475	8,250	3,750	–	–	–	–	–	–	–	–	–
1,475	1,480	8,350	3,850	–	–	–	–	–	–	–	–	–
1,480	1,485	8,450	3,950	–	–	–	–	–	–	–	–	–
1,485	1,490	8,560	4,060	–	–	–	–	–	–	–	–	–
1,490	1,495	8,660	4,160	–	–	–	–	–	–	–	–	–
1,495	1,500	8,760	4,260	–	–	–	–	–	–	–	–	–
1,500	1,510	8,920	4,420	–	–	–	–	–	–	–	–	–
1,510	1,520	9,120	4,620	–	–	–	–	–	–	–	–	–
1,520	1,530	9,330	4,830	–	–	–	–	–	–	–	–	–
1,530	1,540	9,540	5,040	–	–	–	–	–	–	–	–	–
1,540	1,550	9,740	5,240	–	–	–	–	–	–	–	–	–

월급여액(천원) [비과세 및 학자금 제외]		공제대상가족의 수										
		1	2	3	4	5	6	7	8	9	10	11
1,550	1,560	9,950	5,450	–	–	–	–	–	–	–	–	–
1,560	1,570	10,160	5,660	–	–	–	–	–	–	–	–	–
1,570	1,580	10,360	5,860	–	–	–	–	–	–	–	–	–
1,580	1,590	10,570	6,070	–	–	–	–	–	–	–	–	–
1,590	1,600	10,780	6,280	–	–	–	–	–	–	–	–	–
1,600	1,610	10,980	6,480	–	–	–	–	–	–	–	–	–
1,610	1,620	11,190	6,690	–	–	–	–	–	–	–	–	–
1,620	1,630	11,400	6,900	–	–	–	–	–	–	–	–	–
1,630	1,640	11,600	7,100	–	–	–	–	–	–	–	–	–
1,640	1,650	11,810	7,310	–	–	–	–	–	–	–	–	–
1,650	1,660	12,020	7,520	–	–	–	–	–	–	–	–	–
1,660	1,670	12,220	7,720	–	–	–	–	–	–	–	–	–
1,670	1,680	12,430	7,930	–	–	–	–	–	–	–	–	–
1,680	1,690	12,640	8,140	–	–	–	–	–	–	–	–	–
1,690	1,700	12,840	8,340	–	–	–	–	–	–	–	–	–
1,700	1,710	13,050	8,550	–	–	–	–	–	–	–	–	–
1,710	1,720	13,260	8,760	–	–	–	–	–	–	–	–	–
1,720	1,730	13,460	8,960	1,040	–	–	–	–	–	–	–	–
1,730	1,740	13,670	9,170	1,240	–	–	–	–	–	–	–	–
1,740	1,750	13,880	9,380	1,440	–	–	–	–	–	–	–	–
1,750	1,760	14,080	9,580	1,640	–	–	–	–	–	–	–	–
1,760	1,770	14,290	9,790	1,830	–	–	–	–	–	–	–	–
1,770	1,780	14,500	10,000	2,030	–	–	–	–	–	–	–	–
1,780	1,790	14,700	10,200	2,230	–	–	–	–	–	–	–	–
1,790	1,800	14,910	10,410	2,430	–	–	–	–	–	–	–	–
1,800	1,810	15,110	10,610	2,630	–	–	–	–	–	–	–	–
1,810	1,820	15,320	10,820	2,830	–	–	–	–	–	–	–	–
1,820	1,830	15,530	11,030	3,020	–	–	–	–	–	–	–	–
1,830	1,840	15,730	11,230	3,220	–	–	–	–	–	–	–	–
1,840	1,850	15,940	11,440	3,420	–	–	–	–	–	–	–	–
1,850	1,860	16,150	11,650	3,620	–	–	–	–	–	–	–	–
1,860	1,870	16,350	11,850	3,820	–	–	–	–	–	–	–	–
1,870	1,880	16,560	12,060	4,020	–	–	–	–	–	–	–	–
1,880	1,890	16,770	12,270	4,220	–	–	–	–	–	–	–	–
1,890	1,900	16,970	12,470	4,410	1,040	–	–	–	–	–	–	–
1,900	1,910	17,180	12,680	4,610	1,240	–	–	–	–	–	–	–
1,910	1,920	17,390	12,890	4,810	1,440	–	–	–	–	–	–	–
1,920	1,930	17,590	13,090	5,010	1,630	–	–	–	–	–	–	–
1,930	1,940	17,800	13,300	5,210	1,830	–	–	–	–	–	–	–
1,940	1,950	18,010	13,510	5,410	2,030	–	–	–	–	–	–	–
1,950	1,960	18,210	13,710	5,600	2,230	–	–	–	–	–	–	–
1,960	1,970	18,420	13,920	5,800	2,430	–	–	–	–	–	–	–
1,970	1,980	18,630	14,130	6,000	2,630	–	–	–	–	–	–	–
1,980	1,990	18,880	14,330	6,200	2,820	–	–	–	–	–	–	–
1,990	2,000	19,200	14,540	6,400	3,020	–	–	–	–	–	–	–
2,000	2,010	19,520	14,750	6,600	3,220	–	–	–	–	–	–	–
2,010	2,020	19,850	14,950	6,800	3,420	–	–	–	–	–	–	–
2,020	2,030	20,170	15,160	6,990	3,620	–	–	–	–	–	–	–
2,030	2,040	20,490	15,370	7,190	3,820	–	–	–	–	–	–	–

월급여액(천원) [비과세 및 학자금 제외]		공제대상가족의 수										
		1	2	3	4	5	6	7	8	9	10	11
2,040	2,050	20,810	15,570	7,390	4,020	–	–	–	–	–	–	–
2,050	2,060	21,130	15,780	7,590	4,210	–	–	–	–	–	–	–
2,060	2,070	21,450	15,990	7,790	4,410	1,040	–	–	–	–	–	–
2,070	2,080	21,770	16,190	7,990	4,610	1,240	–	–	–	–	–	–
2,080	2,090	22,090	16,400	8,180	4,810	1,430	–	–	–	–	–	–
2,090	2,100	22,420	16,600	8,380	5,010	1,630	–	–	–	–	–	–
2,100	2,110	22,740	16,810	8,580	5,210	1,830	–	–	–	–	–	–
2,110	2,120	23,060	17,020	8,780	5,400	2,030	–	–	–	–	–	–
2,120	2,130	23,380	17,220	8,980	5,600	2,230	–	–	–	–	–	–
2,130	2,140	23,700	17,430	9,180	5,800	2,430	–	–	–	–	–	–
2,140	2,150	24,020	17,640	9,380	6,000	2,630	–	–	–	–	–	–
2,150	2,160	24,340	17,840	9,570	6,200	2,820	–	–	–	–	–	–
2,160	2,170	24,660	18,050	9,770	6,400	3,020	–	–	–	–	–	–
2,170	2,180	24,990	18,260	9,970	6,600	3,220	–	–	–	–	–	–
2,180	2,190	25,310	18,460	10,170	6,790	3,420	–	–	–	–	–	–
2,190	2,200	25,630	18,670	10,370	6,990	3,620	–	–	–	–	–	–
2,200	2,210	25,950	18,950	10,570	7,190	3,820	–	–	–	–	–	–
2,210	2,220	26,270	19,270	10,760	7,390	4,010	–	–	–	–	–	–
2,220	2,230	26,590	19,590	10,960	7,590	4,210	–	–	–	–	–	–
2,230	2,240	26,910	19,910	11,160	7,790	4,410	1,040	–	–	–	–	–
2,240	2,250	27,240	20,240	11,360	7,980	4,610	1,230	–	–	–	–	–
2,250	2,260	27,560	20,560	11,560	8,180	4,810	1,430	–	–	–	–	–
2,260	2,270	27,880	20,880	11,760	8,380	5,010	1,630	–	–	–	–	–
2,270	2,280	28,200	21,200	11,960	8,580	5,210	1,830	–	–	–	–	–
2,280	2,290	28,520	21,520	12,150	8,780	5,400	2,030	–	–	–	–	–
2,290	2,300	28,840	21,840	12,350	8,980	5,600	2,230	–	–	–	–	–
2,300	2,310	29,160	22,160	12,550	9,180	5,800	2,430	–	–	–	–	–
2,310	2,320	29,480	22,480	12,750	9,370	6,000	2,620	–	–	–	–	–
2,320	2,330	29,810	22,810	12,950	9,570	6,200	2,820	–	–	–	–	–
2,330	2,340	30,130	23,130	13,150	9,770	6,400	3,020	–	–	–	–	–
2,340	2,350	30,450	23,450	13,340	9,970	6,590	3,220	–	–	–	–	–
2,350	2,360	30,770	23,770	13,540	10,170	6,790	3,420	–	–	–	–	–
2,360	2,370	31,090	24,090	13,740	10,370	6,990	3,620	–	–	–	–	–
2,370	2,380	31,410	24,410	13,940	10,560	7,190	3,810	–	–	–	–	–
2,380	2,390	31,970	24,730	14,140	10,760	7,390	4,010	–	–	–	–	–
2,390	2,400	32,770	25,050	14,340	10,960	7,590	4,210	–	–	–	–	–
2,400	2,410	33,570	25,380	14,530	11,160	7,780	4,410	1,030	–	–	–	–
2,410	2,420	34,380	25,700	14,730	11,360	7,980	4,610	1,230	–	–	–	–
2,420	2,430	35,180	26,020	14,930	11,560	8,180	4,810	1,430	–	–	–	–
2,430	2,440	35,980	26,340	15,130	11,760	8,380	5,010	1,630	–	–	–	–
2,440	2,450	36,790	26,660	15,330	11,950	8,580	5,200	1,830	–	–	–	–
2,450	2,460	37,590	26,980	15,530	12,150	8,780	5,400	2,030	–	–	–	–
2,460	2,470	38,390	27,300	15,730	12,350	8,980	5,600	2,230	–	–	–	–
2,470	2,480	39,200	27,630	15,920	12,550	9,170	5,800	2,420	–	–	–	–
2,480	2,490	40,000	27,950	16,120	12,750	9,370	6,000	2,620	–	–	–	–
2,490	2,500	40,800	28,270	16,320	12,950	9,570	6,200	2,820	–	–	–	–
2,500	2,510	41,630	28,600	16,530	13,150	9,780	6,400	3,030	–	–	–	–
2,510	2,520	42,490	28,940	16,740	13,360	9,990	6,610	3,240	–	–	–	–
2,520	2,530	43,340	29,280	16,950	13,580	10,200	6,830	3,450	–	–	–	–

월급여액(천원) [비과세 및 학자금 제외]		공제대상가족의 수										
		1	2	3	4	5	6	7	8	9	10	11
2,530	2,540	44,200	29,630	17,160	13,790	10,410	7,040	3,660	–	–	–	–
2,540	2,550	45,050	29,970	17,370	14,000	10,620	7,250	3,870	–	–	–	–
2,550	2,560	45,910	30,310	17,590	14,210	10,840	7,460	4,090	–	–	–	–
2,560	2,570	46,770	30,650	17,800	14,420	11,050	7,670	4,300	–	–	–	–
2,570	2,580	47,620	31,000	18,010	14,630	11,260	7,880	4,510	1,130	–	–	–
2,580	2,590	48,480	31,340	18,220	14,850	11,470	8,100	4,720	1,350	–	–	–
2,590	2,600	49,330	31,830	18,430	15,060	11,680	8,310	4,930	1,560	–	–	–
2,600	2,610	50,190	32,690	18,650	15,270	11,900	8,520	5,150	1,770	–	–	–
2,610	2,620	51,040	33,540	18,920	15,480	12,110	8,730	5,360	1,980	–	–	–
2,620	2,630	51,900	34,400	19,250	15,690	12,320	8,940	5,570	2,190	–	–	–
2,630	2,640	52,760	35,260	19,580	15,910	12,530	9,160	5,780	2,410	–	–	–
2,640	2,650	53,610	36,110	19,910	16,120	12,740	9,370	5,990	2,620	–	–	–
2,650	2,660	54,470	36,970	20,240	16,330	12,960	9,580	6,210	2,830	–	–	–
2,660	2,670	55,320	37,820	20,570	16,540	13,170	9,790	6,420	3,040	–	–	–
2,670	2,680	56,180	38,680	20,900	16,750	13,380	10,000	6,630	3,250	–	–	–
2,680	2,690	57,040	39,540	21,230	16,970	13,590	10,220	6,840	3,470	–	–	–
2,690	2,700	57,890	40,390	21,560	17,180	13,800	10,430	7,050	3,680	–	–	–
2,700	2,710	58,750	41,250	21,890	17,390	14,020	10,640	7,270	3,890	–	–	–
2,710	2,720	59,600	42,100	22,220	17,600	14,230	10,850	7,480	4,100	–	–	–
2,720	2,730	60,460	42,960	22,550	17,810	14,440	11,060	7,690	4,310	–	–	–
2,730	2,740	61,310	43,810	22,880	18,030	14,650	11,280	7,900	4,530	1,150	–	–
2,740	2,750	62,170	44,670	23,210	18,240	14,860	11,490	8,110	4,740	1,360	–	–
2,750	2,760	63,030	45,530	23,540	18,450	15,070	11,700	8,320	4,950	1,570	–	–
2,760	2,770	63,880	46,380	23,870	18,660	15,290	11,910	8,540	5,160	1,790	–	–
2,770	2,780	64,740	47,240	24,200	18,950	15,500	12,120	8,750	5,370	2,000	–	–
2,780	2,790	65,590	48,090	24,520	19,270	15,710	12,340	8,960	5,590	2,210	–	–
2,790	2,800	66,450	48,950	24,850	19,600	15,920	12,550	9,170	5,800	2,420	–	–
2,800	2,810	67,300	49,800	25,180	19,930	16,130	12,760	9,380	6,010	2,630	–	–
2,810	2,820	68,160	50,660	25,510	20,260	16,350	12,970	9,600	6,220	2,850	–	–
2,820	2,830	69,020	51,520	25,840	20,590	16,560	13,180	9,810	6,430	3,060	–	–
2,830	2,840	69,870	52,370	26,170	20,920	16,770	13,400	10,020	6,650	3,270	–	–
2,840	2,850	70,730	53,230	26,500	21,250	16,980	13,610	10,230	6,860	3,480	–	–
2,850	2,860	71,580	54,080	26,830	21,580	17,190	13,820	10,440	7,070	3,690	–	–
2,860	2,870	72,440	54,940	27,160	21,910	17,410	14,030	10,660	7,280	3,910	–	–
2,870	2,880	73,290	55,790	27,490	22,240	17,620	14,240	10,870	7,490	4,120	–	–
2,880	2,890	74,150	56,650	27,820	22,570	17,830	14,460	11,080	7,710	4,330	–	–
2,890	2,900	75,010	57,510	28,150	22,900	18,040	14,670	11,290	7,920	4,540	1,170	–
2,900	2,910	75,860	58,360	28,480	23,230	18,250	14,880	11,500	8,130	4,750	1,380	–
2,910	2,920	76,720	59,220	28,810	23,560	18,470	15,090	11,720	8,340	4,970	1,590	–
2,920	2,930	77,570	60,070	29,140	23,890	18,680	15,300	11,930	8,550	5,180	1,800	–
2,930	2,940	78,430	60,930	29,470	24,220	18,970	15,510	12,140	8,760	5,390	2,010	–
2,940	2,950	79,280	61,780	29,800	24,550	19,300	15,730	12,350	8,980	5,600	2,230	–
2,950	2,960	80,140	62,640	30,130	24,880	19,630	15,940	12,560	9,190	5,810	2,440	–
2,960	2,970	81,000	63,500	30,460	25,210	19,960	16,150	12,780	9,400	6,030	2,650	–
2,970	2,980	81,850	64,350	30,790	25,540	20,290	16,360	12,990	9,610	6,240	2,860	–
2,980	2,990	82,710	65,210	31,120	25,870	20,620	16,570	13,200	9,820	6,450	3,070	–
2,990	3,000	83,560	66,060	31,450	26,200	20,950	16,790	13,410	10,040	6,660	3,290	–
3,000	3,020	84,850	67,350	32,490	26,690	21,440	17,100	13,730	10,350	6,980	3,600	–
3,020	3,040	86,560	69,060	34,140	27,350	22,100	17,530	14,150	10,780	7,400	4,030	–

월급여액(천원) [비과세 및 학자금 제외]		공제대상가족의 수										
		1	2	3	4	5	6	7	8	9	10	11
3,040	3,060	88,270	70,770	35,790	28,010	22,760	17,950	14,580	11,200	7,830	4,450	1,080
3,060	3,080	89,980	72,480	37,440	28,670	23,420	18,380	15,000	11,630	8,250	4,880	1,500
3,080	3,100	91,690	74,190	39,080	29,330	24,080	18,830	15,430	12,050	8,680	5,300	1,930
3,100	3,120	93,400	75,900	40,730	29,990	24,740	19,490	15,850	12,470	9,100	5,720	2,350
3,120	3,140	95,760	77,620	42,380	30,650	25,400	20,150	16,270	12,900	9,520	6,150	2,770
3,140	3,160	98,210	79,330	44,030	31,310	26,060	20,810	16,700	13,320	9,950	6,570	3,200
3,160	3,180	100,650	81,040	45,680	32,550	26,720	21,470	17,120	13,750	10,370	7,000	3,620
3,180	3,200	103,100	82,750	47,330	34,200	27,380	22,130	17,540	14,170	10,790	7,420	4,040
3,200	3,220	105,540	84,460	48,980	35,850	28,040	22,790	17,970	14,590	11,220	7,840	4,470
3,220	3,240	107,990	86,170	50,620	37,500	28,700	23,450	18,390	15,020	11,640	8,270	4,890
3,240	3,260	110,430	87,880	52,270	39,150	29,360	24,110	18,860	15,440	12,070	8,690	5,320
3,260	3,280	112,880	89,600	53,920	40,800	30,020	24,770	19,520	15,870	12,490	9,120	5,740
3,280	3,300	115,320	91,310	55,570	42,440	30,670	25,420	20,170	16,290	12,910	9,540	6,160
3,300	3,320	117,770	93,020	57,220	44,090	31,330	26,080	20,830	16,710	13,340	9,960	6,590
3,320	3,340	120,210	95,210	58,870	45,740	32,620	26,740	21,490	17,140	13,760	10,390	7,010
3,340	3,360	122,660	97,660	60,440	47,320	34,190	27,370	22,120	17,540	14,170	10,790	7,420
3,360	3,380	125,100	100,100	62,010	48,880	35,760	28,000	22,750	17,950	14,570	11,200	7,820
3,380	3,400	127,550	102,550	63,570	50,450	37,320	28,630	23,380	18,350	14,970	11,600	8,220
3,400	3,420	129,990	104,990	65,140	52,010	38,890	29,250	24,000	18,750	15,370	12,000	8,620
3,420	3,440	132,440	107,440	66,700	53,580	40,450	29,880	24,630	19,380	15,780	12,400	9,030
3,440	3,460	134,880	109,880	68,270	55,140	42,020	30,500	25,250	20,000	16,180	12,800	9,430
3,460	3,480	137,330	112,330	69,830	56,710	43,580	31,130	25,880	20,630	16,580	13,210	9,830
3,480	3,500	139,770	114,770	71,400	58,270	45,150	32,020	26,510	21,260	16,980	13,610	10,230
3,500	3,520	142,220	117,220	72,960	59,840	46,710	33,590	27,130	21,880	17,390	14,010	10,640
3,520	3,540	144,660	119,660	74,530	61,400	48,280	35,150	27,760	22,510	17,790	14,410	11,040
3,540	3,560	147,110	122,110	76,090	62,960	49,840	36,710	28,380	23,130	18,190	14,820	11,440
3,560	3,580	149,550	124,550	77,650	64,530	51,400	38,280	29,010	23,760	18,590	15,220	11,840
3,580	3,600	152,000	127,000	79,220	66,090	52,970	39,840	29,630	24,380	19,130	15,620	12,250
3,600	3,620	154,440	129,440	80,780	67,660	54,530	41,410	30,260	25,010	19,760	16,020	12,650
3,620	3,640	156,890	131,890	82,350	69,220	56,100	42,970	30,890	25,640	20,390	16,420	13,050
3,640	3,660	159,330	134,330	83,910	70,790	57,660	44,540	31,510	26,260	21,010	16,830	13,450
3,660	3,680	161,780	136,780	85,480	72,350	59,230	46,100	32,980	26,890	21,640	17,230	13,850
3,680	3,700	164,220	139,220	87,040	73,920	60,790	47,670	34,540	27,510	22,260	17,630	14,260
3,700	3,720	166,670	141,670	88,610	75,480	62,360	49,230	36,110	28,140	22,890	18,030	14,660
3,720	3,740	169,110	144,110	90,170	77,050	63,920	50,800	37,670	28,770	23,520	18,440	15,060
3,740	3,760	171,560	146,560	91,730	78,610	65,480	52,360	39,230	29,390	24,140	18,890	15,460
3,760	3,780	178,920	151,090	95,250	81,630	68,510	55,380	42,260	30,600	25,350	20,100	16,240
3,780	3,800	181,590	153,740	97,700	83,350	70,220	57,100	43,970	31,290	26,040	20,790	16,680
3,800	3,820	184,260	156,400	100,140	85,060	71,930	58,810	45,680	32,560	26,720	21,470	17,120
3,820	3,840	186,930	159,050	102,590	86,770	73,640	60,520	47,390	34,270	27,400	22,150	17,560
3,840	3,860	189,600	161,710	105,030	88,480	75,350	62,230	49,100	35,980	28,090	22,840	18,000
3,860	3,880	192,270	164,360	107,480	90,190	77,070	63,940	50,820	37,690	28,770	23,520	18,440
3,880	3,900	194,940	167,020	109,920	91,900	78,780	65,650	52,530	39,400	29,460	24,210	18,960
3,900	3,920	197,610	169,670	112,370	93,620	80,490	67,360	54,240	41,110	30,140	24,890	19,640
3,920	3,940	200,280	172,330	114,810	96,060	82,200	69,080	55,950	42,830	30,830	25,580	20,330
3,940	3,960	202,950	174,980	117,260	98,510	83,910	70,790	57,660	44,540	31,510	26,260	21,010
3,960	3,980	205,620	177,640	119,700	100,950	85,620	72,500	59,370	46,250	33,120	26,950	21,700
3,980	4,000	208,290	180,290	122,150	103,400	87,340	74,210	61,090	47,960	34,840	27,630	22,380
4,000	4,020	210,960	182,950	124,590	105,840	89,050	75,920	62,800	49,670	36,550	28,320	23,070

월급여액(천원) [비과세 및 학자금 제외]		공제대상가족의 수										
		1	2	3	4	5	6	7	8	9	10	11
4,020	4,040	213,630	185,600	127,040	108,290	90,760	77,630	64,510	51,380	38,260	29,000	23,750
4,040	4,060	216,300	188,260	129,480	110,730	92,470	79,340	66,220	53,090	39,970	29,680	24,430
4,060	4,080	218,970	190,910	131,930	113,180	94,430	81,060	67,930	54,810	41,680	30,370	25,120
4,080	4,100	221,640	193,570	134,370	115,620	96,870	82,770	69,640	56,520	43,390	31,050	25,800
4,100	4,120	224,310	196,220	136,820	118,070	99,320	84,480	71,350	58,230	45,100	31,980	26,490
4,120	4,140	226,980	198,880	139,260	120,510	101,760	86,190	73,070	59,940	46,820	33,690	27,170
4,140	4,160	229,650	201,530	141,710	122,960	104,210	87,900	74,780	61,650	48,530	35,400	27,860
4,160	4,180	232,320	204,190	144,150	125,400	106,650	89,610	76,490	63,360	50,240	37,110	28,540
4,180	4,200	234,990	206,840	146,600	127,850	109,100	91,330	78,200	65,080	51,950	38,830	29,230
4,200	4,220	237,660	209,500	149,040	130,290	111,540	93,040	79,910	66,790	53,660	40,540	29,910
4,220	4,240	240,330	212,150	151,490	132,740	113,990	95,240	81,620	68,500	55,370	42,250	30,600
4,240	4,260	243,000	214,810	153,930	135,180	116,430	97,680	83,330	70,210	57,080	43,960	31,280
4,260	4,280	245,670	217,460	156,380	137,630	118,880	100,130	85,050	71,920	58,800	45,670	32,550
4,280	4,300	248,340	220,120	158,820	140,070	121,320	102,570	86,760	73,630	60,510	47,380	34,260
4,300	4,320	251,010	222,770	161,270	142,520	123,770	105,020	88,470	75,340	62,220	49,090	35,970
4,320	4,340	253,680	225,430	163,710	144,960	126,210	107,460	90,180	77,060	63,930	50,810	37,680
4,340	4,360	256,350	228,080	166,160	147,410	128,660	109,910	91,890	78,770	65,640	52,520	39,390
4,360	4,380	259,020	230,740	168,600	149,850	131,100	112,350	93,600	80,480	67,350	54,230	41,100
4,380	4,400	261,690	233,390	171,050	152,300	133,550	114,800	96,050	82,190	69,070	55,940	42,820
4,400	4,420	264,360	236,050	173,490	154,740	135,990	117,240	98,490	83,900	70,780	57,650	44,530
4,420	4,440	267,030	238,700	175,940	157,190	138,440	119,690	100,940	85,610	72,490	59,360	46,240
4,440	4,460	269,700	241,360	178,380	159,630	140,880	122,130	103,380	87,320	74,200	61,070	47,950
4,460	4,480	272,370	244,010	180,830	162,080	143,330	124,580	105,830	89,040	75,910	62,790	49,660
4,480	4,500	275,040	246,670	183,270	164,520	145,770	127,020	108,270	90,750	77,620	64,500	51,370
4,500	4,520	277,840	249,460	185,850	167,100	148,350	129,600	110,850	92,550	79,430	66,300	53,180
4,520	4,540	280,650	252,250	188,430	169,680	150,930	132,180	113,430	94,680	81,230	68,110	54,980
4,540	4,560	283,450	255,040	191,010	172,260	153,510	134,760	116,010	97,260	83,040	69,920	56,790
4,560	4,580	286,260	257,830	193,590	174,840	156,090	137,340	118,590	99,840	84,850	71,720	58,600
4,580	4,600	291,560	263,120	198,670	179,920	161,170	142,420	123,670	104,920	86,650	73,530	60,400
4,600	4,620	294,370	265,910	201,250	182,500	163,750	145,000	126,250	107,500	88,750	75,330	62,210
4,620	4,640	297,170	268,700	203,830	185,080	166,330	147,580	128,830	110,080	91,330	77,140	64,010
4,640	4,660	299,980	271,490	206,410	187,660	168,910	150,160	131,410	112,660	93,910	78,950	65,820
4,660	4,680	302,780	274,280	208,990	190,240	171,490	152,740	133,990	115,240	96,490	80,750	67,630
4,680	4,700	305,590	277,070	211,570	192,820	174,070	155,320	136,570	117,820	99,070	82,560	69,430
4,700	4,720	308,390	279,860	214,150	195,400	176,650	157,900	139,150	120,400	101,650	84,360	71,240
4,720	4,740	311,200	282,650	216,730	197,980	179,230	160,480	141,730	122,980	104,230	86,170	73,040
4,740	4,760	314,000	285,440	219,310	200,560	181,810	163,060	144,310	125,560	106,810	88,060	74,850
4,760	4,780	316,810	288,230	221,890	203,140	184,390	165,640	146,890	128,140	109,390	90,640	76,660
4,780	4,800	319,610	291,020	224,470	205,720	186,970	168,220	149,470	130,720	111,970	93,220	78,460
4,800	4,820	322,420	293,810	227,050	208,300	189,550	170,800	152,050	133,300	114,550	95,800	80,270
4,820	4,840	325,220	296,600	229,630	210,880	192,130	173,380	154,630	135,880	117,130	98,380	82,070
4,840	4,860	328,030	299,390	232,210	213,460	194,710	175,960	157,210	138,460	119,710	100,960	83,880
4,860	4,880	330,830	302,180	234,790	216,040	197,290	178,540	159,790	141,040	122,290	103,540	85,690
4,880	4,900	333,640	304,970	237,370	218,620	199,870	181,120	162,370	143,620	124,870	106,120	87,490
4,900	4,920	336,440	307,760	239,950	221,200	202,450	183,700	164,950	146,200	127,450	108,700	89,950
4,920	4,940	339,250	310,550	242,530	223,780	205,030	186,280	167,530	148,780	130,030	111,280	92,530
4,940	4,960	342,050	313,340	245,110	226,360	207,610	188,860	170,110	151,360	132,610	113,860	95,110
4,960	4,980	344,860	316,130	247,690	228,940	210,190	191,440	172,690	153,940	135,190	116,440	97,690
4,980	5,000	347,660	318,920	250,270	231,520	212,770	194,020	175,270	156,520	137,770	119,020	100,270

월급여액(천원) [비과세 및 학자금 제외]		공제대상가족의 수										
		1	2	3	4	5	6	7	8	9	10	11
5,000	5,020	350,470	321,710	252,850	234,100	215,350	196,600	177,850	159,100	140,350	121,600	102,850
5,020	5,040	353,270	324,500	255,430	236,680	217,930	199,180	180,430	161,680	142,930	124,180	105,430
5,040	5,060	356,080	327,290	258,010	239,260	220,510	201,760	183,010	164,260	145,510	126,760	108,010
5,060	5,080	358,880	330,080	260,590	241,840	223,090	204,340	185,590	166,840	148,090	129,340	110,590
5,080	5,100	361,690	332,870	263,170	244,420	225,670	206,920	188,170	169,420	150,670	131,920	113,170
5,100	5,120	364,490	335,660	265,750	247,000	228,250	209,500	190,750	172,000	153,250	134,500	115,750
5,120	5,140	367,300	338,450	268,330	249,580	230,830	212,080	193,330	174,580	155,830	137,080	118,330
5,140	5,160	370,100	341,240	270,910	252,160	233,410	214,660	195,910	177,160	158,410	139,660	120,910
5,160	5,180	372,910	344,030	273,490	254,740	235,990	217,240	198,490	179,740	160,990	142,240	123,490
5,180	5,200	375,710	346,820	276,070	257,320	238,570	219,820	201,070	182,320	163,570	144,820	126,070
5,200	5,220	378,520	349,610	278,650	259,900	241,150	222,400	203,650	184,900	166,150	147,400	128,650
5,220	5,240	381,320	352,400	281,230	262,480	243,730	224,980	206,230	187,480	168,730	149,980	131,230
5,240	5,260	384,130	355,190	283,810	265,060	246,310	227,560	208,810	190,060	171,310	152,560	133,810
5,260	5,280	386,930	357,980	286,390	267,640	248,890	230,140	211,390	192,640	173,890	155,140	136,390
5,280	5,300	389,740	360,770	288,970	270,220	251,470	232,720	213,970	195,220	176,470	157,720	138,970
5,300	5,320	392,540	363,560	291,550	272,800	254,050	235,300	216,550	197,800	179,050	160,300	141,550
5,320	5,340	395,350	366,350	294,130	275,380	256,630	237,880	219,130	200,380	181,630	162,880	144,130
5,340	5,360	398,150	369,140	296,710	277,960	259,210	240,460	221,710	202,960	184,210	165,460	146,710
5,360	5,380	400,960	371,930	299,290	280,540	261,790	243,040	224,290	205,540	186,790	168,040	149,290
5,380	5,400	403,760	374,720	301,870	283,120	264,370	245,620	226,870	208,120	189,370	170,620	151,870
5,400	5,420	406,570	377,510	304,450	285,700	266,950	248,200	229,450	210,700	191,950	173,200	154,450
5,420	5,440	409,370	380,300	307,030	288,280	269,530	250,780	232,030	213,280	194,530	175,780	157,030
5,440	5,460	412,180	383,090	309,610	290,860	272,110	253,360	234,610	215,860	197,110	178,360	159,610
5,460	5,480	414,980	385,880	312,190	293,440	274,690	255,940	237,190	218,440	199,690	180,940	162,190
5,480	5,500	417,790	388,670	314,770	296,020	277,270	258,520	239,770	221,020	202,270	183,520	164,770
5,500	5,520	420,590	391,460	317,350	298,600	279,850	261,100	242,350	223,600	204,850	186,100	167,350
5,520	5,540	423,400	394,250	319,930	301,180	282,430	263,680	244,930	226,180	207,430	188,680	169,930
5,540	5,560	426,200	397,040	322,510	303,760	285,010	266,260	247,510	228,760	210,010	191,260	172,510
5,560	5,580	429,010	399,830	325,090	306,340	287,590	268,840	250,090	231,340	212,590	193,840	175,090
5,580	5,600	431,810	402,620	327,670	308,920	290,170	271,420	252,670	233,920	215,170	196,420	177,670
5,600	5,620	435,890	405,410	330,250	311,500	292,750	274,000	255,250	236,500	217,750	199,000	180,250
5,620	5,640	440,380	408,200	332,830	314,080	295,330	276,580	257,830	239,080	220,330	201,580	182,830
5,640	5,660	444,860	410,990	335,410	316,660	297,910	279,160	260,410	241,660	222,910	204,160	185,410
5,660	5,680	449,350	413,780	337,990	319,240	300,490	281,740	262,990	244,240	225,490	206,740	187,990
5,680	5,700	453,840	416,570	340,570	321,820	303,070	284,320	265,570	246,820	228,070	209,320	190,570
5,700	5,720	458,330	419,360	343,150	324,400	305,650	286,900	268,150	249,400	230,650	211,900	193,150
5,720	5,740	462,820	422,150	345,730	326,980	308,230	289,480	270,730	251,980	233,230	214,480	195,730
5,740	5,760	467,300	424,940	348,310	329,560	310,810	292,060	273,310	254,560	235,810	217,060	198,310
5,760	5,780	471,790	427,730	350,890	332,140	313,390	294,640	275,890	257,140	238,390	219,640	200,890
5,780	5,800	476,280	430,520	353,470	334,720	315,970	297,220	278,470	259,720	240,970	222,220	203,470
5,800	5,820	480,770	433,800	356,050	337,300	318,550	299,800	281,050	262,300	243,550	224,800	206,050
5,820	5,840	485,260	438,260	358,630	339,880	321,130	302,380	283,630	264,880	246,130	227,380	208,630
5,840	5,860	512,120	465,100	387,100	368,350	349,600	330,850	312,100	293,350	274,600	255,850	237,100
5,860	5,880	519,150	472,110	392,240	373,490	354,740	335,990	317,240	298,490	279,740	260,990	242,240
5,880	5,900	523,690	476,620	394,880	376,130	357,380	338,630	319,880	301,130	282,380	263,630	244,880
5,900	5,920	528,220	481,130	397,520	378,770	360,020	341,270	322,520	303,770	285,020	266,270	247,520
5,920	5,940	532,760	485,640	400,160	381,410	362,660	343,910	325,160	306,410	287,660	268,910	250,160
5,940	5,960	537,300	490,160	402,800	384,050	365,300	346,550	327,800	309,050	290,300	271,550	252,800
5,960	5,980	541,830	494,670	405,440	386,690	367,940	349,190	330,440	311,690	292,940	274,190	255,440

월급여액(천원) [비과세 및 학자금 제외]		공제대상가족의 수										
		1	2	3	4	5	6	7	8	9	10	11
5,980	6,000	546,370	499,180	408,080	389,330	370,580	351,830	333,080	314,330	295,580	276,830	258,080
6,000	6,020	550,900	503,690	410,720	391,970	373,220	354,470	335,720	316,970	298,220	279,470	260,720
6,020	6,040	555,440	508,200	413,360	394,610	375,860	357,110	338,360	319,610	300,860	282,110	263,360
6,040	6,060	559,980	512,720	416,000	397,250	378,500	359,750	341,000	322,250	303,500	284,750	266,000
6,060	6,080	564,510	517,230	418,640	399,890	381,140	362,390	343,640	324,890	306,140	287,390	268,640
6,080	6,100	569,050	521,740	421,280	402,530	383,780	365,030	346,280	327,530	308,780	290,030	271,280
6,100	6,120	573,580	526,250	423,920	405,170	386,420	367,670	348,920	330,170	311,420	292,670	273,920
6,120	6,140	578,120	530,760	426,560	407,810	389,060	370,310	351,560	332,810	314,060	295,310	276,560
6,140	6,160	582,660	535,280	429,200	410,450	391,700	372,950	354,200	335,450	316,700	297,950	279,200
6,160	6,180	587,190	539,790	431,840	413,090	394,340	375,590	356,840	338,090	319,340	300,590	281,840
6,180	6,200	591,730	544,300	434,480	415,730	396,980	378,230	359,480	340,730	321,980	303,230	284,480
6,200	6,220	596,260	548,810	437,120	418,370	399,620	380,870	362,120	343,370	324,620	305,870	287,120
6,220	6,240	600,800	553,320	439,760	421,010	402,260	383,510	364,760	346,010	327,260	308,510	289,760
6,240	6,260	605,340	557,840	442,400	423,650	404,900	386,150	367,400	348,650	329,900	311,150	292,400
6,260	6,280	609,870	562,350	446,060	426,290	407,540	388,790	370,040	351,290	332,540	313,790	295,040
6,280	6,300	614,410	566,860	450,280	428,930	410,180	391,430	372,680	353,930	335,180	316,430	297,680
6,300	6,320	618,940	571,370	454,510	431,570	412,820	394,070	375,320	356,570	337,820	319,070	300,320
6,320	6,340	623,480	575,880	458,730	434,210	415,460	396,710	377,960	359,210	340,460	321,710	302,960
6,340	6,360	628,020	580,400	462,960	436,850	418,100	399,350	380,600	361,850	343,100	324,350	305,600
6,360	6,380	632,550	584,910	467,180	439,490	420,740	401,990	383,240	364,490	345,740	326,990	308,240
6,380	6,400	637,090	589,420	471,400	442,130	423,380	404,630	385,880	367,130	348,380	329,630	310,880
6,400	6,420	641,620	593,930	475,630	445,630	426,020	407,270	388,520	369,770	351,020	332,270	313,520
6,420	6,440	646,160	598,440	479,850	449,850	428,660	409,910	391,160	372,410	353,660	334,910	316,160
6,440	6,460	650,700	602,960	484,080	454,080	431,300	412,550	393,800	375,050	356,300	337,550	318,800
6,460	6,480	655,230	607,470	488,300	458,300	433,940	415,190	396,440	377,690	358,940	340,190	321,440
6,480	6,500	659,770	611,980	492,520	462,520	436,580	417,830	399,080	380,330	361,580	342,830	324,080
6,500	6,520	664,300	616,490	496,750	466,750	439,220	420,470	401,720	382,970	364,220	345,470	326,720
6,520	6,540	668,840	621,000	500,970	470,970	441,860	423,110	404,360	385,610	366,860	348,110	329,360
6,540	6,560	673,380	625,520	505,200	475,200	445,200	425,750	407,000	388,250	369,500	350,750	332,000
6,560	6,580	677,910	630,030	509,420	479,420	449,420	428,390	409,640	390,890	372,140	353,390	334,640
6,580	6,600	682,450	634,540	513,640	483,640	453,640	431,030	412,280	393,530	374,780	356,030	337,280
6,600	6,620	686,980	639,050	517,870	487,870	457,870	433,670	414,920	396,170	377,420	358,670	339,920
6,620	6,640	691,520	643,560	522,090	492,090	462,090	436,310	417,560	398,810	380,060	361,310	342,560
6,640	6,660	696,060	648,080	526,320	496,320	466,320	438,950	420,200	401,450	382,700	363,950	345,200
6,660	6,680	700,590	652,590	530,540	500,540	470,540	441,590	422,840	404,090	385,340	366,590	347,840
6,680	6,700	705,130	657,100	534,760	504,760	474,760	444,760	425,480	406,730	387,980	369,230	350,480
6,700	6,720	709,660	661,610	538,990	508,990	478,990	448,990	428,120	409,370	390,620	371,870	353,120
6,720	6,740	714,200	666,120	543,210	513,210	483,210	453,210	430,760	412,010	393,260	374,510	355,760
6,740	6,760	718,740	670,640	547,440	517,440	487,440	457,440	433,400	414,650	395,900	377,150	358,400
6,760	6,780	723,270	675,150	551,660	521,660	491,660	461,660	436,040	417,290	398,540	379,790	361,040
6,780	6,800	727,810	679,660	555,880	525,880	495,880	465,880	438,680	419,930	401,180	382,430	363,680
6,800	6,820	732,340	684,170	560,110	530,110	500,110	470,110	441,320	422,570	403,820	385,070	366,320
6,820	6,840	736,880	688,680	564,330	534,330	504,330	474,330	444,330	425,210	406,460	387,710	368,960
6,840	6,860	741,420	693,200	568,560	538,560	508,560	478,560	448,560	427,850	409,100	390,350	371,600
6,860	6,880	745,950	697,710	572,780	542,780	512,780	482,780	452,780	430,490	411,740	392,990	374,240
6,880	6,900	750,490	702,220	577,000	547,000	517,000	487,000	457,000	433,130	414,380	395,630	376,880
6,900	6,920	755,020	706,730	581,230	551,230	521,230	491,230	461,230	435,770	417,020	398,270	379,520
6,920	6,940	759,560	711,240	585,450	555,450	525,450	495,450	465,450	438,410	419,660	400,910	382,160
6,940	6,960	764,100	715,760	589,680	559,680	529,680	499,680	469,680	441,050	422,300	403,550	384,800

월급여액(천원) [비과세 및 학자금 제외]		공제대상가족의 수										
		1	2	3	4	5	6	7	8	9	10	11
6,960	6,980	768,630	720,270	593,900	563,900	533,900	503,900	473,900	443,900	424,940	406,190	387,440
6,980	7,000	773,170	724,780	598,120	568,120	538,120	508,120	478,120	448,120	427,580	408,830	390,080
7,000	7,020	777,700	729,290	602,350	572,350	542,350	512,350	482,350	452,350	430,220	411,470	392,720
7,020	7,040	782,240	733,800	606,570	576,570	546,570	516,570	486,570	456,570	432,860	414,110	395,360
7,040	7,060	786,780	738,320	610,800	580,800	550,800	520,800	490,800	460,800	435,500	416,750	398,000
7,060	7,080	791,310	742,830	615,020	585,020	555,020	525,020	495,020	465,020	438,140	419,390	400,640
7,080	7,100	795,850	747,340	619,240	589,240	559,240	529,240	499,240	469,240	440,780	422,030	403,280
7,100	7,120	800,380	751,850	623,470	593,470	563,470	533,470	503,470	473,470	443,470	424,670	405,920
7,120	7,140	804,920	756,360	627,690	597,690	567,690	537,690	507,690	477,690	447,690	427,310	408,560
7,140	7,160	809,460	760,880	631,920	601,920	571,920	541,920	511,920	481,920	451,920	429,950	411,200
7,160	7,180	813,990	765,390	636,140	606,140	576,140	546,140	516,140	486,140	456,140	432,590	413,840
7,180	7,200	818,530	769,900	640,360	610,360	580,360	550,360	520,360	490,360	460,360	435,230	416,480
7,200	7,220	823,060	774,410	644,590	614,590	584,590	554,590	524,590	494,590	464,590	437,870	419,120
7,220	7,240	827,600	778,920	648,810	618,810	588,810	558,810	528,810	498,810	468,810	440,510	421,760
7,240	7,260	832,140	783,440	653,040	623,040	593,040	563,040	533,040	503,040	473,040	443,150	424,400
7,260	7,280	836,670	787,950	657,260	627,260	597,260	567,260	537,260	507,260	477,260	447,260	427,040
7,280	7,300	841,210	792,460	661,480	631,480	601,480	571,480	541,480	511,480	481,480	451,480	429,680
7,300	7,320	845,740	796,970	665,710	635,710	605,710	575,710	545,710	515,710	485,710	455,710	432,320
7,320	7,340	850,280	801,480	669,930	639,930	609,930	579,930	549,930	519,930	489,930	459,930	434,960
7,340	7,360	854,820	806,000	674,160	644,160	614,160	584,160	554,160	524,160	494,160	464,160	437,600
7,360	7,380	859,350	810,510	678,380	648,380	618,380	588,380	558,380	528,380	498,380	468,380	440,240
7,380	7,400	863,890	815,020	682,600	652,600	622,600	592,600	562,600	532,600	502,600	472,600	442,880
7,400	7,420	868,420	819,530	686,830	656,830	626,830	596,830	566,830	536,830	506,830	476,830	446,830
7,420	7,440	872,960	824,040	691,050	661,050	631,050	601,050	571,050	541,050	511,050	481,050	451,050
7,440	7,460	877,500	828,560	695,280	665,280	635,280	605,280	575,280	545,280	515,280	485,280	455,280
7,460	7,480	882,030	833,070	699,500	669,500	639,500	609,500	579,500	549,500	519,500	489,500	459,500
7,480	7,500	886,570	837,580	703,720	673,720	643,720	613,720	583,720	553,720	523,720	493,720	463,720
7,500	7,520	891,100	842,090	707,950	677,950	647,950	617,950	587,950	557,950	527,950	497,950	467,950
7,520	7,540	895,640	846,600	712,170	682,170	652,170	622,170	592,170	562,170	532,170	502,170	472,170
7,540	7,560	900,180	851,120	716,400	686,400	656,400	626,400	596,400	566,400	536,400	506,400	476,400
7,560	7,580	904,710	855,630	720,620	690,620	660,620	630,620	600,620	570,620	540,620	510,620	480,620
7,580	7,600	909,250	860,140	724,840	694,840	664,840	634,840	604,840	574,840	544,840	514,840	484,840
7,600	7,620	913,780	864,650	729,070	699,070	669,070	639,070	609,070	579,070	549,070	519,070	489,070
7,620	7,640	918,320	869,160	733,290	703,290	673,290	643,290	613,290	583,290	553,290	523,290	493,290
7,640	7,660	922,860	873,680	737,520	707,520	677,520	647,520	617,520	587,520	557,520	527,520	497,520
7,660	7,680	927,390	878,190	741,740	711,740	681,740	651,740	621,740	591,740	561,740	531,740	501,740
7,680	7,700	931,930	882,700	745,960	715,960	685,960	655,960	625,960	595,960	565,960	535,960	505,960
7,700	7,720	936,460	887,210	750,190	720,190	690,190	660,190	630,190	600,190	570,190	540,190	510,190
7,720	7,740	941,000	891,720	754,410	724,410	694,410	664,410	634,410	604,410	574,410	544,410	514,410
7,740	7,760	945,540	896,240	758,640	728,640	698,640	668,640	638,640	608,640	578,640	548,640	518,640
7,760	7,780	950,070	900,750	762,860	732,860	702,860	672,860	642,860	612,860	582,860	552,860	522,860
7,780	7,800	954,610	905,260	767,080	737,080	707,080	677,080	647,080	617,080	587,080	557,080	527,080
7,800	7,820	959,140	909,770	771,310	741,310	711,310	681,310	651,310	621,310	591,310	561,310	531,310
7,820	7,840	963,680	914,280	775,530	745,530	715,530	685,530	655,530	625,530	595,530	565,530	535,530
7,840	7,860	968,220	918,800	779,760	749,760	719,760	689,760	659,760	629,760	599,760	569,760	539,760
7,860	7,880	972,750	923,310	783,980	753,980	723,980	693,980	663,980	633,980	603,980	573,980	543,980
7,880	7,900	977,290	927,820	788,200	758,200	728,200	698,200	668,200	638,200	608,200	578,200	548,200
7,900	7,920	981,820	932,330	792,430	762,430	732,430	702,430	672,430	642,430	612,430	582,430	552,430
7,920	7,940	986,360	936,840	796,650	766,650	736,650	706,650	676,650	646,650	616,650	586,650	556,650

월급여액(천원) [비과세 및 학자금 제외]		공제대상가족의 수										
		1	2	3	4	5	6	7	8	9	10	11
7,940	7,960	990,900	941,360	800,880	770,880	740,880	710,880	680,880	650,880	620,880	590,880	560,880
7,960	7,980	995,430	945,870	805,100	775,100	745,100	715,100	685,100	655,100	625,100	595,100	565,100
7,980	8,000	999,970	950,380	809,320	779,320	749,320	719,320	689,320	659,320	629,320	599,320	569,320
8,000	8,020	1,004,500	954,890	813,550	783,550	753,550	723,550	693,550	663,550	633,550	603,550	573,550
8,020	8,040	1,009,040	959,400	817,770	787,770	757,770	727,770	697,770	667,770	637,770	607,770	577,770
8,040	8,060	1,013,580	963,920	822,000	792,000	762,000	732,000	702,000	672,000	642,000	612,000	582,000
8,060	8,080	1,018,110	968,430	826,220	796,220	766,220	736,220	706,220	676,220	646,220	616,220	586,220
8,080	8,100	1,022,650	972,940	830,440	800,440	770,440	740,440	710,440	680,440	650,440	620,440	590,440
8,100	8,120	1,027,180	977,450	834,670	804,670	774,670	744,670	714,670	684,670	654,670	624,670	594,670
8,120	8,140	1,031,720	981,960	838,890	808,890	778,890	748,890	718,890	688,890	658,890	628,890	598,890
8,140	8,160	1,036,260	986,480	843,120	813,120	783,120	753,120	723,120	693,120	663,120	633,120	603,120
8,160	8,180	1,040,790	990,990	847,340	817,340	787,340	757,340	727,340	697,340	667,340	637,340	607,340
8,180	8,200	1,045,330	995,500	851,560	821,560	791,560	761,560	731,560	701,560	671,560	641,560	611,560
8,200	8,220	1,049,860	1,000,010	855,790	825,790	795,790	765,790	735,790	705,790	675,790	645,790	615,790
8,220	8,240	1,054,400	1,004,520	860,010	830,010	800,010	770,010	740,010	710,010	680,010	650,010	620,010
8,240	8,260	1,058,940	1,009,040	864,240	834,240	804,240	774,240	744,240	714,240	684,240	654,240	624,240
8,260	8,280	1,063,470	1,013,550	868,460	838,460	808,460	778,460	748,460	718,460	688,460	658,460	628,460
8,280	8,300	1,068,010	1,018,060	872,680	842,680	812,680	782,680	752,680	722,680	692,680	662,680	632,680
8,300	8,320	1,072,540	1,022,570	876,910	846,910	816,910	786,910	756,910	726,910	696,910	666,910	636,910
8,320	8,340	1,077,080	1,027,080	881,130	851,130	821,130	791,130	761,130	731,130	701,130	671,130	641,130
8,340	8,360	1,081,740	1,031,720	885,480	855,480	825,480	795,480	765,480	735,480	705,480	675,480	645,480
8,360	8,380	1,086,420	1,036,370	889,840	859,840	829,840	799,840	769,840	739,840	709,840	679,840	649,840
8,380	8,400	1,091,100	1,041,030	894,210	864,210	834,210	804,210	774,210	744,210	714,210	684,210	654,210
8,400	8,420	1,095,780	1,045,680	898,580	868,580	838,580	808,580	778,580	748,580	718,580	688,580	658,580
8,420	8,440	1,100,460	1,050,340	902,950	872,950	842,950	812,950	782,950	752,950	722,950	692,950	662,950
8,440	8,460	1,105,140	1,055,000	907,320	877,320	847,320	817,320	787,320	757,320	727,320	697,320	667,320
8,460	8,480	1,109,820	1,059,650	911,680	881,680	851,680	821,680	791,680	761,680	731,680	701,680	671,680
8,480	8,500	1,114,500	1,064,310	916,050	886,050	856,050	826,050	796,050	766,050	736,050	706,050	676,050
8,500	8,520	1,119,180	1,068,960	920,420	890,420	860,420	830,420	800,420	770,420	740,420	710,420	680,420
8,520	8,540	1,123,860	1,073,620	924,790	894,790	864,790	834,790	804,790	774,790	744,790	714,790	684,790
8,540	8,560	1,128,540	1,078,280	929,160	899,160	869,160	839,160	809,160	779,160	749,160	719,160	689,160
8,560	8,580	1,133,220	1,082,930	933,520	903,520	873,520	843,520	813,520	783,520	753,520	723,520	693,520
8,580	8,600	1,137,900	1,087,590	937,890	907,890	877,890	847,890	817,890	787,890	757,890	727,890	697,890
8,600	8,620	1,142,580	1,092,240	942,260	912,260	882,260	852,260	822,260	792,260	762,260	732,260	702,260
8,620	8,640	1,147,260	1,096,900	946,630	916,630	886,630	856,630	826,630	796,630	766,630	736,630	706,630
8,640	8,660	1,151,940	1,101,560	951,000	921,000	891,000	861,000	831,000	801,000	771,000	741,000	711,000
8,660	8,680	1,156,620	1,106,210	955,360	925,360	895,360	865,360	835,360	805,360	775,360	745,360	715,360
8,680	8,700	1,161,300	1,110,870	959,730	929,730	899,730	869,730	839,730	809,730	779,730	749,730	719,730
8,700	8,720	1,165,980	1,115,520	964,100	934,100	904,100	874,100	844,100	814,100	784,100	754,100	724,100
8,720	8,740	1,170,660	1,120,180	968,470	938,470	908,470	878,470	848,470	818,470	788,470	758,470	728,470
8,740	8,760	1,175,340	1,124,840	972,840	942,840	912,840	882,840	852,840	822,840	792,840	762,840	732,840
8,760	8,780	1,180,020	1,129,490	977,200	947,200	917,200	887,200	857,200	827,200	797,200	767,200	737,200
8,780	8,800	1,184,700	1,134,150	981,570	951,570	921,570	891,570	861,570	831,570	801,570	771,570	741,570
8,800	8,820	1,189,380	1,138,800	985,940	955,940	925,940	895,940	865,940	835,940	805,940	775,940	745,940
8,820	8,840	1,194,060	1,143,460	990,310	960,310	930,310	900,310	870,310	840,310	810,310	780,310	750,310
8,840	8,860	1,198,740	1,148,120	994,680	964,680	934,680	904,680	874,680	844,680	814,680	784,680	754,680
8,860	8,880	1,203,420	1,152,770	999,040	969,040	939,040	909,040	879,040	849,040	819,040	789,040	759,040
8,880	8,900	1,208,100	1,157,430	1,003,410	973,410	943,410	913,410	883,410	853,410	823,410	793,410	763,410
8,900	8,920	1,212,780	1,162,080	1,007,780	977,780	947,780	917,780	887,780	857,780	827,780	797,780	767,780

월급여액(천원) [비과세 및 학자금 제외]		공제대상가족의 수										
		1	2	3	4	5	6	7	8	9	10	11
8,920	8,940	1,217,460	1,166,740	1,012,150	982,150	952,150	922,150	892,150	862,150	832,150	802,150	772,150
8,940	8,960	1,222,140	1,171,400	1,016,520	986,520	956,520	926,520	896,520	866,520	836,520	806,520	776,520
8,960	8,980	1,226,820	1,176,050	1,020,880	990,880	960,880	930,880	900,880	870,880	840,880	810,880	780,880
8,980	9,000	1,231,500	1,180,710	1,025,250	995,250	965,250	935,250	905,250	875,250	845,250	815,250	785,250
9,000	9,020	1,236,180	1,185,360	1,029,620	999,620	969,620	939,620	909,620	879,620	849,620	819,620	789,620
9,020	9,040	1,240,860	1,190,020	1,033,990	1,003,990	973,990	943,990	913,990	883,990	853,990	823,990	793,990
9,040	9,060	1,245,540	1,194,680	1,038,360	1,008,360	978,360	948,360	918,360	888,360	858,360	828,360	798,360
9,060	9,080	1,250,220	1,199,330	1,042,720	1,012,720	982,720	952,720	922,720	892,720	862,720	832,720	802,720
9,080	9,100	1,254,900	1,203,990	1,047,090	1,017,090	987,090	957,090	927,090	897,090	867,090	837,090	807,090
9,100	9,120	1,259,580	1,208,640	1,051,460	1,021,460	991,460	961,460	931,460	901,460	871,460	841,460	811,460
9,120	9,140	1,264,260	1,213,300	1,055,830	1,025,830	995,830	965,830	935,830	905,830	875,830	845,830	815,830
9,140	9,160	1,268,940	1,217,960	1,060,200	1,030,200	1,000,200	970,200	940,200	910,200	880,200	850,200	820,200
9,160	9,180	1,273,620	1,222,610	1,064,560	1,034,560	1,004,560	974,560	944,560	914,560	884,560	854,560	824,560
9,180	9,200	1,278,300	1,227,270	1,068,930	1,038,930	1,008,930	978,930	948,930	918,930	888,930	858,930	828,930
9,200	9,220	1,282,980	1,231,920	1,073,300	1,043,300	1,013,300	983,300	953,300	923,300	893,300	863,300	833,300
9,220	9,240	1,289,640	1,236,580	1,077,670	1,047,670	1,017,670	987,670	957,670	927,670	897,670	867,670	837,670
9,240	9,260	1,296,470	1,241,240	1,082,040	1,052,040	1,022,040	992,040	962,040	932,040	902,040	872,040	842,040
9,260	9,280	1,303,290	1,245,890	1,086,400	1,056,400	1,026,400	996,400	966,400	936,400	906,400	876,400	846,400
9,280	9,300	1,310,120	1,250,550	1,090,770	1,060,770	1,030,770	1,000,770	970,770	940,770	910,770	880,770	850,770
9,300	9,320	1,316,940	1,255,200	1,095,140	1,065,140	1,035,140	1,005,140	975,140	945,140	915,140	885,140	855,140
9,320	9,340	1,323,770	1,259,860	1,099,510	1,069,510	1,039,510	1,009,510	979,510	949,510	919,510	889,510	859,510
9,340	9,360	1,330,590	1,264,520	1,103,880	1,073,880	1,043,880	1,013,880	983,880	953,880	923,880	893,880	863,880
9,360	9,380	1,337,420	1,269,170	1,108,240	1,078,240	1,048,240	1,018,240	988,240	958,240	928,240	898,240	868,240
9,380	9,400	1,344,240	1,273,830	1,112,610	1,082,610	1,052,610	1,022,610	992,610	962,610	932,610	902,610	872,610
9,400	9,420	1,351,070	1,278,480	1,116,980	1,086,980	1,056,980	1,026,980	996,980	966,980	936,980	906,980	876,980
9,420	9,440	1,357,890	1,283,140	1,121,350	1,091,350	1,061,350	1,031,350	1,001,350	971,350	941,350	911,350	881,350
9,440	9,460	1,364,720	1,289,840	1,125,720	1,095,720	1,065,720	1,035,720	1,005,720	975,720	945,720	915,720	885,720
9,460	9,480	1,371,540	1,296,630	1,130,080	1,100,080	1,070,080	1,040,080	1,010,080	980,080	950,080	920,080	890,080
9,480	9,500	1,378,370	1,303,420	1,134,450	1,104,450	1,074,450	1,044,450	1,014,450	984,450	954,450	924,450	894,450
9,500	9,520	1,385,190	1,310,210	1,138,820	1,108,820	1,078,820	1,048,820	1,018,820	988,820	958,820	928,820	898,820
9,520	9,540	1,392,020	1,317,000	1,143,190	1,113,190	1,083,190	1,053,190	1,023,190	993,190	963,190	933,190	903,190
9,540	9,560	1,398,840	1,323,790	1,147,560	1,117,560	1,087,560	1,057,560	1,027,560	997,560	967,560	937,560	907,560
9,560	9,580	1,405,670	1,330,580	1,151,920	1,121,920	1,091,920	1,061,920	1,031,920	1,001,920	971,920	941,920	911,920
9,580	9,600	1,412,490	1,337,370	1,156,290	1,126,290	1,096,290	1,066,290	1,036,290	1,006,290	976,290	946,290	916,290
9,600	9,620	1,419,320	1,344,160	1,160,660	1,130,660	1,100,660	1,070,660	1,040,660	1,010,660	980,660	950,660	920,660
9,620	9,640	1,426,140	1,350,950	1,165,030	1,135,030	1,105,030	1,075,030	1,045,030	1,015,030	985,030	955,030	925,030
9,640	9,660	1,432,970	1,357,740	1,169,400	1,139,400	1,109,400	1,079,400	1,049,400	1,019,400	989,400	959,400	929,400
9,660	9,680	1,439,790	1,364,530	1,173,760	1,143,760	1,113,760	1,083,760	1,053,760	1,023,760	993,760	963,760	933,760
9,680	9,700	1,446,620	1,371,320	1,178,130	1,148,130	1,118,130	1,088,130	1,058,130	1,028,130	998,130	968,130	938,130
9,700	9,720	1,453,440	1,378,110	1,182,500	1,152,500	1,122,500	1,092,500	1,062,500	1,032,500	1,002,500	972,500	942,500
9,720	9,740	1,460,270	1,384,900	1,186,870	1,156,870	1,126,870	1,096,870	1,066,870	1,036,870	1,006,870	976,870	946,870
9,740	9,760	1,467,090	1,391,690	1,191,240	1,161,240	1,131,240	1,101,240	1,071,240	1,041,240	1,011,240	981,240	951,240
9,760	9,780	1,473,920	1,398,480	1,195,600	1,165,600	1,135,600	1,105,600	1,075,600	1,045,600	1,015,600	985,600	955,600
9,780	9,800	1,480,740	1,405,270	1,199,970	1,169,970	1,139,970	1,109,970	1,079,970	1,049,970	1,019,970	989,970	959,970
9,800	9,820	1,487,570	1,412,060	1,204,340	1,174,340	1,144,340	1,114,340	1,084,340	1,054,340	1,024,340	994,340	964,340
9,820	9,840	1,494,390	1,418,850	1,208,710	1,178,710	1,148,710	1,118,710	1,088,710	1,058,710	1,028,710	998,710	968,710
9,840	9,860	1,501,220	1,425,640	1,213,080	1,183,080	1,153,080	1,123,080	1,093,080	1,063,080	1,033,080	1,003,080	973,080
9,860	9,880	1,508,040	1,432,430	1,217,440	1,187,440	1,157,440	1,127,440	1,097,440	1,067,440	1,037,440	1,007,440	977,440
9,880	9,900	1,514,870	1,439,220	1,221,810	1,191,810	1,161,810	1,131,810	1,101,810	1,071,810	1,041,810	1,011,810	981,810

월급여액(천원) [비과세 및 학자금 제외]		공제대상가족의 수										
		1	2	3	4	5	6	7	8	9	10	11
9,900	9,920	1,521,690	1,446,010	1,226,180	1,196,180	1,166,180	1,136,180	1,106,180	1,076,180	1,046,180	1,016,180	986,180
9,920	9,940	1,528,520	1,452,800	1,230,550	1,200,550	1,170,550	1,140,550	1,110,550	1,080,550	1,050,550	1,020,550	990,550
9,940	9,960	1,535,340	1,459,590	1,234,920	1,204,920	1,174,920	1,144,920	1,114,920	1,084,920	1,054,920	1,024,920	994,920
9,960	9,980	1,542,170	1,466,380	1,239,280	1,209,280	1,179,280	1,149,280	1,119,280	1,089,280	1,059,280	1,029,280	999,280
9,980	10,000	1,548,990	1,473,170	1,243,650	1,213,650	1,183,650	1,153,650	1,123,650	1,093,650	1,063,650	1,033,650	1,003,650
10,000천원		1,552,400	1,476,570	1,245,840	1,215,840	1,185,840	1,155,840	1,125,840	1,095,840	1,065,840	1,035,840	1,005,840
10,000천원 초과 14,000천원 이하		(1천만원인 경우의 해당 세액) + (1천만원을 초과하는 금액 중 98퍼센트를 곱한 금액의 35퍼센트 상당액)										
14,000천원 초과 28,000천원 이하		(1천만원인 경우의 해당세액) + (1,372,000원) + (14,000천원을 초과하는 금액 중 98퍼센트를 곱한 금액의 38퍼센트 상당액)										
28,000천원 초과 45,000천원 이하		(1천만원인 경우의 해당세액) + (6,585,600원) + (28,000,000원을 초과하는 금액 중 98퍼센트를 곱한 금액의 40퍼센트 상당액)										
45,000천원 초과		(1천만원인 경우의 해당세액) + (13,249,600원) + (45,000,000원을 초과하는 금액 중 98퍼센트를 곱한 금액의 42퍼센트 상당액)										

저 자 약 력

>>> 김 태 원

- 동국대학교 회계학과 졸업
- ㈜더존다스 근무
- 세무사(현)
- 세무법인리젠 강북지점 대표 세무사(현)
- 서울지방세무사회 연수위원(현)
- 한국세무사회 지방세위원회 위원장(현)
- 이나우스아카데미, 한국능률협회, 서울구상공회의소 등 회계 · 세무 실무 강의(현)

〈편저서〉

- 세법학 1부, 2부(나무와 사람, 공저)
- 세법개론 · 지방세법(KG패스원)
- 법인결산신고실무(㈜영화조세통람)

◆ 김태원 세무사(kjudah@daum.net)

종교인소득 및 종교단체의 세무 실무 이해 정가 23,000원

저 자 김태원
발행인 서동혁

발행처 (주)영화조세통람

펴낸날 2018년 2월 2일 초판 인쇄
2018년 2월 9일 초판 발행

저자와의 협의하에 인지생략

주 소 서울특별시 중구 동호로 14길 5－6(신당동)
등 록 1976. 11. 5. 제9－81호
전 화 대 표 02) 2231－7027～9 Fax 02) 2234－1754
출 판 팀 02) 2231－7141 Fax 02) 2231－7994

구입문의 (02) 2231－7027～9 ISBN 979－11－6064－062－5 13320

㈜영화조세통람은 좋은 책을 만들기 위해 독자 여러분의 의견을 기다립니다.
E-mail(josetop@inaus.co.kr)과 홈페이지(www.taxnet.co.kr)의 고객지원센터 "고객의 소리" 코너